兒童語言障礙
——理論、評量與教學

錡寶香　著

錡寶香

學歷：美國威斯康辛大學麥迪遜校區（University of Wisconsin—
　　　Madison, Department of Communicative Disorders）
　　　溝通障礙哲學博士

經歷：國立彰化師範大學特殊教育學系　副教授
　　　私立中山醫學大學語言治療與聽力學系　兼任副教授
　　　國立台北護理學院聽語障礙科學研究所　兼任教授
　　　台北市立教育大學溝通障礙教育研究所　兼任教授

現職：國立台北教育大學特殊教育學系　教授

專長：兒童語言障礙、聽覺障礙、音韻障礙

自　序

　　語言是人類生活中必備的基本技能，也是我們用以表達感覺、溝通情感、互換訊息、思考與學習的工具。對大多數兒童而言，在短短幾年內，不需他人刻意的教導，即可習得其母語中的結構、意義與使用規則。他們輕易地完成每個階段語言習得里程碑的發展，由詞彙始現、前五十個詞彙、雙詞結合、短語／簡單句的使用，再進入複句／多子句使用期。最後他們能夠自動化、有組織地敘說較長之內容。而隨著語言能力發展得愈來愈好，他們也會慢慢建立其母語中音韻、詞彙、組詞、句子組成規則，以及書面語言結構的知識，進而建立個人聽、說、讀、寫的語言技能。

　　相對於一般兒童依序正常發展的語言能力，另外也有一些兒童卻在說話、語言的使用、理解及聆聽出現困難或問題。他們可能理解及使用的詞彙較少、出現詞彙尋取的困難、無法以合乎語法結構的規則將句子說出來、說出來的語句零零散散、無法有組織地敘說事件／故事、無法遵循語用規則與他人進行適當的交談、出現聽知覺處理問題、口語記憶問題等等。而因為口語發展的問題，也常常使得這些兒童在書面語言的學習與使用產生極大的困難，造成讀、寫方面的缺陷。這些兒童可能是因為主障礙（如：聽覺障礙、智能障礙、自閉症等）而造成語言習得、語言處理的困難；也有可能只是單純的語言障礙（即語言學習或使用的問題並非因智能、感官、情緒─行為等問題所造成），他們常常被稱之為特定型語言障礙兒童（children with specific language impairment）、語言學習障礙兒童（children with language learning disabilities）、語言障礙兒童、語言發展遲緩兒童等。

　　雖然國內對語言障礙兒童的療育已行之多年，然而至目前為止並未有專門的書籍，針對這些語言學習上有特別困難的兒童，提供適合的評

量與教學建議。因此，本書乃根據語言的組成要素、語言的認知處理歷程等概念介紹可能的語言學習問題及其療育與教學。

　　本書共有十二章，第一章說明與釐清溝通、語言與說話的基本概念；第二章概觀介紹兒童的語言障礙；第三章聚焦在語言障礙的鑑定與評量；第四章闡述語言療育與語言教學的重要實施方式與理念；第五章提出增強兒童語意能力的教學建議；第六章將重點放在提昇兒童語法能力的教學方法；第七章提供提昇兒童語用能力的教學建議；第八章著重在提昇兒童後設語言或語言覺識能力的教學；第九章則是提供提昇聽覺記憶能力的教學建議；第十章探索兒童的詞彙尋取困難與教學方式；第十一章為強化兒童閱讀能力的教學建議；第十二章則提供提昇兒童書寫表達能力的教學設計。綜合本書的重點，主要是著眼在聽、說、讀、寫等語言或語文問題的釐清與教學建議。

　　最後，希望透過本書的出版能引起更多人對兒童語言障礙的興趣與關注，也希望能提供家長、教師、語言治療師一些療育、教學的參考資料。

目 錄

第 1 章

溝通、語言與說話：
基本概念的介紹

上體育課時，體育老師對班上最瘦的奧莉薇說：「妳瘦成這樣子，千萬不要出國去，免得人家以為台灣太貧窮，沒飯吃，吃不飽。」奧莉薇心想：「又不是我想要這麼瘦，我就是吃不胖嘛。真無聊，妳才不該出國，免得外國人以為台灣專門出產恐龍。搞不好，還要幫妳拍照，將妳的照片貼在門口避邪哩！」雖然，心裡很不高興，但奧莉薇還是笑笑地說：「老師，那我今天開始厲行增胖計畫，妳看要胖到幾公斤，才可以出國為國增光。」

壹、前言

　　溝通是人類日常生活中無時無刻不在發生的行為。舉凡買賣物品、與人洽商諮詢、看醫生、探病、上課學習、宣示立場、計畫報告、玩笑嬉鬧、爭取權益，甚至吵架爭論等都需使用溝通技能。而語言則是人類溝通所使用最便利的工具。另外，說話則又是語言表達的一種形式之一，是一種可聽得見的語言。雖然溝通、語言與說話常被認為是相似的名詞或概念，但它們之間在本質上是不同的，因此有必要釐清這些基本的概念。此外，在溝通障礙、特殊教育專業領域中更需要了解溝通、語言與說話之含義，因為：(1)語言能力與兒童的學習有密切關係；(2)障礙學童普遍都有溝通、語言與說話方面的問題；(3)語言的缺陷常常是其他發展問題或缺陷最先被注意或最早顯現出來的指標（Goldstein, 1994）。了解溝通、語言與說話的相關概念對評量與教學將有所助益。

貳、溝通、語言與說話之定義

一、溝通

(一)溝通的定義

溝通是個體生存最基本、最重要的要素。在生理或生物層面上,細胞之間的接觸、神經脈衝的傳導、大腦與器官之間對外在刺激的解釋與反應等都是溝通。而在社會層面上,溝通是一種人際互動的行為,個體的安全感、隸屬感覺、友愛、自尊、自我實現的心理需求(Maslow, 1968)也都涉及人際之間的溝通互動方能達成。

溝通常常被定義為「訊息交換的過程」、「意見表達與接收的過程」、「情意交流的過程」或是「思想聯繫的過程」。溝通的產生過程中,需要傳訊者發出訊息,收訊者接收訊息,傳訊者與收訊者有共通的溝通意圖,並使用共通的符號或信號系統。而由認知處理的觀點來看,在溝通的過程中,傳送訊息者需要將欲傳達出去或表達的訊息編碼並傳遞出去,而接收訊息者則需要使用相同的溝通信號或符碼解碼。例如:二歲半的小男孩告訴阿姨他在街上看到的車禍:「大車車,小車車,ㄅㄧㄤˋ,翻車。」這些詞彙、語句就是小男孩將車禍的概念以口語符號編碼,並以說話的方式將其傳遞出來,而阿姨則可以使用共同的口語符號解碼其聽到的這些話語。另外,身體動作或手勢動作等也常被認為具有溝通的功能,例如:當我們想要表達「好」、「可以」的概念時,我們會點頭,別人也會依約定俗成的認知解釋為「答應、沒問題」。又如:媽媽牽著一歲多的幼兒在公園散步,才走幾步路,小寶寶就將媽媽的手甩開,自己蹣跚地東倒西歪往前走。雖然並無口語的表達,但媽媽也能夠解碼成:「小寶寶不要媽媽牽,要自己走。」的溝通含義。

(二)溝通能力

　　雖然人類具有使用語言或非語言編碼與解碼溝通的訊息，但是並非每個人的溝通能力都是相等的。與人類的其他各種能力發展一樣，溝通能力的優劣也是有個別差異的。根據 Dore（1986）的說法，訊息的適當性與達成的效能是決定個體溝通能力優劣的標準。據此，溝通能力優異的人應是較能將欲傳遞的訊息以適當的形式編碼（如：語言、非語言或副語言）、視需要與情況調整訊息內容，並能監控訊息是否成功傳遞出去，被溝通夥伴接收理解的人。

(三)個體內溝通與個體間的溝通

　　另外，溝通具有兩個主要的功能：(1)個體內的溝通；(2)個體間的溝通。個體內的溝通主要是指個體與自身的內在所進行的溝通，是一種使用內在語言（inner language）自我指導、解釋的思考運作（Smiley & Goldstein, 1998）。例如：當我們計畫做某件事情時，我們會告訴自己要如何做，或是自己的需求是什麼（如：趁著打折時，計畫到百貨公司買鞋子，不要挑週末時間，免得太擁擠，只要買綠色和黑色鞋子較好配衣服）。又例如：當我們受到挫折時，會告訴自己：「不要沉浸在被打敗的感覺中，應該針對自己不足的地方再做努力。」或是告訴自己：「我還是有很多優點啊，家裡的人又這麼愛我啊！這點小挫折算什麼呢！」而個體間的溝通則是我們所認知的社會互動中的溝通行為，是明顯可以觀察到的。

(四)溝通的功能

　　溝通是人們生活中無時無刻都在發生的行為，人們溝通的目的主要是：(1)表達基本的需求；(2)交換訊息；(3)建立社會親密感；(4)參與社會例行活動（Light, 1989）。更細部地探討溝通的功能，則可包括下列幾項：(1)提供訊息；(2)獲得訊息；(3)表達感覺、情意；(4)影響他人的行為；(5)獲得他人之注意；(6)增加人際之間的親密度；(7)利於合作活動的進行；(8)表達個人獨特及獨立性；(9)創造新世界；(10)將不同時代的人聯結在一

起（Lane & Molyneaux, 1992）。

二、語言

(一)語言的定義

　　語言最常被定義為：(1)人類溝通所使用的任意性發聲系統（Wardhaugh, 1977）；(2)使用特定符號代表人事物的符碼系統（Reed, 1994）；(3)使用約定俗成的任意性符號系統表徵有關世界的概念（Bloom, 1988）；(4)一種賦予聲音、文字、手勢動作（如：手語）及其他符號意義的認知系統；(5)一種規則掌控的符號系統。

(二)語言的組成要素

　　根據 Bloom 與 Lahey（1978）的理論，語言是由形式（form）、內容（content）及使用（use）三種向度交集所形成的（如圖 1-1 所示）。在形式方面，包括音韻（phonology）、構詞（morphology）及語法（syntax）；在語言內容方面則常以語意（semantics）稱之；而在語言使用的層面即為語用（pragmatics）。茲將這幾項概念概述如下：

　　1. 音韻：音韻主要是指語言系統中的語音層面，包含：在語言系統中應用的所有個別語音，以及詞彙發音的基本規則，或是語音結合、排序形成詞彙的規則，亦即聲母與韻母結合的規則。而音素或語音乃是語言的最小單位（如：「書本」共有ㄕ、ㄨ、ㄅ、ㄣ四個音素），因其多樣變化的組合才會形成不同的詞彙。例如：書本／出門／豬人／鋪陳／夫人等詞彙中聲母的變化。又例如：在英文中 bat、cat、fat、gat、hat、mat 等詞彙的發音差別只在第一個字母的語音，但其意義則不同。另外，音韻中亦包括四聲或重音等超音段（suprasegment）層面，對詞彙的意義也會具有決定性作用。例如：「獅子」、「柿子」、「石子」。

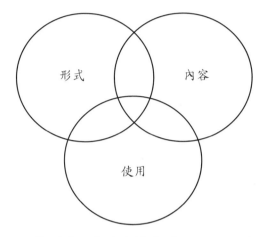

圖 1-1　語言的形式、內容與使用（Bloom & Lahey, 1978）

　　2.構詞：本語言要素主要是指詞彙組成的規則，或是指語言中最小的有意義單位詞素（morpheme）的應用規則。例如：在英文中jump是由單一的詞素（morpheme）所構成的詞彙，但是 jump**ing** 則變成由兩個詞素所構成的詞彙。詞素可分成自由詞素（free morpheme）與黏著詞素（bound morpheme）兩種。自由詞素主要指可獨自出現而具意義的構詞單位，且無法再分解至更小的構詞單位，例如：publish 即是一個自由詞素。黏著詞素則指需要與其他詞素一起出現才具有意義的構詞單位，例如：***un*publish*ed*** 中的 ***un***、***ed*** 都是黏著詞素。而在中文裡，有研究者以字的部首為構詞成分，並以語形稱之。但這種定義似乎較適合用在說明書寫（或書面）語言文字的結構。湯廷池（1992）即指出，中文裡自由詞素與黏著詞素的界線並不容易區分。自由詞素與黏著詞素的區分可能會受口語與書寫語言詞彙、白話與文言詞彙的不同而有差異。例如：在「老虎」／「前怕狼，後怕虎」、「工人」／「動工」中的「虎」與「工」，既可算是自由詞素，也能被歸類為黏著詞素。儘管中文裡自由詞素與黏著詞素的劃分上存在著不確定性，但湯廷池（1992）卻認為這種劃分並無重大意義，因為並不會影響中文裡很多詞彙（如：複合詞）內部結構與外部功能的條理化。

3.語法：語法主要是指詞彙與詞彙結合形成有意義的短語、句子的詞序安排規則。例如：「葡萄你洗了嗎？」「你洗葡萄了嗎？」兩句用到相同的詞彙，所表達的意義也一樣，但詞彙出現的順序卻不一樣。又例如：「媽媽打我」與「我打媽媽」兩句話所用的詞彙都是相同的，但詞序安排的不同就會造成完全不同的意義。最後，「出差火車坐台北去爸爸」，則因詞序安排不合乎中文的語法規則，而使得這句話聽起來謬誤怪異，因我們已應用中文的語法知識去解釋這句話。

4.語意：語意主要指語言系統中的意義，包括：詞彙及句子的意義。談到語意，亦會涉及多義詞、反義詞、同義詞、抽象語言、象徵性語言（figurative language）或是語意網路等。例如：個別詞彙之意、句子的理解等。另外，語意又與概念或是有關世界上人事物相關知識或經驗的認知表徵有關。

5.語用：主要是指在不同溝通情境中掌控語言使用及功能的社會規則，涉及如何以符合社會規範或約定俗成的方式使用語言與人對話、交談、溝通。例如：當別人問我們現在幾點鐘時，我們不可能回答：「你去死吧！」或是當別人正因丈夫剛過世而傷心時，我們不會告訴人家：「哎呀！不用難過了，趕快再嫁一個不就好了嗎。」因為這樣完全不符合語言使用的社會規範。

(三)語言的特徵

根據Kuder（1997）、Owens（1996）的論點，語言具有下列的特徵：

1.具有溝通功能：語言最基本與最重要的功能是用在人際溝通上。事實上，人類得以發展出語言主要是為了溝通，分享訊息。

2.是一種系統：系統主要是指「事物按一定的秩序、規則互相聯屬在一起」之意。而語言中的音韻、構詞、語法、語意或是語用等組成要素，都是受一定之規則所掌控，因此自然具有系統化之特徵，是一有組織之系統。

3.由任意性的符號所組成：雖然在語言系統中會使用特定符號代表人、事、物，但符號的應用本質上卻是任意性的。例如：中國大陸稱司

機這種職業為「師傅」，台灣則使用「司機」這個詞彙。雖然，名稱不一樣，但所代表的意義卻是一樣的。所以，同樣的道理，如果在中文語言系統發展的萌芽時期，將杯子這樣東西命名為「樹子」，那麼現在我們一定會將杯子這樣東西稱為「樹子」而非「杯子」。而這也是語言具有任意性之特徵。另外，在語法方面，如果大家約定俗成將中文裡的基本句型改成「主詞＋受詞＋動詞」，那麼我們也可使用這種語法結構。

　　4.約定俗成共用的符號：如上所述，雖然語言的結構可以是任意性的，但卻需要有約定俗成的規範。例如：以杯子為例，如果我們的前人將其稱之為「樹子」，我們必能理解「弟弟把媽媽買的一組樹子打破了」這句話的含義，因為「樹子」已成為約定俗成的共通語言符號。又例如：e 世代的語言將「恐龍」這個詞彙用在指稱外貌較差之人，經過廣泛的流傳，連 LKK 的人也認知其意，成為約定俗成的詞彙。

　　5.具有衍生性（generative）：三歲的幼童告訴媽媽：「要穿喵咪襪襪。」詩人寫出：「我的心是五月的綠風，十月的楓紅。」新聞記者說：「股市已成為大戶的提款機。」這些例子說明了語言具有衍生性的特徵。人類語言學習的神奇之處，即是我們可以應用有限的詞彙與語法規則，說出、寫出、比出無限的句子。例如：我們可以應用「眼鏡、太陽、買、王、小姐、林、太太、向、黑黑、的」等詞彙造出下面這些句子：「黑黑的王小姐向林太太買太陽眼鏡」、「林太太向黑黑的王小姐買太陽眼鏡」、「王小姐向林太太買黑黑的太陽眼鏡」、「王太陽的太太向黑黑的林小姐買眼鏡」等句子。

　　6.具有自身調節的功能：語言是依附於社會的一種開放的系統，隨著時代的改變，社會的變化或需求，會加入新的詞彙指稱新的概念、物品、事件，或是淘汰掉不再被使用的詞彙，而其調節的方式與既有的語言系統是相互融合的。例如：電視、電磁爐、電話、電腦、手機、瘦身、女強人、新鮮人等是較新的詞彙，然而這些新詞彙的創造仍然使用到中文裡已存在的一些詞彙、文字、音節或詞素（如：人、手、爐、身、腦、新鮮等）。又例如，現代中文語法（指台灣）亦會受方言之影響，例如：在「妳真是有夠無聊」、「這間餐廳有夠爛」句子中，「有」的用法就

是受到台語語法的影響（葉明德，1991）。

三、說話

　　電視上正播映醫生接受記者訪問，談到牙齒的問題會影響兒童的語言發展。是語言發展嗎？牙齒與語言符號的學習有什麼關係？其實，一般人一樣常常會把說話與語言的概念混淆，以為它們是一樣的。事實上，說話與語言是不同的，說話是依附在語言之下，是一種可聽得見的語言（林寶貴，1997）。說話可定義為個體使用不同的發聲、發音類型將語言表達出來的一種方式。而從溝通的觀點來看，說話是以特定的神經肌肉動作協調將意義傳遞出來的口語溝通方式（Owens, 1996），而神經肌肉動作協調的結果，就會產生語言中的聲音或語音，讓詞彙可依照合乎音韻系統的規則被說出來。說話所涉及的生理層面，包括：呼吸的協調、發聲、共鳴與構音。據此，胸部（肺部動作）、喉頭（聲帶動作）、喉嚨與口腔（舌頭、嘴唇、硬顎、軟顎的動作）所產生的動作協調都需要大腦的神經控制。另外，說話亦包括速度、流暢性、音調、音量、音質、語音發出的準確度、語調等層面。

　　綜合上述，溝通乃指訊息交換、意見表達與接收、情意交流與思想聯繫的過程。語言是指一種規則掌控的符號系統，將聲音、文字、手勢動作（如：手語）及其他符號以系統化方式賦予意義的認知、表徵系統。而說話則是以特定的神經肌肉動作協調，產生不同的發聲、發音類型，將語言表達出來的一種方式。簡而言之，語言是一種符碼系統，而說話即是以感覺動作協調將該符碼表達出來的行為（Reed, 1994）。我們說話將語言表達出來與他人溝通互動，因此，如果我們並未習得某種語言（如：阿拉伯語），就算我們可以使用神經肌肉動作協調能力發出該語言的語音，仍然無法與使用該語言的人溝通。

參、溝通架構圖

　　雖然說話、語言、溝通是不同的名稱，但之間卻有密切、重疊之關係。茲以Owens（1996）的架構圖說明這三者之關係與涉及的其他層面。在此架構圖中（詳如圖 1-2），溝通所含括的範圍最廣，包括語言及語言之外的要素（extralinguistic elements）。語言的形式區分成手語、書寫與閱讀的書面語言、聽與說的口語。而語言外的要素則包括副語言（para-linguistic）、後設語言（metalinguistic）、非語言（nonlinguistic）三種。茲將這些形式與要素說明如下：

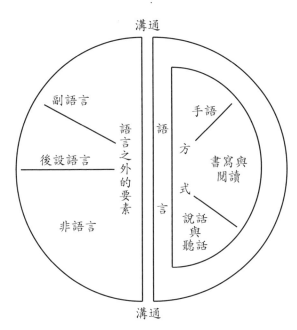

圖 1-2　說話、語言與溝通架構圖（Owens, 1996）

一、語言

　　如同上述，語言是一種約定俗成、有組織的符碼系統。它包括手語、書面語言及口語三種。茲將此三類語言概略介紹如下：

　　㈠手語：手語是聾人的母語，是其用以溝通的工具。由語言學的觀點來看，手語與口語一樣具有語意、語法、語用的結構或規則。唯一不同的是，手語的語言系統是以視覺—身體／手勢動作做為表達、溝通的管道，而口語則是以聽覺—發聲做為表達、溝通的管道（郭譽玫，1995）。手語詞彙的形式（form）是根據手指、手部、腕部、頭部、身體、腳部、臉部等的動作、姿勢或表情的變化而發展出來的（林寶貴，1984）。而從視覺層面分析，手語詞彙的組成部分包括：⑴位置：指手語打出時放在身體上的位置，如：以頭、臉為中心，或是以身體前方的部位為重心。⑵手形：使用雙手或單手做出來的手形。台灣手語所用到的手形介於五十至六十種左右。⑶方向：指手語產生時，手或手臂所面對／指向的方向。⑷動作：指打出手語時的特定動作（林寶貴、楊雅惠、戴素美，2001；趙玉平，1999；Stokoe, 1960）。

　　㈡書面語言：書面語言是一種視覺—圖像（visual-graphic）的符碼系統。語言是一種表徵經驗、概念與思考的有組織的符碼系統；手語語言是以手勢、身體動作、表情等創造出其獨特的符碼；口語則是以聲音／語音組合形成其符碼；而書面語言則是以線條、圖形等創造出文字的符碼。舉例來說：游泳的概念即可有手語、口語、書面語言（文字）的符碼來表徵之。一般而言，書面語言的學習涉及閱讀與書寫表達兩個層面。兒童在語言學習的過程中，需要先建立口語符碼的系統，當其開始識字時，則可將文字（書面語言符碼）與口語符碼聯結，觸接其意。當兒童習得文字之後即可以機械性的技能（書寫動作），將其儲存在詞彙庫中的文字寫出來。

　　㈢口語：口語或稱為聽覺—口說語言乃指以聽覺管道所建立的語言系統。兒童在口語語言習得的過程中，會將在有意義的情境中所聽到的

口語訊息，以語音的形式與意義聯結，儲存在其內在語言表徵系統中。例如：將聽到的詞彙與情境中相對應的物品、事件、動作、人物等聯結（如：聽到ㄋㄟˋㄋㄟˋ會與奶瓶、喝奶的情境聯結，慢慢習得ㄋㄟˋㄋㄟˋ這個詞彙）；或是將聽到的句子中之詞彙、詞組（片語）、出現的前後順序表徵在此系統中。而當兒童開始學習使用口語表達其意念時，即會將其儲存在內在表徵系統中的音韻形式、意義，以神經、肌肉動作協調的方式再現出來，而這即是上述的說話。

二、語言外的要素

根據圖 1-2 的架構圖，語言外的要素包括：副語言（paralinguistic）、非語言（nonverbal）、後設語言（metalinguistic）三種。茲將此三類語言外的要素概略介紹如下：

㈠副語言：個體在使用口語與人溝通時，詞彙、語句並非是唯一可傳達溝通訊息或意義的要素。溝通夥伴說話時的音量、聲調、語調、速度、流暢性、停頓等亦會傳遞出相關的訊息，而這也就是副語言，亦即在音韻、構詞、語意、語法、語用等語言層面之外所傳遞出來的訊息。例如：當我們緊張時可能話會愈說愈快，或是當我們心虛時，可能會說得吞吞吐吐、支支吾吾。又例如：當太太請先生晚飯後要洗碗，先生回應：「好啦！」可能會因詞彙停頓、拉長、音量的變化，而產生不同的解讀方式，包括：不願意但勉為其難、很不高興、嫌太太囉唆、開玩笑兼表達親暱等。而在句子中特別加強某個詞彙，亦會傳達出言外之意。例如：「我要豆漿，是豆漿」、 "I *did* wash my hand"。另外，研究指出，只根據一些聽覺訊息的線索，人們即可由副語言特徵，推估說話者的年齡、性別、身體狀況。此外，說話時語調或聲調的變化，亦可傳遞出取笑、自嘲、諷刺之含義。最後，副語言線索亦可能反映出個體的情緒狀態、人格特徵、在群體中的地位或職業（Lane & Molyneaux, 1992）。例如：初次與某個人交談時，我們可能就會根據對方聲音的特徵、說話時的風格（退縮、保持距離、客氣或霸道）、說話是否急促，來判斷其

人格特徵或地位。然而需要注意的是，有時候這種判斷可能也會是不正確的。

㈡非語言：非語言主要是指手勢、身體動作、身體擺位、臉部表情、頭部移動、目觸或眼神、溝通夥伴的距離等，這些亦具備傳遞溝通訊息的功能。「他的眼神會殺人」、「她說話時身體老是搖來搖去，真是不正經」等說詞，即是在說明非語言的溝通。有時候，單獨一個眼神或是聳聳肩膀的動作即可傳遞出溝通的訊息。其他時候，身體動作、臉部表情或眼神，也會增加或減弱溝通的功能。例如：當我們在馬路上碰到一位久未碰面的朋友，很想跟他好好聊一下，但卻發現他有意無意的在看錶，而且眼神飄忽不定，可能就要想想看「自己可能是一廂情願想敘舊情」。另外，一些重度／多重障礙者因為口語有限，或口語表達困難，可能就常借助一些手勢、身體動作等非語言溝通方式表達需求。例如：用手比自己的嘴巴表示想吃東西，摸自己的大腿表示想上洗手間。最後，溝通時非語言層面具備下面幾樣功能：⑴當口語溝通出現問題時可替代口語溝通，如感冒咳嗽、喉嚨沙啞時，可能需借助手勢動作溝通。⑵可增加口語溝通的效能，如手舞足蹈，豐富的表情，可讓溝通進行更順暢。⑶可了解溝通夥伴的溝通意圖（如：是否心不在焉）。

㈢後設語言：後設語言主要是指使用語言思考語言，把語言當作物品來表徵、思考的能力，並表現出對語言結構、規則的覺識，可以談論與分析語言的每個層面，彷彿是將語言從其整體的本質抽離出來一樣（Owens, 1996）。在溝通時，說者與聽者如果說出或聽到音韻錯誤的詞彙、語意謬誤、語法不正確或是不合乎語用規則的話語，馬上就會覺察到並做修正或是思考是否有其他含義，這就是後設語言的運作，是一種高層次的心智能力。例如：四歲的幼兒聽到爸爸媽媽說暑假要去紐約玩，也跟著起哄說：「紐約紐約扭屁股，喝牛奶。」他對紐約的概念可能並不是很清楚，但是卻能覺識「紐約」這詞彙中的「ㄋㄧㄡ」的音節與「扭」、「牛」是一樣的，所以會說出這樣的話語。又例如：四歲的幼兒對幼稚園的老師說：「我知道你為什麼叫老師，因為你很老。」再例如：同一個幼兒告訴媽媽：「媽媽，我都不會畫畫，平平很會畫畫。」

媽媽就回答：「沒關係，你就做拿手的事情啊！」幼兒不解：「媽媽，什麼是拿手的事情？」上述例子即為後設語言中的音韻覺識、語意覺識。

綜上所述，語言外的要素包括：副語言、非語言、後設語言三種。這三個要素與溝通的進行有密切的關係存在，可幫助訊息傳遞得更清楚，讓聽者與說者可以監控訊息的傳遞是否清楚。而如果語言層面與非語言或副語言層面並未配合的話，則可能讓溝通的效能大打折扣。

肆、結語

自然界中很多動物都有其自己發展出來的溝通模式，例如：蜜蜂、大象、猩猩，然而其溝通管道、範圍與內容卻極為有限。而萬物中唯有人類發展出語言，以符碼表徵世界上形形色色的具體或抽象的人、事、物，並以有別於其他動物的發聲／發音器官而可發展出說話／口語。這種符號使用的能力讓人類得以進行抽象的思考，建立驚人的文明成就。說話、語言、溝通是相互關聯但又各自獨立的人類特有的能力。在這三者中，溝通是最廣的概念，包含語言與語言外的因素。人類可使用手語、書面語言、口語與人溝通，達成訊息交換、學習、娛樂、社會參與，並獲致心理滿足等功能。而在這三種語言類型之中，口語是最便捷與最常被使用的。它的應用涉及聽說兩種能力。而說話即是將語言符碼以神經肌肉動作表達出來的行為。然而除了語言之外，溝通亦涉及副語言、非語言及後設語言的層面。聲調、語調、加重語氣、音量大小、說話速度、臉部表情、身體動作等語言外的因素一樣會傳達出某些含義，亦有其溝通的功能存在。而溝通時，訊息接收、理解與表達的監控則與後設語言有關。甚至刻意操弄語言，在言詞之間的變化，亦能因其幽默、有趣之處，而使溝通變得更有趣。

✿參考文獻

林寶貴（1984）。聽覺障礙兒童語言溝通法與語文教學法之研究。台北：教育部教育計畫小組。

林寶貴（1997）。語言障礙與矯治。台北：五南。

林寶貴、楊雅惠、戴素美（2001）。「修訂版手語畫冊」手語詞彙表現建構向度分析研究。載於 2001 年手語教學與應用研討會論文集。台北：教育部特殊教育工作小組。

郭譽玫（1995）。手語新知、視覺語言學。教育研究，2，63-73。

湯廷池（1992）。續談漢語的「字」「詞」「語」與「語素」。華文世界，66，77-84。

趙玉平（1999）。手語大師 IV。台北：現代經典文化事業。

葉明德（1991）。台灣化國語之現象與影響。華文世界，61，19-26。

Bloom, L. (1988). What is language? In M. Lahey (Ed.), *Language disorders and language development*. New York: Merrill.

Bloom, L. & Lahey, M. (1978). *Language development and language disorders*. New York: John Wiley & Sons.

Dore, J. (1986). The development of conversational competence. In R. L. Schiefelbusch (Ed.), *Language competence: Assessment and intervention* (pp. 3-60). San Diego, CA: College-Hill.

Goldstein, P. A. (1994). A comparison of language screening procedures in the identification of children with language delays in prekindergarten classes. *Dissertation Abstracts International, 55* (09), 2791.

Kuder, S. J. (1997). *Teaching students with language and communication disabilities*. Boston, MA: Allyn & Bacon.

Lane, V. W. & Molyneaux, D. (1992). *The dynamics of communicative development*. Englewood Cliffs, NJ: Prentice Hall.

Light, J. (1989). Toward a definition of communicative competence for individuals

using augmentative and alternative communication systems. *Augmentative and Alternative Communication, 5*, 137-144.

Maslow, A. H. (1968). *Toward a psychology of being* (2nd ed.). Princeton, NJ: Van Nostrand.

Owens, R. (1996). *Language development: An introduction* (4th ed.). Boston, MA: Allyn and Bacon.

Reed, V. (1994). *An introduction to children with language disorders* (2nd ed.). New York: Merrill.

Smiley, L. R. & Goldstein, P. A. (1998). *Language delays and disorders*. San Diego, CA: Singular.

Stokoe, W. C. Jr. (1960). Sign language structure: An outline of the visual communication systems of the American Deaf. *Studies in Linguistics: Occasional Papers, 8*. Buffalo, NY: University of Buffalo, Department of Anthropology and Linguistics.

Wardhaugh, R. (1977). *Introduction to linguistics* (2nd ed.). New York: McGraw-Hill.

第 2 章

兒童的語言障礙：概觀介紹

壹、前言

　　對大多數兒童而言，在短短幾年內，不需他人刻意的教導，即可習得其母語中的結構、意義與使用規則。他們輕易地完成每個階段語言習得里程碑的發展，由詞彙始現、前五十個詞彙、雙詞結合、短語／簡單句的使用，再進入複句／多子句使用期。最後他們能夠自動化、有組織地敘說較長之內容。而隨著語言能力發展得愈來愈好，他們也會慢慢建立其母語中音韻、詞彙、組詞、句子組成規則，以及書面語言結構的知識，進而建立個人聽、說、讀、寫的語言技能。

　　相對於一般兒童依序正常發展的語言能力，另外也有一些兒童卻在說話、語言的使用、理解及聆聽出現困難或問題。他們可能理解及使用的詞彙較少、出現詞彙尋取的困難、無法以合乎語法結構規則將句子說出來、無法有組織地敘說事件／故事、無法遵循語用規則與他人進行適當的交談、出現聽知覺處理問題、口語記憶問題等等。這些兒童被稱之為語言障礙兒童、語言發展遲緩兒童、說話語言障礙兒童或是溝通障礙兒童。

　　造成兒童語言發展困難的原因有很多種，包括：智能上的損傷、聽力問題、嚴重情緒—行為問題、神經生理缺陷、腦創傷、認知處理缺陷或是語言學習環境的不利等。而在這些因素中，有的兒童的語言問題常常是其主障礙所引起的，例如：智能障礙、聽覺障礙、自閉症、腦性麻痺等。然而也有另外一些兒童，並未有智能、感官、情緒行為、神經損傷等問題，卻依然出現語言學習的困難。這些兒童曾經被稱為「單純」語言障礙，或是特定型語言障礙、語言發展遲緩、發展性語言障礙等（Kamhi, 1998）。至今在美國的溝通障礙領域，對語言障礙類別、概念與鑑定標準的釐清都還是有些許的混淆（錡寶香，2002；Paul, 2001），即是因為語言障礙的類型及成因有不同的面貌，因此在探討、認識語言

障礙，以提供適當的療育時，有必要先了解應該如何界定與分類語言障礙。

貳、語言障礙的出現率

在美國，約有 10 至 15% 的學齡兒童出現說話、語言或聽力問題；而大部分學前的障礙兒童則普遍伴有說話、語言及溝通問題（Wetherby, 1998）。進一步以官方的資料來看，美國零至二十一歲的人口群中，說話／語言障礙或是溝通障礙的出現率約為 1.73%（Ysseldyke & Algozzine, 1995）。另外，美國官方歷年的統計資料皆顯示，說話—語言障礙學童在特殊兒童中是占第二多的群體，僅次於學習障礙學童。根據一九九八年度美國教育部對國會的報告書中推估，六歲至十七歲的兒童，接受說話或語言障礙教育者共占 2.28%（各類身心障礙學生共有 4,977,881 人，出現率推估為 10.78%），比智能障礙者的 1.13% 高出一倍多（U.S. Department of Education, 1998）。此外，英國一九八○年一項大規模的調查則發現，在七千個受試兒童中有 8% 出現嚴重的語言問題，另外 18% 則有輕度的語言問題（Chazen et al., 1980）。

再者，過去二十年來美國溝通障礙文獻亦記載幾項特定型語言障礙兒童的出現率。Tower（1979）估計特定型語言障礙的出現率約為 1.5%。美國精神疾病學會（American Psychiatric Association, 1994）DSM-IV 的報告則指出，特定型語言障礙中單純口語表達障礙者的出現率約為 5%，但併有理解與表達缺陷者的出現率則有 3%。Tomblin 等（1997）的研究則顯示，特定型語言障礙的出現率約為 7.4%。而由於研究者所採用的鑑定標準極為嚴謹，因此 Leonard（1998）乃指出此項數據應該能反映出特定型語言障礙的出現率。

而在台灣的幾項調查中，則發現語言障礙兒童出現率為 2.64%（林寶貴，1984）、3.86%（教育部，1993）或是 9.6%（榮民總醫院復健醫學部及耳鼻喉科，1976，引自徐道昌、吳香梅與鍾玉梅，1978）。此外，許月

琴（2000）調查台北市五歲特定型語言障礙兒童的出現率，則求得 3.03%
的出現率。

　　綜上所述，雖然不同調查所使用的鑑定工具、界定標準或調查方式
不盡相同，自然會影響出現率的計算，但這些數據在在顯示無論是溝通
障礙、說話—語言障礙或是語言障礙的出現率都相當高，值得相關單位、
語言治療師、教師注意。另外，上述台灣的調查中並未將說話與語言障
礙分開分析，也是造成結果不一之主要因素。事實上，由於國內在特殊
教育中對溝通或說話障礙的兒童都通稱之為「語言障礙」，因此也常產
生無法明確釐清什麼是語言障礙的誤解。因此本文乃針對語言障礙的界
定依據、分類、肇因做一些釐清。

參、語言障礙的定義

　　語言發展的遲緩，或是語言理解與表達的困難，是語言治療師、教
師在面對個案、學生時需要處理的問題。另外，國內特殊教育法則是將
語言障礙名列障礙的一種。然而，語言障礙究竟是什麼？智能障礙、聽
覺障礙兒童的語言學習問題是不是也是語言障礙呢？說話問題是不是也
是語言障礙呢？這些問題都需要以清楚的定義說明。

　　Fey（1986）認為：「語言障礙乃指在語言形式、內容與使用（即三
個語言要素）的發展水準上有嚴重的缺陷。」Bashir（1989）則是將語言
障礙定義如下：「語言障礙者乃指在語言理解、表達與使用方面，因先
天或後天因素而產生問題的一個異質性群體。語言障礙是漸進式的，而
且有可能終生都無法克服。其症狀、外顯語言行為、影響與障礙程度，
會因時間點的不同而改變。而改變的產生可能肇因於情境、內容與學習
目標的不同。」Paul（2001）進一步將語言障礙界定為：「與環境、常模
參照期望相比，在學習說話、適當地理解或使用語言中的任一層面有嚴
重缺陷者。」

　　美國聽語協會（ASHA, 1982）的定義，則認為：「語言障礙係指不正常的口語或書面語言的習得、理解或表達。其障礙可能含括語言系統中音韻、構詞、語意、語法或語用等層面。語言障礙者常常出現句子運作處理問題，或是由短期與長期記憶中有意義地提取與儲存語言訊息之困難。」另外，該協會一九九三年則是將語言障礙定義為：「在理解與／或使用口語、書面語言或是其他符號時有損傷。語言障礙可能涉及：(1)語言的形式（音韻、構詞、語法系統）；(2)語言的內容（語意系統）；(3)語言在溝通中的功能（語用系統）。」（ASHA, 1993）

　　至於台灣對語言障礙的定義則來自官方特殊教育法的界定。根據特殊教育法第三條第二項第四款所列，乃指：「語言理解或語言表達能力與同年齡者相較，有顯著偏差或遲緩現象，而造成溝通困難者，共包括構音障礙、聲音異常、語暢異常、語言發展遲緩。」（教育部，1992）根據此條款所列，語言發展遲緩乃指：「語言之語形、語意、語彙、語法、語用之發展，在語言理解或語言表達方面，較同年齡者有明顯偏差或遲緩現象者。」

　　有鑑於上述條款中所指稱的語言障礙又含括說話障礙（即構音、聲音與語暢異常），似乎不甚明確，易生混淆。因此教育部（1999）所修訂之「身心障礙及資賦優異學生鑑定原則、鑑定標準」第六條，乃更明確地將語言障礙的定義修正為：「語言理解或語言表達能力與同年齡者相較，有顯著的偏差或遲緩現象，而造成溝通困難者。」

　　綜上所述，語言障礙主要是指個體在語言的形式（音韻、構詞、語法）、內容（語意）、使用（語用）的理解與表達方面，與環境或是年齡應有的期望水準相比之下，有顯著缺陷者。而語言則含括口語、書面語言與其他符號系統（如：手語）。另外，語言障礙可能涉及句子運作處理問題，或是由短期／工作與長期記憶中，有意義地提取與儲存語言訊息之困難。根據這些定義，並採取較寬廣的觀點來看障礙兒童的語言發展問題，則可認定智能障礙、聽覺障礙或是自閉症者都有可能附帶語言障礙。而音韻障礙亦是屬於語言障礙的一種，但是聲音障礙或是語暢異常，則不屬於語言障礙的類別。但是，如果採取較嚴格的界定標準，

只將語言障礙的認定限制為「單純」語言學習或語言處理有顯著缺陷，而且並非因主障礙所造成，則只有特定型語言障礙或語言學習障礙等國外已用之多年的名稱符合。然而，國外在特定型語言障礙的研究或是臨床服務雖然已有幾十年的歷史，但是在決定誰是特定型語言障礙兒童，或是該用什麼樣的術語指稱這些兒童，仍有很多不同論點（錡寶香，2002；Kamhi, 1998; Paul, 2001）。因此，下文亦將進一步釐清這些名稱。

肆、語言障礙界定的依據

過去幾十年來，語言學方面的研究，讓我們對語言本身的結構、特質有更深的認識。認知心理學的研究，也讓我們對語言理解與表達的運作歷程有所了解。再者，兒童語言發展的研究已經累積很多珍貴的實證性資料，讓我們了解兒童在嬰幼兒、學前、學齡與青少年階段音韻、語法、構詞、語意、語用等能力的發展。另外，因為醫學的進步，也讓我們對語言的神經、生理基礎有更進一步的認識。這些資料都成為了解語言障礙或異常的界定參考。一般而言，語言障礙的界定常常是依據下面的基本概念而界定的：

一、與語言發展速度或時間有關：根據一般兒童語言習得指標決定兒童在某個階段的語言／溝通能力發展是否符合其年齡應有的期望發展水平。

二、與語言中質的層面有關：所謂語言中質的層面乃指語言組成的要素，如：音韻、語意、語法、語用、篇章等。由於語言是由不同的要素所組成，而個體內發展差異又是兒童語言發展的特徵，因此乃進一步從語言的組成要素分開來看其發展遲緩或是困難的部分，例如：語意障礙、語法障礙、語用障礙、篇章障礙等。

三、與語言的表達及接收有關：語言的認知處理歷程涉及：⑴語言訊息的注意、選取，分辨與辨識；⑵語言訊息在工作記憶中短暫保留並

運作處理；(3)認知語言系統中或詞彙庫中語言訊息的分類、意義連結與儲存；(4)語言表達時詞彙搜尋、提取以及詞彙序列化呈現、組織。而在這些運作處理歷程中若出現問題，則可能出現語言理解或表達缺陷。

四、與障礙程度有關：每個兒童的語言問題都不一樣，有的嚴重到完全沒有語言或是口語有限，則會被歸類為重度語言障礙。其他的兒童則可能只是使用與理解的詞彙較有限，或是敘事較為混亂無組織，因此是屬於輕度語言障礙。

伍、語言障礙的分類

語言是一種規則掌控的複雜符號系統，用以表徵世界上的事事物物；而且其使用亦受社會互動規則、溝通情境所規限。再者，語言的學習亦涉及很多因素，包括：心智能力、感官能力、情意／情緒／動機、語言輸入環境等，因此語言障礙的分類，有必要從兒童本身的能力或特質、環境，以及其所學習的語言結構／特徵等層面加以思考。另外，由於語言障礙與醫學及特殊教育有密切之關係，因此在醫學及特殊教育領域對語言發展上有困難者亦有其分類方式。茲將過去文獻所界定的分類方式綜合介紹如下：

一、Nelson的分類：Nelson（1998）將語言障礙分成下列三組：(1)中樞處理問題造成的語言障礙，主要是與大腦處理認知、語言學習活動的缺損有關，包括：特定型語言障礙、智能障礙、自閉症、注意力不足過動缺陷症（ADHD）、後天性腦創傷等；(2)周邊系統問題造成的語言障礙，主要是與感官、動作系統在接收與傳達語言訊息的問題有關，包括：聽覺障礙、視覺障礙、盲─聾、肢體障礙等；(3)環境與情緒因素所間接造成的語言障礙，主要是指一些不利語言發展的成長環境及社會互動的狀況，包括：忽視、虐待等。

二、依病源學分類：醫學上對那些與語言問題有關的症狀，常常在

名稱都加上"dys"或是"ia"等構詞特徵，表示缺乏某些功能或能力的症狀，如：失語症（dysphasia）、失讀症（dyslexia）、言語失用症（dyspraxia）、失寫症（dysgraphia）、輕微腦功能障礙（minimal brain dysfunction）等。這些名稱主要是指口語或書寫語言的困難，暗示可能有神經生理上之受損。雖然這些專有術語是醫療系統所慣用，有其病理成分之考量，但對患者的真正語言問題或是應注意之語言行為卻無法顧及。

三、特殊教育所使用之分類：在特殊教育中，很多障礙也會附帶影響兒童語言能力的發展，如：智能障礙、聽障、學障、自閉症、多重障礙等。因此，一些語言障礙的教科書都是依上述障礙類別分別介紹其語言問題（如：林寶貴，1997；Bernstein & Tiegerman-Farber, 2002; Owens, 1999）。這些因主障礙而同時並存的語言或溝通問題，會因障礙兒童本身整體性的發展缺陷而較易受到家長、教師之注意。然而，以特殊需求兒童的類別來分類這些兒童的語言問題，雖然可以容易理解不同障礙兒童的語言特徵，但卻可能會因對其共通語言問題的刻板印象，而忽略個別的語言困難或強處。此外，雖然特教教師、家長都能覺察這些兒童的溝通問題，但是特教分類的名稱一樣也無法提供明確的語言缺陷訊息。

四、依不同語言要素的分類：由於上述語言障礙的分類仍離不開以障礙類別或是「症狀」（如：dysphasia）來區分，對兒童的語言困難無法提供明確的訊息，因此如果依語言的組成要素分類，應該可以提供更明確的語言障礙訊息，例如：音韻障礙、語意障礙、語法障礙、語用障礙。事實上，Rapin與Allen（1987）即曾以音韻—語法缺陷、語意—語法缺陷、詞彙—語法缺陷分類特定型語言障礙兒童。

陸、語言障礙、語言異常或語言發展遲緩：相同或相異

如同前述，台灣特殊教育學生的類別中有一類為「語言障礙」，這類兒童根據特殊教育法第三條第二項第四款所列，乃指：「語言理解或

語言表達能力與同年齡者相較，有顯著偏差或遲緩現象，而造成溝通困難者，共包括構音障礙、聲音異常、語暢異常、語言發展遲緩。」（教育部，1992）根據此條款所列，語言發展遲緩乃指：「語言之語形、語意、語彙、語法、語用之發展，在語言理解或語言表達方面，較同年齡者有明顯偏差或遲緩現象者。」上述定義有其觀念上的混淆之處，聲音異常、構音異常以及語暢異常是屬於說話層面，較強調的是副語言或是說話神經肌肉協調動作部分，因此將其置於語言障礙類別下面容易產生混淆。事實上，在美國特殊教育中是將其列為說話—語言障礙。有鑑於此，教育部（1999）所修訂之「身心障礙及資賦優異學生鑑定原則、鑑定標準」第六條，乃將語言障礙的定義修正為：「語言理解或語言表達能力與同年齡者相較，有顯著的偏差或遲緩現象，而造成溝通困難者。」根據此定義，語言障礙的界定是以理解與表達兩個向度中是否出現異常或遲緩來決定。而語言發展遲緩或是語言偏差／異常究竟有何不同，亦是需要釐清之概念。茲將相關的概念概略說明如下：

一、語言障礙（language disorder, language impairment, language disabilities, language handicap）：如果從英文字面意義來看，"disorder"乃指失調混亂，"impairment"乃指損傷，即指不正常或問題本身，"disabilities"乃指失能，意即因某種損傷所產生的結果（如：無法與同儕溝通）、"handicap"乃指障礙，意指因損傷本身所造成的社會互動結果（如：因無法與人適當溝通而造成社會孤立）。也因此，在名稱的應用上其實並未有很明確的區分。事實上，在溝通障礙或特殊教育領域中這些用詞常是交互替代使用。根據Lahey（1988）的觀點，語言障礙乃指兒童在語言的發展上，或是語言理解、表達、使用等能力表現，與其生理年齡應有的期望表現有落差；使得兒童在語言學習上可能需要很多的協助，或是即使在協助下仍然發展有限。在美英的溝通障礙或語言治療領域中，"language disorder"是一個統稱用語（cover term），常常也用來指稱異常的語言（deviant language）、遲緩的語言（delayed language）等。事實上，如果由一些教科書的書名即可一窺端倪。在美國很多談到語言障礙的教科書都會使用"Language Disorders"做為書名。而其內容則會含括不同主障礙所引

起的語言障礙。而如果談到單純的語言障礙（如：特定型語言障礙），則會使用 "Language Impairment"、"Language Disabilities"。

　　二、語言發展遲緩（language delay）：主要是指兒童現階段所發展出來的語言技能與年紀較小的兒童近似，但暗示最終其仍會趕上。在說話發展遲緩學步兒（late talker）的研究，即發現有 75% 至 80% 的幼兒雖然在兩歲時仍未出現五十個詞彙或是仍未開始結合兩個詞彙邁入語法發展階段，但他們還是會趕上同儕的發展水準（Paul, 2001; Rescorla, 1990）。

　　三、語言異常（language deviance）：主要是指兒童發展出來的語言技能、類型在一般兒童身上並未出現；意即兒童所發展出來的語言系統與一般兒童有質性的差異。例如：某個自閉症兒童一進入語言治療室就開始重複說著「飛機放進盒子裡」的話語。原來這是一種延遲模仿的鸚鵡式仿說現象；因其在上禮拜的語言治療時老是拿著玩具飛機躲在桌下，教師與家長不斷告訴他這句話語。該自閉症兒童可能是用此種方式與教師打招呼。這種現象在一般兒童身上並未出現。另外，某個智能障礙症兒童的構詞、語法並未有問題，但其說出來的句子中詞彙彼此之間的語意關聯或相容卻是怪異的。例如："It's flying in between our … So now it's between mine. He is my third principal. No, my mother took me in when the last time I've ever been in."（Curtiss, 1981）。

　　綜上所述，在溝通障礙／語言治療領域中，常常會使用語言障礙、語言異常或是語言遲緩等用語指稱那些在語言學習或發展上有顯著困難的兒童；這些兒童所表現出來的語言行為與其生理年齡所應有的期望表現是不同的。然而需要注意的是，即使有些兒童所表現出來的語言行為在一般兒童身上很少被觀察到，但決定什麼是正常發展或是異常類型並不容易，畢竟語言具有衍生性的特徵。也因此，上述這些用詞在很多書籍、研究中常常都是互換使用，指稱語言有缺陷的兒童。據此，一些談到語言障礙的書籍也都會將聽障、智能障礙、自閉症、視障等因主障礙所造成的語言障礙含括在其介紹的範疇中。另外，在英美的溝通障礙領域中，有些專業人士則只將上述用語用來指稱那些語言缺陷或語言學習困難並非因智力、感官能力、情緒問題所引起的兒童。然而，近年來「發

展性語言障礙」（developmental language disorder）、「特定型語言障礙」
（specific language impairment）、「語言學習障礙」（language learning dis-
abilities）的名稱則已廣泛地被用來指稱這些兒童。

柒、發展性語言障礙、特定型語言障礙或語言學習障礙：相同或相異

　　如同上述，有很高比例的特殊教育學生都有不等程度的語言或溝通
缺陷。然而，除了上述障礙兒童的語言發展問題之外，仍有一些兒童的
語言問題並非源自於智能障礙、感官缺陷、身體肢體問題、嚴重的情緒
困擾、腦傷或環境因素，這些兒童最早在醫學系統中被稱為發展性失語
症（developmental aphasia）。而晚近的臨床與研究文獻上開始以發展性
語言障礙（developmental language disorder）、特定型語言障礙（specific
language impairment）或是語言學習障礙（language learning disabilities）稱
呼這些在語言發展上有困難的兒童。

　　自從一九六〇年史丹佛兒童失語症會議（Stanford Conference on Child-
hood Aphasia）召開之後，上述這類純粹語言障礙的兒童就廣被注意。多
年來，發展性失語症、語言障礙、語言異常、語言遲緩、特定型語言障
礙、語言學習障礙等名稱都曾被用來指稱這些兒童。而不管所使用的名
稱為何，這些名稱基本上指的都是有相同問題的兒童。茲將相關名稱的
變革概略介紹如下：

　　一、發展性失語症（developmental dysphasia/aphasia）：早在一八二
二年時，即有醫生報告有些兒童雖然無任何說話器官的缺陷，而且也能
理解別人的話語，但其說話表達的能力卻無法像同齡兒童一樣。而後，
有的研究者使用「先天性失語症」（congenital aphasia）、「聽得到的啞
子」（hearing mutism）、「先天性詞聾」（congenital word deafness）用語
指稱這些兒童。到了一九九〇年代開始，英文與法文的文獻則有較多研
究者使用「先天性失語症」的名稱。而在一九五〇年代時，發展性失語

症開始被使用，也衍生出「表達型的發展性失語症」（expressive deve-lopmental aphasia）與「接收─表達型的發展性失語症」（receptive-expre-ssive developmental aphasia）名稱。另外，由於在英文的構詞中 "a-" 似乎意指無語言，但 "dys-" 則意指語言問題，因此從一九八○年代開始英美的研究者乃開始使用 "dysphasia" 替代 "aphasia"（Leonard, 1998）。失語症主要是指語言問題是因腦傷而造成，有其神經生理的含義在內。

　　二、特定型語言障礙：雖然失語症的用語較強調神經損傷的部分，但其主要的問題或困難的描述都是以語言為主，因此由一九六○年代開始研究者所使用的名稱都是以說話或語言障礙為主，包括前面所提及的「語言遲緩」、「語言異常」或「語言混亂」、「語言障礙」等。到了一九八○年代開始，「特定語言缺陷」（specific language deficit）名稱的介紹，讓很多研究者在語言障礙專業領域裡，開始使用這個名稱（Stark & Tallal, 1981）。漸漸地「特定型語言障礙」（specific language impair-ment），乃成為語言障礙領域中最廣為使用與接受的名稱。與上面的介紹一樣，特定型語言障礙主要是指在各方面發展正常，但語言卻發展遲緩或出現缺陷者；而其語言學習困難並非源自於智能缺陷、感官缺陷、嚴重的情緒／行為問題或是明顯的神經損傷。根據美國研究者的建議，特定型語言障礙的界定標準如下：⑴在語言測驗上的得分需低於平均數-1.25 個標準差；⑵在非語文智力或操作量表的得分需在 85 分或以上；⑶需通過對話層次的聽力檢查，且近期內無漿液性中耳炎；⑷未出現癲癇、腦性麻痺、腦傷等神經損傷；⑸口腔構造正常；⑹口腔動作功能正常；⑺未出現社會互動問題或是活動有限之現象（Leonard, 1998）。

　　三、語言學習障礙（language learning disabilities 或 language related learning disabilities）：因為語言學習問題不只影響口語的發展，也會影響書面語言的學習，因此有些研究者（如：Wallach & Butler, 1994）乃建議應使用語言學習障礙指稱這些兒童。另外，Catts 與 Kamhi（1999）在釐清閱讀障礙與語言之間的關係時，則將閱讀障礙中同時出現識字（word recognition）與口語語言理解（listening comprehension）問題者，歸類為語言學習障礙。過去的研究發現，很多閱讀障礙者在多種語言層面的表

現都有問題，包括：詞彙、構詞與語法、文本理解、音韻覺知、音韻提取、音韻記憶、音韻產生（Catts, 1986; Rapala & Brady, 1990; Scarborough, 1989; Stanovich & Siegel, 1994; Torgesen, 1985, 1996; Wiig & Semel, 1975; Yuill & Oakhill, 1991），這些都說明語言學習障礙者的困難是橫跨口語及書面語言。

捌、語言障礙的成因

　　語言理解與表達涉及很多高度複雜的語言訊息處理歷程，包括：與語言接收有關的語音知覺、語音辨別、聽覺序列、聽覺記憶、聽覺聯結、聽覺理解、聽覺理解監控等歷程，以及與語言表達有關之語意形成、詞彙提取、訊息組織、句子組成、神經／肌肉傳導、協調等歷程。Johnston（1991）即曾指出，語言的習得需要下列多項能力的配合：(1)知覺快速呈現／消失的序列聽覺訊息；(2)對聽覺刺激能積極注意、回應與預期的能力；(3)使用符號的能力；(4)由語言環境中抽取出語法規則的能力；(5)有足夠的心智能量，同時自動化地執行上述認知處理歷程。而這些認知處理歷程都仰賴個體健全的心理情緒、感官、動作與神經生理機能去執行。再者，若由兒童語言習得的過程來看，環境因素亦扮演著非常重要的角色。據此，說明語言障礙的成因，常常會由生理、心理、情意／動機狀態、認知、環境等因素，加以解釋說明。

　　Miller（1983）指出下列幾項因素是說話、語言、溝通發展的必要因素：(1)神經因素：認知發展、訊息處理策略、動作輸出／表達能力（神經肌肉控制／整合）、社會情緒發展與動機；(2)身體結構與生理因素：感官（聽覺、視覺、觸覺、味覺、嗅覺）能力、口腔肌肉能力、言語傳導機制（speech transmission mechanisms）；(3)環境因素：社會／文化變項（社經地位、語言文化、方言）、經驗（照顧者兒童之間的互動、語言輸入、溝通回應）、物理環境（玩具、圖畫書、故事書、可操弄的玩

具）。另外，兒童成長過程中所遭受的虐待與疏忽也會影響其語言、溝通能力的發展，這些包括：(1)母親吸毒或酗酒；(2)未提供適當照顧；(3)以電視替代互動；(4)身體上的虐待。而最近台灣社會中亦出現外籍配偶或外傭提供不同或混亂語言環境，影響兒童語言發展的問題。

另外，由語言訊息接收—表達處理歷程的觀點來看，語言障礙的成因可能是在下列一些認知處理歷程中出現問題，包括：

一、語言訊息注意、選取能力的困難：國外過去的研究發現，語言障礙兒童對複雜聽覺刺激的注意／選取的反應速度較慢（Montgomery, 2002）、較無法有效的轉移／變化注意焦點（Riddle, 1992）、較難將注意力專注在重要的訊息上，以及無法維持長時間的注意（Gillam, Cowan, & Day, 1995）。也因此，Gillam、Hoffman、Marler與Wynn-Dancy（2002）乃指出，語言障礙兒童注意力的缺陷可能會造成其語言學習的困難。因為他們無法與照顧者建立適當的共同交集注意，將溝通話題維持下去，也無法由交談的輪替過程中習得語言的意義或應用。另外，在教室中他們也會因注意力方面的缺陷，而無法由教師的講課、討論中，適當地選取應注意的重要訊息或概念，儲存在長期記憶中，也因此對於課程中所使用的語言自然無法適當的吸收與學習。

二、聽覺刺激或語音分辨—辨識的問題：多年以來，美國的多項研究都發現語言障礙兒童在區辨不同強度、頻率的語音方面有較大的困難（Elliott & Hammer, 1993; Mody, Studdert-Kennedy, & Brady, 1997; Tallal, Stark, & Mellits, 1985）。這些研究結果常用來說明語言障礙的成因，亦即語言障礙兒童在最基礎聽覺訊息的知覺與區辨上都已有較大的困難，更遑論適當地做進一步的認知處理，如：意義連結、解釋、比較、後設語言分析等。再者，語言內容、形式的學習是來自兒童的語言輸入環境，其聽覺刺激區辨的問題自然會使其無法輕易地由快速消失的話語句子中學習詞彙、語句形式。

三、語言訊息在工作記憶中立即處理的問題：工作記憶（working memory）在暫存聽覺語言訊息並加以處理，以利長期記憶裡語言知識建立的過程中扮演著非常重要的角色。在個體口語理解的處理歷程中，聽

覺訊息會暫存於工作記憶系統中，而同時個體的內在表徵系統的相關語言知識會立即被抽取出來，執行符號的運作與意義的連結，並立即對各項語言要素的正確性與否進行辨認、判定。因此，語言的學習一定需要將聽到的語言訊息暫存在工作記憶中等待進一步處理。例如：一個四歲的幼兒聽到阿姨說要和他玩「模特兒的遊戲」（即假裝是櫥窗內的模特兒，擺出某個姿勢，站立不動），馬上高興的回應：「好啊，我們就來玩模特別。」這個例子即可說明小男孩將新詞彙「模特兒」暫存在工作記憶中，並立即由其長期記憶中搜尋已建立的語意概念來解釋「模特兒」之義，也因此會找到最相近的「特別」。近幾年來，在英美兩國有愈來愈多的研究者提出實徵資料，證明工作記憶缺陷似乎可解釋兒童語言習得的困難（Bishop, 1992; Ellis Weismer, 1996; Gathercole & Baddeley, 1990）。而其中最主要的發現即是語言障礙兒童無法將音韻訊息暫存在工作記憶中，或是無法形成適當的音韻表徵，致使其在記憶口語詞彙時會面臨較大的困難。

四、語言訊息分類、意義連結、儲存的問題：假設我們的語言儲存系統就像是一個資料庫，詞彙、成語、諺語、語法、語用、文字等都以適當分門別類的檔案夾有系統、有組織地儲存在其中。當我們需要使用時，即可快速地由其中某個檔案夾或是次檔案夾提取相關的訊息。可是如果這些訊息當初在編碼儲存時，即較為混亂、不完整，當然會影響到使用的效能。據此，語言障礙兒童可能在語言學習的過程中，比較無法有效地組織訊息，造成語言發展問題。例如：語言障礙兒童在切割其所聽到的話語時有時會出現問題，將「騎腳踏車」、「放風箏」當作是一不可分割的單位。因此他們會說出：「我們要去買騎腳踏車／放風箏。」「我們要去公園看騎腳踏車。」「我們要做放風箏。」等話語。

五、語言訊息搜尋、提取的問題：口語述說是一項非常複雜的認知活動，說話者除了要有足夠的語言知識，尚須能適當地提取詞彙，選擇適當的詞彙表達概念，並依語法規則串連起來。而語言能力的不足或是認知處理歷程的缺陷都有可能影響口語表達的順暢。過去的研究即發現很多特定型語言障礙兒童、學障兒童、閱讀障礙兒童以及腦傷兒童（Traumatic Brain Injury, TBI）都有詞彙提取的困難（German, 1994; Owens, 1999）。錡寶香（2001）的研究亦發現習中文低閱讀能力兒童在敘事內容中，出現較高比例的詞彙提取困難。另外，錡寶香（2003）的研究則發現習中文低閱讀能力兒童的敘事組織紊亂，敘說內容零零散散。這些都顯示其在口語表達時對相關語言訊息的提取有較大之問題。

最後，由廣泛的語言障礙角度來看，腦創傷、先天性障礙（如：智能障礙、自閉症）、感官障礙（聽障與視障）、明顯的神經損傷（腦性麻痺）、注意力不足／過動或是反覆或習慣性中耳炎等因素，亦會造成語言發展上的問題。

玖、結語

相對於智能障礙、聽覺障礙、自閉症等特殊需求兒童的研究，語言障礙是較不為人所熟知的領域。在台灣甚至還有很多特教教師、家長認為只有構音障礙、聲音異常或是口吃才是語言障礙，因此釐清這些概念讓更多教師、家長了解語言障礙的類別、成因，並進而有效轉介、鑑定這些兒童，使其獲得適當的幫助，發展符合生活環境與年齡期望的語言能力，實有其必要性。語言障礙由較寬廣的角度來看，含括主障礙所帶來的語言學習困難，如：智能障礙、聽覺障礙、自閉症、學習障礙等。而如果以單一障礙類別或單純語言障礙的觀點來看，則是以特定型語言障礙或是語言學習障礙之專門術語指稱這類語言障礙的兒童。另外，造成語言障礙的原因可能是來自環境、基因、先天性缺陷（如：唐氏症、自閉症、聽力損失）、腦創傷、中樞神經處理問題、續發性中耳炎等。

❧參考文獻

林寶貴（1984）。我國四歲至十五歲兒童語言障礙出現率調查研究。教育學院學報，9，119-158。

林寶貴（1997）。語言障礙與矯治。台北：五南。

徐道昌、吳香梅、鍾玉梅（1978）。語言治療學。台北：大學出版社。

教育部（1992）。中華民國 81 年 2 月 21 日台（81）社第 09057 號函發佈之鑑定及輔導要點。

教育部特殊兒童普查執行小組（1993）。中華民國第二次特殊兒童普查報告。教育部教育研究委員會。

教育部特殊教育工作小組（1999）。身心障礙及資賦優異學生鑑定原則鑑定基準說明手冊。國立台灣師範大學特殊教育學系。

許月琴（2000）。台北市五歲兒童特定型語言障礙之調查研究。國立台灣師範大學特殊教育研究所碩士論文（未出版）。

錡寶香（2001）。國小低閱讀成就學生的口語述說能力：語言層面的分析。特殊教育學報，15，129-175。

錡寶香（2002）。特定型語言障礙兒童鑑定方式之探討。特殊教育季刊，84，1-8。

錡寶香（2003）。國小低閱讀能力學童與一般閱讀能力學童的敘事能力：篇章凝聚之分析。特殊教育研究學刊，24，63-84。

American Psychiatric Association (1994). *Diagnostic and statistical manual of mental disorders IV*. Washington, DC: American Psychiatric Association.

American Speech-Language-Hearing Association (1982). Committee on Language, Speech, and Hearing Services in Schools. Definitions: Communicative disorders and variations. *ASHA, 24*, 949-950.

American Speech-Language-Hearing Association (1993). Guidelines for caseload size and speech-language service delivery in the schools. *ASHA, 35* (suppl. 10), 33-39.

Bashir, A. S. (1989). Language intervention and the curriculum. *Seminars in Speech and Language, 10* (3), 181-191.

Bernstein, D. K. & Tiegerman-Farber, E. (2002). *Language and communication disorders in children* (5th ed.). Boston, MA: Allyn & Bacon.

Bishop, D. (1992). The underlying nature of specific language impairment. *Journal of Child Psychology & Psychiatry, 33*, 3-66.

Catts, H. W. (1986). Speech production/phonological deficits in reading-disordered children. *Journal of Learning Disabilities, 19*, 504-508.

Catts, H. W. & Kamhi, A. G. (1999). *Language and reading disabilities*. Boston, MA: Allyn & Bacon.

Chazen, M., Laing, A., Shackleton Bailey, M., & Jones, G. (1980). *Some of our children*. London: Open Books.

Curtiss, S. (1981). Dissociations between language and cognition: Cases and implications. *Journal of Autism and Developmental Disorders, 11*, 15-31.

Elliott, L. L. & Hammer, M. A. (1993). Fine-grained auditory discrimination: Factor structures. *Journal of Speech and Hearing Research, 36* (2), 396-409.

Ellis Weismer, S. (1996). Capacity limitations in working memory: The impact on lexical and morphological learning by children with language impairment. *Topics in Language Disorders, 17*, 33-44.

Fey, M. (1986). *Language intervention with young children*. San Diego, CA: College-Hill Press.

Gathercole, S. & Baddeley, A. (1990). Phonological memory deficits in language-disordered children: Is there a causal connection? *Journal of Memory and Language, 29*, 336-360.

German, D. J. (1994). Word finding difficulties in children and adolescents. In G. P. Wallach & K. G. Butler (Eds.), *Language learning disabilities in school-age children and adolescents* (pp. 373-392). New York: Macmillan.

Gillam, R. B., Cowan, N., & Day, L. S. (1995). Sequential memory in children with and without language impairment. *Journal of Speech and Hearing Research, 38*

(2), 393-402.

Gillam, R. B., Hoffman, L. M., Marler, J. A., & Wynn-Dancy, M. L. (2002). Sensitiv-
ity to increased task demands: Contributions from data-driven and conceptually
driven information processing deficits. *Topics in Language Disorders, 22* (3),
30-49.

Johnston, J. (1991). The continuing relevance of cause: A reply to Leonard's "Specific
language impairment as a clinical category." *Language, Speech and Hearing
Services in Schools, 22*, 75-79.

Kamhi, A. (1998). Trying to make sense of development language disorders. *Lan-
guage, Speech, and Hearing Services in Schools, 29*, 35-44.

Lahey, M. (1988). *Language disorders and language development.* New York: Mac-
millan.

Leonard, L. B. (1998). *Children with specific language impairment.* Cambridge, MA:
The MIT Press.

Miller, J. (1983). Identifying children with language disorders and describing their
language performance. In J. Miller, D. Yoder, & R. Schiefelbusch (Eds.), *Con-
temporary issues in language intervention* (pp. 61-74). Rockville, MD: Ameri-
can Speech-Language-Hearing Association.

Mody, M., Studdert-Kennedy, M., & Brady, S. (1997). Speech perception deficits in
poor readers: Auditory processing or phonological coding? *Journal of Experi-
mental Child Psychology, 64* (2), 199-231.

Montgomery, J. W. (2002). Information processing and language comprehension in
children with specific language impairment. *Topics in Language Disorders, 22*
(3), 62-84.

Nelson, N. W. (1998). *Childhood language disorders in context: Infancy through ado-
lescence* (2nd ed.). Boston, MA: Allyn & Bacon.

Owens, R. E. (1999). *Language disorders: A functional approach to assessment and
intervention* (3rd ed.). Boston, MA: Allyn & Bacon.

Paul, R. (2001). *Language disorders from infancy through adolescence: Assessment*

& *Intervention*. New York: Mosby.

Rapala, M. M. & Brady, S. (1990). Reading ability and short-term memory: The role of phonological processing. *Reading and Writing: An Interdisciplinary Journal, 2*, 1-25.

Rapin, I. & Allen, D. A. (1987). Developmental dysphasia and autism in preschool children: Characteristics and subtypes. In J. Martin, P. Martin, P. Fletcher, P. Grunwell, & D. Hall (Eds.), *Proceedings of the first international symposium on specific speech and language disorders in children* (pp. 20-35). London: AFA-SIC.

Rescorla, L. (1990). *Outcomes of expressive language delay*. Paper presented at the Symposium for Research in Child Language Disorders, Madison, WI.

Riddle, L. S. (1992). The attentional capacity of children with specific language impairment. *Dissertation Abstracts International, 53* (6-B).

Scarborough, H. S. (1989). Prediction of reading disability from familial and individual differences. *Journal of Educational Psychology, 81*, 101-108.

Stanovich, K. E. & Siegel, L. S. (1994). The phenotypic performance profile of reading-disabled children: A regression-based test of the phonological-core variable-difference model. *Journal of Educational Psychology, 86*, 24-53.

Stark, R. & Tallal, P. (1981). Selection of children with specific language deficits. *Journal of Speech and Hearing Disorders, 46*, 114-122.

Tallal, P., Stark, R. E., & Mellits, D. (1985). The relationship between auditory temporal analysis and receptive language development: Evidence from studies of developmental language disorder. *Neuropsychologia, 23* (4), 527-534.

Tomblin, J. B., Records, N. L., Buckwalter, P., Zhang, X., Smith, E., & O'Brien, M. (1997). Prevalence of specific language impairment in kindergarten children. *Journal of Speech and Hearing Research, 40*, 1245-1260.

Torgesen, J. K. (1985). Memory processes in reading disabled children. *Journal of Learning Disabilities, 18*, 350-357.

Torgesen, J. K. (1996). *Phonological awareness: A critical factor in dyslexia*. Baltimore, MD: Orton Dyslexia Society.

Tower, D. (1979). Forward. In C. Ludlow & M. Doran-Quine (Eds.), *The neurological bases of language disorders in children: Methods and directions for research* (pp. vii-viii). Bethesda, MD: National Institutes of Health.

U.S. Department of Special Education (1998). *Twentieth annual report to Congress on the Implementation of the Education of the Handicapped Act*. Washington D.C.: U.S. Department of Education.

Wallach, G. P. & Butler, K. G. (1994). *Language learning disabilities in school-age children and adolescents*. New York: Merrill.

Wetherby, A. M. (1998). Communication and language disorders in infants, toddlers, and preschool children. In G. H. Shames, E. Wiig, & W. A. Secord (Eds.), *Human communication disorders* (pp. 155-184). Boston, MA: Allyn & Bacon.

Wiig, E. H. & Semel, E. M. (1975). Productive language abilities in learning disabled adolescents. *Journal of Learning Disabilities, 8* (9), 578-586.

Ysseldyke, J. E. & Algozzine, B. (1995). *Special education: A practical approach for teachers*. Boston, MA: Houghton Mifflin.

Yuill, N. & Oakhill, J. (1991). *Children's problems in text comprehension*. Cambridge, England: Cambridge University Press.

第 3 章

語言障礙的鑑定與評量

壹、前言

　　語言是人類生活中必備的基本技能，也是我們用以表達感覺、溝通情感、互換訊息、思考與學習的工具。嬰兒由呱呱墜地至五、六歲時，在短短數年間即能學得其母語系統，無礙地應用這項基本技能與人溝通互動、表徵其周遭世界各種事、物的含義。而當他們進入小學時，則會習得也掌握更多語意、語法、語用知識和規則，並儲存、組織於其表徵系統中。此外，其日益發展的閱讀能力，更可使其發展出更精緻、更複雜的語言能力。慢慢地，再經由聽說讀寫之交互運作，進一步提昇、鞏固其語言能力。也因此，語言能力的優劣不可避免地會影響個體的人際溝通、學習表現、自我概念與社會—情緒發展。

　　在特殊教育領域中，很多輕度身心障礙兒童的閱讀問題、寫作問題、口語表達問題或是上課時無法理解聽講內容的問題，很可能都是因為其語言能力的缺陷所引起（Harris, 1994）。事實上，美國歷年來的調查資料都在在顯示說話—語言障礙兒童的出現率在特殊需求兒童中都是占居第二多的群體（U.S. Department of Education, 1998; Wetherby, 1998; Ysseldyke & Algozzine, 1995）。此外，語言發展問題也常常是很多特殊需求兒童除了主障礙之外，所顯現出來的附隨障礙。

　　因此，為能提昇在語言發展上面臨較大困難的學童的溝通、學習的效果，語言治療師、特殊教育工作者實有必要鑑定出那些具有語言問題的學生，並找出其語言學習的困難之處或特徵，提供必要之語言療育及教學輔導。綜合言之，語言評量可以達成下列幾個目的：(1)決定兒童是否有語言發展的問題，以及其語言困難為何；(2)語言問題所涉及的層面有哪些（如：音韻、語意、構詞、語法、語用）；(3)語言問題的嚴重度或是發展遲緩狀況；(4)決定語言治療或教學目標；(5)鑑別出造成語言發展問題的致因。

貳、語言評量模式

Miller（1983）曾提出兩種語言評量模式：描述模式（descriptive approach）與因果模式（causative approach）。另外，Owens（1999）也曾提出心理計量模式（psychometric approach）、描述模式（descriptive approach）兩種語言評量模式。茲將此三種模式綜合介紹如下：

一、心理計量模式

心理計量模式是最傳統的語言評量方法，強調的是使用標準化、常模參照的語言評量工具，了解兒童語言能力在常模所占的位置。評量者會根據兒童在測驗上的得分，算出其標準分數或是百分等級，並據此決定其是否出現語言發展與學習的問題。心理計量模式的優點為可以根據常模資料初步決定兒童是否有語言問題，並依據不同類型的標準化語言評量工具，了解其困難所在。然而，語言的本質畢竟是複雜、多面向的，而且也無法明確地自溝通情境中切割開來，因此標準化常模參照的測驗常常也只能觸及兒童語言能力的某些層面而已。

二、描述模式

描述模式強調兒童語言行為的描述或結果，其目標為指認出兒童語言表現的問題並詳列兒童語言表現類型特徵及其尚未發展出來的部分（如：只出現雙詞結合，尚未出現 SVO 結構的簡單句）。根據 Miller（1983）的論點，語言治療師在決定語言教學策略時，應該由評量獲得這些訊息；除此之外，語言治療師也可根據這些訊息假設造成兒童語言問題的原因（如：聽覺記憶差）。另外，Owens（1999）則強調自發性說話—語言樣

本的蒐集與分析，以及觀察兒童在自然溝通情境中的表現，是了解兒童語言能力的必要途徑，因為由這些資料可以知道兒童在日常溝通互動中的語言技能。

三、因果模式

　　因果模式則是屬於醫藥或醫療的診斷評量，其目標為找出兒童語言障礙的病因，並隱含著醫療人員即可根據病因決定特定的治療計畫之假設。然而，在語言障礙領域，這卻是常常無法達成的。例如：特定型語言障礙或是學習障礙兒童的語言問題，雖然可由大腦神經的某些細微層面找出其語言學習困難的可能致因，但即使如此，亦很難根據這些大腦神經細微問題的訊息擬定療育計畫或策略。又例如：雖然醫學上可以診斷出水腦症與並存的腦傷問題，但是語言問題也只是其智能障礙的一部分而已，也因此知道病因對語言療育計畫並不一定具有顯著的影響作用，畢竟最後還是要回歸到語言問題本身。然而，有些時候知道病因也可幫助治療師了解兒童的學習特性，並據此提供適當的治療策略。例如：聽障兒童的聽覺問題、自閉症兒童的人際溝通特徵。

　　綜合上述，語言評量的模式可區分成心理計量模式、描述模式與因果模式三種。這三種模式各有其優點與限制，也因此Owens（1999）乃建議一個完整的語言評量應整合各種模式，包括：(1)個案史的蒐集與照顧者訪談；(2)觀察兒童在不同自然情境中的溝通行為；(3)使用標準化、常模參照的測驗工具直接測試兒童；(4)交談對話的語言樣本或是敘事樣本的蒐集與分析。

參、語言評量的類型

　　在溝通障礙與特殊教育領域中常常會使用到評量（assessment）、測驗（testing）、診斷（diagnosis）等專業術語。雖然這些用語所代表的概念彼此之間是相關的，但真正的意義卻是不同的。評量乃指能確切為學生做出適當決定而蒐集相關資料的過程（Salvia & Ysseldyke, 2001）。評量可能含括測驗、訪談、觀察、作業樣本等蒐集程序。簡而言之，評量常被視為一種過程而非一種產品。測驗則只針對某個個體或某群體施測某套特別的測驗、評量工具，而分數則是該測試的產品（Salvia & Ysseldyke, 2001）。至於診斷，則是找出造成某項問題的原因的過程（Cohen, Swerdlik, & Smith, 1992）。在教育領域中，診斷測驗常常是指可以針對某項技能（如：口語或閱讀）提供深入與詳盡資料的測驗（Kuder, 2003）。

　　根據上述評量、測驗與診斷的概念，為了能鑑定與適當的評量語言障礙兒童的語言能力，語言治療師、特教教師需要考慮下列幾個因素：(1)兒童的生理與心智功能年齡；(2)兒童的感官能力（如：聽覺與視覺）；(3)照顧者所提供的語言輸入或學習環境；(4)兒童的心理功能；(5)兒童的興趣與現成的材料；(6)兒童的活動力；(7)兒童的注意力廣度（Kelly & Rice, 1986）。另外，很多專家學者（Cole, 1982; Kelly & Rice, 1986; Owens, 1996）亦建議應該使用整合式的評量模式（combined or integrated assessment approach），亦即含括問卷、訪談照顧者、環境觀察、標準化的評量工具、語言樣本、交談對話樣本或是敘事樣本。茲將相關的評量方式或類型介紹如下：

一、問卷、訪談

　　家長或是其他的照顧者是語言障礙兒童最常接觸與互動的對象，也

是最了解他們的人，因此他們應該是最能夠注意到兒童語言、溝通能力發展的特徵、水準。據此，為能夠正確及詳實地描繪出這些兒童的語言學習問題或困難，語言治療師、特教教師可以請照顧者填寫問卷、檢核表或回答一些與語言發展有關的問題。

二、觀察

在特殊教育或溝通障礙領域中常常需要在兒童實際的生活情境中觀察其行為及各項能力、功能，以便了解其問題所在。觀察乃指為了教學、管理、決策而有系統地注意、記錄行為的過程。而由系統化觀察所得之資料則可用以剖析兒童的語言發展情形。一般而言，觀察的情境可以在兒童的家中、學校或是語言治療／教學場所。而如果觀察的情境是親子互動的活動時，語言治療師、教師可以請家長使用或是帶來兒童熟悉的玩具、物品，喜歡的食物、飲料等，如此較能觀察到兒童的實際語言表現水準。另外，在互動的情境中，家長會被告知盡量與其平常的溝通方式一樣，不需刻意引導、教導或是提示（Owens, 1999）。而預先設計的參與圖表、檢核表、評定量表、行為次數計算等量化方式，則可用來記錄兒童的語言使用情形。最後，為了能更進一步分析兒童在溝通情境中詞彙、語句、提問、回答問題、提供訊息等語意、語法、語用的表現，也可以將所觀察的情景錄影存檔。

三、標準化評量工具的使用

一般而言，使用標準化語言評量工具的目的有兩項：(1)藉由常模資料鑑別出那些可能有語言問題的兒童；(2)描述兒童的語言表現或困難所在（Owens, 1999）。而最常被使用的標準化語言評量工具包括兩種：常模參照測驗與標準參照測驗。常模參照測驗可以讓評量者了解受試學童的某項語言能力（如：圖卡唸名、定義）與同齡或同年級兒童比較之下是落在哪個位置。標準參照測驗所關注的層面則是兒童應發展出來的某

項語言技能，例如：是否能使用「主詞＋動詞＋受詞－SVO」、是否已出現五十個表達性詞彙。一些父母填寫的檢核表都是屬於標準參照測驗。

肆、語言障礙兒童的鑑定

語言障礙的鑑定主要是鑑別出語言發展正常與語言障礙兒童。一般而言，鑑別的程序是將兒童的語言表現與常模比較（常模參照評量），或是評鑑兒童已掌控、精熟的語言技能（即標準參照評量）。也因此，語言障礙兒童的鑑定乃涉及與發展類型、發展技能或發展階段之比較。

林寶貴、錡寶香（2000）曾說明語言障礙兒童的鑑定程序（圖 3-1 所示）如下所列：

第一，教師觀察或家長反映學童常出現語句表達混亂，語言理解有問題（或是其他語言理解、表達問題）等。

第二，教師或家長進一步使用相關的篩選表或檢核表，更詳盡地列出其語言問題的類型。

第三，對於篩選出來可能有語言障礙的兒童，則可進一步使用個別化智力測驗比較其語文與非語文智力之間的差異。一般而言，單純語言障礙兒童或是特定型語言障礙兒童在非語文智力部分，可能是在平均數之上，平均數左右或稍低於平均數，但是最明顯的特徵是其在與語言技能有關的測驗內容得分皆偏低。而為進一步了解學童的語言問題及其強處、弱處，則可使用相關的標準化評量工具了解其語言能力。而在成就測驗方面，這些學童很有可能也是在與語言有關的領域（如：閱讀理解、書寫語言應用、國語文能力測驗）表現較差。另外，醫學的檢查亦應包括在此完整的評量中，例如：聽力檢查。

綜合上述，當教師、家長懷疑學童可能有語言問題時，鑑定、評量的過程相當複雜，除了必須蒐集學童的聽力、動作功能、認知功能、發展史等相關資料，尚需使用相關的語言評量工具、檢核表、個別智力測

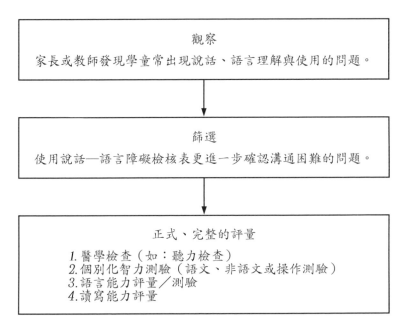

圖 3-1　說話─語言障礙學童的鑑定評量過程（林寶貴、錡寶香，2000）

驗、成就測驗等評量工具，了解其語言及相關能力之發展水平，以提供適當的療育計畫與教學設計。

伍、語言障礙兒童的篩選

　　「早期發現早期治療」是特殊教育與語言障礙療育中不變的定理。也因此，在不同語言發展階段篩選可能有語言障礙問題的兒童有其必要性。雖然在醫療單位或早療中心，語言障礙兒童可以經由其他專業人員（如：醫師、心理師、職能治療師、物理治療師、教師）的轉介而被發現，但是進行大規模的語言障礙兒童篩選，反而更能主動出擊找出那些疑似語言發展遲緩或障礙的兒童，讓其有機會接受進一步的評量。

　　篩選涉及快速檢測幾個與溝通或語言有關的溝通項度，其目的並非馬上決定一個兒童是否有語言問題，而是與常模資料對照比較，了解是否需要做進一步深入的評量。Reed（1994）曾指出語言障礙篩選可能面臨兩個問題：(1)是否能篩選出真正有語言問題的兒童？篩選時不可避免地一定會找出偽陽性（false positive）語言障礙兒童，亦即這些兒童的語言發展並未有問題，但卻被篩選出來；或是偽陰性（false negative）語言障礙兒童，亦即這些兒童的語言發展是有問題的，但卻在篩選過程時被認為是沒問題的。而被篩選出來的偽陽性語言障礙兒童會耗費過多的專業資源做進一步完整的語言溝通評量。相同的，偽陰性語言障礙篩選結果則會讓真正需要進一步確認是否有語言問題者，喪失接受語言療育的機會；(2)篩選工具的題目是否具代表性？語言障礙兒童的篩選涉及在短時間內快速且大量地評量很多的兒童，因此篩選工具常常使用較為簡單、較粗略、較表面的評量題目，造成測試題目是否具有足夠靈敏度的潛在問題，也使其無法有效地篩選出真正有語言問題的兒童。

　　一般而言，篩選的方式計有三種：(1)檢核表（由專業人員、教師或家長填選）；(2)觀察；(3)正式施測。

　　篩選的實施方式，有時候會以某一年齡層的整體人口為主要目標對象。以英國為例，在新生入學時會進行一基線評量（baseline assessment）。基線評量所評量的能力包含很多種，其中亦包括口語技能的部分，故可以篩選出語言學習困難的兒童（Dockrell & Messer, 1999）。

　　過去十幾年來，英美語言障礙領域有愈來愈多的研究者與臨床工作者使用語言障礙檢核表篩選語言障礙兒童。例如：使用家長報告量表了解兒童的詞彙發展狀況（Fischel et al., 1989），或是學生溝通能力檢核表了解學童的溝通表現（Smith, McCauley, & Guitar, 2000）。

　　另外，美國對說話—語言障礙兒童的篩選，則常常使用正式或已標準化的篩選評量工具，例如：*Bankson Language Screening Test*（Bankson, 1977）、*Fluharty-2 Preschool Speech and Language Screening Test*（Fluharty, 2000）、*Compton Speech and Language Screening Evaluation*（Compton, 1979）、*Clinical Evaluation of Language Fundamentals-Screening Test*（Semel,

Wiig, & Secord, 1996）等。

綜合上述，語言障礙兒童的篩選是一件非常困難的事情，因為其涉及到對語言障礙的認定，以及是否能靈敏地找出那些可能有語言發展困難或問題的學童。

Law（1992）即曾指出篩選語言障礙兒童時，在特定性與靈敏性之間尋求一個平衡點，總是會出現此消彼長的相互牽制現象。也因此，Lindsay與 Desforges（1998）乃建議一個有效與有價值的語言障礙篩選程序，應該需要使用高品質篩選工具，並與兒童後續的完整評量、監控語言治療成效等過程整合。

陸、語言評量的內容

Bloom 與 Lahey（1978）所界定的語言組成要素，包括：內容（content）、形式（form）及使用（use）。據此，很多研究者與臨床語言治療師乃建議，在執行完整的語言評量時應該考慮兒童在這三種要素上的表現。所謂語言的內容乃指語意（semantics），亦即話語中個別詞彙的意義、概念以及概念之間的連結與整合，或是詞彙與詞彙之間結合所擴展的意義。而在形式方面，則是強調語言形成的規則，包括語法、構詞、音韻等層面。至於語言使用或語用，則是指在不同溝通情境中能適當使用語言，以符合社會規範或是約定俗成的方式表達自己的溝通目的。一般而言，語用常涉及不同溝通意圖的表達（如：要求、抗議、拒絕、表達自己的看法等），使用交談規則（如：聽說角色的輪換、要求澄清訊息、開啟交談、維持話題等），以及可以由聽者的觀點來監控、調整自己的交談內容或方式（錡寶香，1999；Kennedy, 2002）。

柒、語言理解與語言表達的評量

　　一般而言，口語（spoken language）可以分成兩個主要成分：接收性語言及表達性語言。接收性語言或是語言理解，乃指理解口語的複雜認知歷程，包括：聽覺刺激的接收、音韻的分辨、聽覺語言的記憶、覺識及理解。而表達性語言或是語言表達乃指口語表達的複雜認知歷程，包括：認明或激發某個概念、感覺，將這個概念或感覺以適當的詞彙依語法順序組合成前後凝聚之句子，再加以表達出來（Hammill & Bartel, 1990）。

一、語言理解的評量

　　在語言理解的評量方面，主要是了解與決定個體在注意與理解其所聽到的語言的能力。根據Miller與Paul（1995）的建議，很多標準化語言理解的評量工具主要是在測試兒童對字面意義的理解（literal comprehension），而其評量主要是在了解個體對詞彙與句子意義的理解。一般而言，字面意義理解所評量的項度包括接收性詞彙或概念、語法及構詞知識（Kennedy, 2002）。例如：「畢保德圖畫測驗」（陸莉，1988）即是一種詞彙理解測驗，測試時會要求兒童在聽到一個詞彙之後由四張圖卡中選出符合該詞彙意義的圖片。又例如：「西北語句構成測驗」（楊坤堂等，1992）也是讓兒童在聽到一句話之後，由兩張圖片中選出符合該句話語語意的圖片（如：媽媽指小弟弟給貓看）。而上述兩種評量工具是屬於去情境化（decontextualized）的測試，主要的焦點是放在詞彙與句子上面，因此會盡量在題目與測試的設計上去除情境線索，也因此可能會與日常溝通時有情境線索提示的語言理解表現不一樣，所以在評量兒童語言理解能力時，除了使用去情境化的標準化測驗之外，也應當同時比

較其在自然的溝通情境中的語言理解能力。

　　另外，由於口語理解能力是個體在理解或解碼口說符號（spoken symbol）時的一種複雜心智運作活動，因此其所評量的範圍相當廣泛，包括：聽覺訊息的區辨、聽覺訊息的序列安排（auditory sequencing）、聽覺記憶、語法的理解、語意的理解等。林寶貴、錡寶香（1999）即曾整理語言理解的評量內涵與項度如下所列：

(一)聽覺訊息的區辨

　　大部分聽覺訊息區辨（auditory discrimination）的測驗都需要學童認明詞彙（word recognition），亦即他們需區辨兩個、三個或四個「些微差距」的配對詞彙，或是由三或四個選項中選出一個相同或相異的詞彙。學童需要將剛聽到的音節或詞彙與儲存在長期記憶中的詞彙做比較。例如：辨別 "thumb" 與 "some" 相同或不相同；或是告訴學童「小妹妹提腳踏車」這句話，再請其由「小妹妹騎腳踏車、小妹妹用手提著一部玩具腳踏車、小妹妹正在洗腳踏車」三張圖卡中選出正確的答案。

(二)聽覺記憶

　　最常應用於評量兒童聽覺記憶（auditory memory）能力的方式是複述句子。為了能完整地將句子複述出來，學童需要依賴其語意—語法能力，特別是語意的線索。再者，複述句子的方式亦可用來評量學童語言表達之能力。另外，口語指示亦可用來評量學童之聽覺記憶能力，作答時，學童需記住口語訊息中所提到的訊息單位，例如：「請指第二排最小的三角形和第一排最左邊的蘋果」，共提及六個訊息單位。而不管是複述句子或口語指示的測驗題型，雖然著重的重點是口語或聽覺訊息在工作記憶系統中暫存的能力，但從人類大腦神經網路連結平行擴散及同時啟動的觀點來看，不可避免地一定會涉及語言理解的部分。

(三)語法理解

　　評量學童語法理解能力，最常使用的方式是語法判斷（syntactic judgment）。例如：詢問學童「這隻小狗可以被站起來」是不是正確的句子。另外，語法理解的評量亦可使用指認圖片對應句子的方式實施之。例如：在四張圖片中指出「正在追小貓的老鼠被蛇咬住尾巴」所對應之圖卡。最後，研究者亦使用操作玩具或物品的方式（acting out）評量兒童的語法能力，例如：請小朋友「把鉛筆放在書本裡，然後再把書本丟進盒子裡」。

(四) 語意理解

如同語法理解的評量一樣，語意理解也可使用語意恰當與否的判斷，例如：「我們都在睡醒之前刷牙與吃早餐」，或「海鮮包括牛肉和豬肉」。此外，使用「克漏字」（cloze）的句子完成方式亦可評量語意理解，例如：我們用＿＿切水果，或是使用類別判斷活動來評量兒童語意概念與類別概念之聯結，例如：問兒童「牙膏、洗髮精、肥皂」都是什麼東西。最後，語言類推活動亦可用以評量學童的語意理解，例如：「荷花相對於夏天，就如同＿＿＿相對於冬天。」

(五) 口語篇章或短文理解

上述各項評量皆著重在詞彙或句子之評估，但是語言的使用並非只侷限在詞彙或句子層面上而已，因此在評量兒童口語理解時，也應了解其使用語言知識整合不同句子中所表達之意，形成一完整、凝聚篇章的能力。短文理解即是用來評量學童此項能力。施測時，學童會先聽到一篇短文，然後再回答由施測者所提出之相關問題。

綜合上述，因口語理解涉及在知覺層面上的語音辨認、辨識、口語訊息在工作記憶系統中的暫存，以及在概念層面上使用語言知識分析句子的語意、語法，建構意義等歷程，所以在評量工具的設計上可使用聽覺訊息的區辨、聽覺記憶、語法／語意理解、語法／語意判斷、短文理解等分測驗評量學童的口語理解能力。然而，因語言的運作是相當複雜的，因此即使區分不同的測驗類型，一樣會涉及語音、語意、語法或語

言的非字面（non-literal）意義等層面。而這也正是量化語言能力的困難所在。

二、語言表達的評量

語言表達的歷程涉及詞彙的提取、造句、語意整合（semantic integration）、篇章凝聚或前後文連貫（sentence/discourse coherence）的監控等認知處理層面。也因此其評量乃包括：詞彙的使用、詞彙結合的語意關係、語法與構詞結構的使用、語用技能等。一般而言，標準化或去情境化的語言表達評量方式計有：物品或圖卡唸名、描述圖卡上的內容或動作、詞彙定義、克漏字填空、造句、句子仿說或照樣造句等（Kennedy, 2002）。

另外，語言樣本或是敘事的分析，也是語言表達評量的一種方式。事實上，在美國特定型語言障礙學童（children with specific language impairment）以及語言學習障礙學童（children with language learning disabilities）的鑑定或評量都已包括口語理解測驗的應用以及口語述說語言樣本的分析。例如：Ellis Weismer、Evans 與 Hesketh（1999）研究中所界定的特定型語言障礙兒童即是在口語理解測驗（如：*Test of Auditory Comprehension of Language*）上的得分低於平均數一個標準差，並且在口語語言樣本的評量向度中（如：TTR、MLU）至少有兩項低於平均數一個標準差；又如：Tomblin、Records 與 Zhang（1996）所發展的特定型語言障礙兒童鑑定系統，亦使用語言理解測驗及口語述說語言樣本的分析做為篩選、鑑定之依據。可見在語言障礙學童的評量與鑑定，除了使用標準化常模參照的口語理解測驗之外，也有必要蒐集學童的口語語言樣本，深入評量、分析其口語表達能力。

根據 Miller 與 Chapman（1986, 1996）、Shipley 與 McAfee（2004）的建議，語言樣本至少應包括五十至一百句話語，然而這樣的數量也不能保證可以獲得具有代表性的語言表達資料。事實上，如果可以的話，兩百句以上的語言樣本當然是最好的選擇，然而在臨床上，這似乎較為困

難。至於在誘發兒童語言表達的技巧方面，Shipley 與 McAfee（2004）則提供下列幾點建議：⑴在正式蒐集語言樣本之前，先與兒童建立正向、溫馨、和善的關係；⑵盡量不要打斷兒童的話語；⑶給予兒童等待與思考的時間，不要因為兒童沒有說話，就急著幫他／她說或是給予口頭提示；⑷選擇兒童會感到興趣的交談主題或誘發語言樣本的材料，並且要以兒童為中心，由其主導談話內容或改變話題；⑸選擇不同的溝通情境（如：治療室、遊樂場、家中）；⑹變化溝通類型（如：交談對話、敘事、圖卡描述或回答問題）；⑺使用優質的錄音或錄影設備；⑻避免使用答案為「是」或「不是」的問題，或是盡量不要提問答案可能很簡短的問題（如：妳爸爸的車子是什麼顏色？）；⑼使用陳述性、開放性的誘發語（如：「說說妳家養的小狗的事情」、「再多說一點」等），而非「誰」、「什麼」等誘發問句。

另外，Peterson（1981）則建議可使用下面一些主題獲得語言樣本：⑴告訴我你最喜歡的電影（或電視節目）；⑵你最喜歡玩的電動玩具是什麼？要怎麼玩呢？⑶告訴我你最喜歡的書是哪一本？⑷告訴我你都和你的朋友玩些什麼遊戲？要怎麼玩呢？⑸說說你星期日做的事情；⑹告訴我你和媽媽離開這裡之後，會去做什麼事情呢？⑺說說看你最喜歡去哪裡玩？玩些什麼啊？怎麼玩呢？⑻如果你贏了一百萬，你會怎麼辦？⑼你最喜歡和媽媽一起做什麼事情？⑽我從來沒有吃過漢堡（或 pizza）耶，告訴我漢堡（或 pizza）是什麼？⑾我們來玩假裝遊戲。假裝我從來沒有用過電話，告訴我要怎麼打電話；⑿我們來玩假裝遊戲。假裝我從來沒有去過圖書館，告訴我要怎麼去圖書館借書與還書；⒀告訴我貓和魚一樣和不一樣的地方；⒁告訴我老師和牙醫不同的地方；⒂告訴我，要怎麼做炒飯；⒃你說一說「龜兔賽跑」的故事給我聽；⒄說說你的臥房；⒅如果你是總統，你會做什麼事情呢？⒆你有沒有發過脾氣？那一次發脾氣是為了什麼事情呢？⒇我們來許願，你可以有三個願望喔。說說看你要許什麼願望；(21)你去百貨公司都做些什麼事情呢？

除了使用上述主題之外，評量者也可利用下列幾種方式蒐集兒童自然說出一段話或一個故事的語料：⑴提供圖卡或無文字的故事書，請兒

童述說故事的內容；(2)評量者與小朋友一起看著圖卡或無文字的故事書，同時根據故事書內容將該故事說給兒童聽，然後再請其重述該故事；(3)評量者先說出一句話或幾句話，讓兒童接續完成一個故事（如：從前有一個男孩名叫小華……）；(4)評量者先說一個故事，再請兒童重述剛剛聽到的故事；(5)請小朋友描述其剛經歷過的事件（如：參加喜宴、看電影、旅遊、某個親戚來訪等）；(6)先讓小朋友看一段錄影帶，然後再陳述影片中的內容；錄影帶可以是具有很多插曲事件、事件序列排列、因果關係或邏輯關係的故事情節，也可以是與課程結合的教學內容，如：沙漠、環保、黑面琵鷺等；(7)評量者與小朋友一起做完某個活動後，再請其描述製作過程或如何進行該活動（如：做蛋糕、做布丁、做飛機模型）；(8)請兒童說明如何玩一樣他所熟悉的遊戲（如：大風吹、大富翁）（錡寶香，2001）。

　　雖然研究者或語言治療師可使用上述各種不同方式蒐集兒童口語述說的語料，然而很多研究資料卻顯示，不同的誘發方式可能會影響語料內容的質與量。Gutierrez-Clellen 與 Quinn（1993）、Scott（1988）即注意到：(1)看圖說故事所蒐集到的語料主要是描述圖畫，而看錄影帶之後再述說內容，則會使得兒童只傾向描述行動；(2)談論電視節目的內容情節，常常讓兒童較少去注意主角的目標，而且其述說內容也較缺乏可辨認的結尾；(3)看錄影帶之後再說故事，比純聽故事之後再重述，更能促使兒童說出精細推敲的因果關係；(4)重述故事比自創故事更可讓兒童說出較長的故事。

　　最後，語言樣本資料的分析方面，在句子層次上可被探究的向度，包括：說話速度、音韻、語意、語法、構詞等。而在句子層次以上的分析則包括：故事結構的分析、篇章凝聚性（discourse coherence）、篇章形式或組織的分析。傳統的分析方式為首先將口語述說語料一音不漏地轉寫成書寫文字形式（transcribing），再就上述之項目加以量化分析或以質的分析方式探討其內容。一般而言，語法的分析包括：完整句數、平均句長（MLU）、錯誤語句；語意的分析包括：總詞彙數、相異詞彙數、相異詞—總詞彙比例（TTR）或校正後相異詞—總詞彙比例（CTTR）等

（錡寶香，2001）。

綜合上述，一份好的語言樣本應該能反映出兒童的語言表達能力。也因此，教師在蒐集語言樣本時應當盡量蒐集具有代表性的話語樣本。這些語言樣本可以說明兒童所發展出來的語言形式（即：音韻、構詞、語法）、語言內容（即詞彙使用、語句意義整合）、語言使用（即語用）、說話速度、序列組織能力（如：依照事情發生或是執行的順序描述）。

捌、結語

語言評量是了解特殊需求兒童溝通語言能力發展狀況及其困難所在的基礎。雖然語言可區分成音韻、語意、語法、語用、構詞等要素，然而在使用上卻是不可分割的，而且也無法抽離其所產生的溝通情境。再加上兒童語言能力的發展也會受其本身認知、動作、社會情緒、人格特質與社會發展的影響，因此語言能力的評量可能是最困難的。雖說如此，在特殊教育與溝通障礙領域中，大部分有特殊需求的兒童卻都會出現語言學習的問題。也因此，當特殊教育教師或語言治療師在擬定學生的個別化教育方案時，語言常是必須考慮進去的一個評量項目。其目的乃是在經由完整的語言評量過程，決定學童是否有語言問題，並找出語言發展問題的層面或語言發展遲緩的程度（錡寶香，1999）。據此，教師、語言治療師在鑑定、評量語言障礙兒童時，一定要慎選適當的評量工具、評量方式與評量內容或向度，並整合標準化與非正式的評量方式以獲得足夠的資料。

另外，在評量兒童語言能力時，應該要將其在音韻、構詞、語法、語用、認知等層面的表現做詳細的剖析。而如同前述，蒐集兒童在自然溝通情境（如：家中、教室學習）中語言理解與表達的資料，也可以讓教師、語言治療師了解其語言學習、語言認知處理困難所在。

　　最後，教師、語言治療師也需要了解：(1)盲目使用測驗評量工具並不代表語言評量；(2)對「語言的本質、語言的習得」之了解可幫助評量者選擇標準化的測驗，以決定異常或遲緩的語言發展，並有系統地檢驗語言的特定層面；(3)訊息的理解及形成需要整合語言及非語言情境變項；(4)語言及認知在發展及使用上是交互關聯在一起的；(5)語言評估與語言療育並非兩件毫不相干之事，語言評量的資料最終目的即是為教學所用。

參考文獻

林寶貴、錡寶香（1999）。兒童口語理解測驗之編製。教育部專題研究報告。

林寶貴、錡寶香（2000）。語言障礙學生的教育。台北：教育部。

陸莉（1988）。畢保德圖畫詞彙測驗。台北：國立台北師範學院。

楊坤堂、張世慧、黃貞子、林美玉（1992）。西北語句構成測驗。台北：台北市立師範學院特殊教育中心。

錡寶香（1999）。語言的評量。載於王亦榮等著，特殊兒童鑑定與評量（頁167-188）。台北：師大書苑。

錡寶香（2001）。國小低閱讀成就學生的口語述說能力：語言層面的分析。特殊教育學報，15，1-40。

Bankson, N. B. (1977). *Bankson language screening test*. Baltimore, MD: University Park Press.

Bloom, L. & Lahey, M. (1978). *Language development and language disorders*. New York: Macmillan.

Cohen, R., Swerdlik, M., & Smith, D. (1992). *Psychological testing and measurement* (2nd ed.). Mountain View, CA: Mayfield.

Cole, P. (1982). *Language disorders in preschool children*. Englewood Cliffs, NJ: Prentice-Hall.

Compton, A. J. (1979). *Compton speech and language screening evaluation*. San Francisco, CA: Carousal House.

Dockrell, J. & Messer, D. (1999). *Children's language and communication difficulties: Understanding, identification and intervention*. London, UK: Cassell.

Ellis Weismer, S., Evans, J., & Hesketh, L. (1999). An examination of verbal working memory capacity in children with specific language impairment. *Journal of Speech and Hearing Research, 42* (5), 1249-1260.

Fischel, J., Whitehurst, G., Gaulfield, M., & De Baryshe, B. (1989). Language growth in children with expressive language delay. *Pediatrics, 82*, 218-227.

Fluharty, N. B. (2000). *Fluharty-2 preschool speech and language screening test.* Circle Pines, MN: AGS Publishing.

Gutierrez-Clellen, V. & Quinn, R. (1993). Assessing narratives of children from diverse cultural/linguistic groups. *Language, Speech, and Hearing Services in Schools, 24*, 2-9.

Hammill, D. D. & Bartel, N. R. (1990). *Teaching students with learning and behavior problems* (5th ed.). Boston, MA: Allyn & Bacon.

Harris, L. R. (1994). The impact of language on learning. In V. L. Ratner & L. R. Harris (Eds.), *Understanding language disorders: The impact on learning* (pp. 71-103). Eau Claire, WI: Thinking.

Kelly, D. & Rice, M. (1986). A strategy for language assessment of young children: A combination of two approaches. *Language, Speech, and Hearing Services in Schools, 17*, 83-94.

Kennedy, M. (2002). Principles of assessment. In R. Paul (Ed.), *Introduction to clinical methods in communication disorders* (pp. 43-82). Baltimore, MD: Paul H. Brookes.

Kuder, S. J. (2003). *Teaching students with language and communication disabilities.* Boston, MA: Allyn & Bacon.

Law, J. (1992). The process of early identification. In J. Law (Ed.), *The early identification of language impairment in children.* London, UK: Chapman Hall.

Lindsay, G. & Desforges, M. (1998). *Baseline assessment: Practice, problems and possibilities.* London, UK: David Fulton.

Miller, J. (1983). Identifying children with language disorders and describing ehir language performance. In J. Miller, D. Yoder, & R. Schiefelbusch (Eds.), *Contemporary issues in language intervention.* Rockville, MD: American Speech-Language-Hearing Association.

Miller, J. F. & Chapman, R. S. (1986, 1996). *Systematic analysis of language transcripts.* Madison, WI: Waisman Center, University of Wisconsin-Madison.

Miller, J. F. & Paul, R. (1995). *The clinical assessment of language comprehension.*

Baltimore, MD: Paul H. Brookes.

Owens, R. (1996). *Language development: An introduction* (4th ed.). Boston, MA: Allyn and Bacon.

Owens, R. E. (1999). *Language disorders: A functional approach to assessment and intervention* (3rd ed.). Boston, MA: Allyn & Bacon.

Peterson, C. W. (1981). *Conversation starters for speech-language pathology*. Danville, IL: Interstate Printers & Publishers.

Reed, V. A. (1994). *An introduction to children with language disorders*. New York: Merrill.

Salvia, J. & Ysseldyke, J. (2001). *Assessment* (8th ed.). Boston, MA: Houghton-Mifflin.

Scott, C. (1988). A perspective on the evaluation of school children's narratives. *Language, Speech, and Hearing Services in the Schools, 19*, 51-66.

Semel, E., Wiig, E. H., & Secord, W. A. (1996). *Clinical evaluation of language fundamentals-screening test.* San Antonio, TX: Psychological Corporation.

Shipley, K. G. & McAfee, J. G. (2004). *Assessment in speech-language pathology: A resource manual.* San Diego, CA: Singular.

Smith, A. R., McCauley, R., & Guitar, B. (2000). Development of the teacher assessment of student communicative competence (TASCC) for grades 1 through 5. *Communication Disorders Quarterly, 22* (1), 3-12.

Tomblin, J. B., Records, N. L., & Zhang, X. (1996). A system for the diagnosis of specific language impairment in kindergarten children. *Journal of Speech and Hearing Research, 39*, 1284-1294.

U.S. Department of Education (1998). *Twentieth annual report to Congress on the Implementation of the Education of the Handicapped Act.* Washington D. C.: U.S. Department of Education.

Wetherby, A. M. (1998). Communication and language disorders in infants, toddlers, and preschool children. In G. H. Shames, E. Wiig, & W. A. Secord (Eds.), *Human communication disorders* (pp. 155-184). Boston, MA: Allyn & Bacon.

Ysseldyke, J. E. & Algozzine, B. (1995). *Special education: A practical approach for teachers*. Princeton, NJ: Houghton Mifflin.

第 **4** 章

語言療育與
語言教學

壹、前言

　　無論是在早療服務方案中或是教育系統中，很多語言治療師、教師或服務提供者，常常會發現一些兒童在發展語言上面有較大之困難；這些兒童可能是單純的語言障礙兒童（即：特定型語言障礙兒童、語言發展遲緩兒童、語言學習障礙兒童），或是因主障礙而伴隨語言障礙的智能障礙、聽覺障礙、自閉症、ADHD 兒童等。而語言、溝通能力發展的困難常常也會影響這些特殊需求兒童的社會情緒發展、社會技能、學科學習（Aram & Nation, 1982）。因此，提供適當的語言療育對兒童的發展絕對具有正向的影響作用。事實上，國外已有愈來愈多的研究皆顯示提昇語言或溝通能力的教學或介入，可以增強或改進兒童的學業表現，尤其是閱讀方面的發展（Moats, 2001）。此外，語言也是人際社會互動中必要的工具，適當的語言療育會幫助學童發展出較佳的語言能力，自然也可以讓其更有機會參與同儕間的活動，促進社會情緒發展。再者，教室中的學習一樣涉及很多語言的理解、表達，語言能力的提昇除了可以幫助學習之外，也可讓學童不再感受自己是班級學習情境中的局外人，對其個人自信心的提高，以及正向人格的發展自然也有促發作用。

貳、語言／溝通療育的目標

　　語言溝通療育主要乃指為改善、修正、預防不被期望或不被接受的溝通行為、現象或是後果等所特別設計的有計畫的行動或教學。其基本假設為：接受提昇溝通、語言能力的教學或訓練之後，溝通能力或語言能力將可快速地改善（Dockrell & Messer, 1999）。據此，語言、溝通療

育的主要目標乃包括：(1)習得新的語言或溝通技能與知識；(2)使用與維持已習得的語言或溝通知識與技能。

另外，根據 Olswang 與 Bain（1991）的界定，更寬廣的語言或溝通療育目標則可包括下面幾點：

一、去除溝通障礙的致因（to eliminate the underlying cause of the disorder）。某些語言障礙或溝通障礙的問題可能是因生理上的問題所造成，例如：唇顎裂造成構音—音韻發展的問題，經過適當的整形修補手術之後，可能就會去除造成溝通障礙的直接致因。又例如：聽力損傷的兒童，佩帶適當的助聽器或是接受人工電子耳植入，可能預防或是減低後續語言發展的問題。

二、教導代償性的策略（to teach a client compensatory strategies）。某些語言障礙或溝通障礙的問題可能是來自無法適當地使用傳統的語言符號（即口語）表達自己與人溝通，因此如果提供代償性的策略則可讓其適當地與人溝通。例如：聽覺口語失辨症者（auditory verbal agnosia）無法適當地處理聽覺口語訊息，可以藉由學習手語或是書面語言的讀寫而找到代償性的溝通策略。又例如：為口語理解沒問題但有極大口語表達困難的重度腦性麻痺者設計 PDA 溝通輔具，則可幫助其找到代償性的溝通策略或方式。

三、教導特定的說話、語言或語用行為，以便修正或緩和溝通的障礙（to modify the disorder by teaching specific speech, language, or pragmatic behaviors）。有些兒童可能出現音韻、語意、語法或語用的缺陷，因此需要針對其困難所在教導特定的語言行為。例如：一個詞彙尋取困難學童所需要的語言教學，可能是幫助其發展更有組織的詞彙庫。又例如：一個詞彙廣度不足的聽障兒童需要的語言教學，可能是增強詞彙理解與使用的數量。

綜上所述，語言或溝通療育目標主要是去除溝通障礙的致因、教導代償性的策略，以及教導特定的說話、語言或語用行為，以便修正或緩和溝通的障礙。而在教學的過程中則可視治療成效做彈性改變，以達個別化、適性之目標。

參、語言／溝通療育的理論模式

　　由於語言、溝通能力的困難常常是特殊需求兒童讀寫能力、學科學習、社會情緒發展、社會技能的問題所在，因此提供適當的語言或溝通療育、教學也就成為其特殊教育中很重要的一部分。過去幾十年來，美國溝通、語言障礙領域在語言治療或療育方面曾受過不同理論的影響，包括行為學派（behavioral theory）、發展心理語言學派（developmental psycholinguistics）、訊息處理模式（information processing model）、語用學派（pragmatics movement）等。茲將Klein與Moses（1994）、Kuder（2003）、Donaldson（1995）等研究者所介紹的各種理論、模式整理如表4-1所示。

　　行為學派的語言治療模式是根據學習理論原則而發展的，因此其基本的假設為「語言可以經由模仿、增強、逐步形成、示範與提示而習得」。例如：如果語言教學目標是要讓兒童學習「主詞＋在＋動詞＋受詞」的簡單句型，語言治療師或教師可能使用呈現一張人物做出某項動作的圖片（如：爸爸在洗碗），並問兒童「爸爸在做什麼」，並給予提示（你說：爸爸在洗碗）以鼓勵兒童能模仿說出此句型。如果兒童模仿正確馬上給予適當的增強。國外研究發現，雖然行為學派的語言教學技巧（如：模仿等）可以讓兒童說出不同結構的語句或是新詞彙，但其最大的問題卻是無法類化（Leonard, 1981）。

　　從一九五〇年代後期到一九七〇年代之間，美國心理學界對行為主義學派的論點開始有不同的挑戰想法出現，這就是發展心理語言學派的興起。發展心理語言學派強調的是行為的發展順序，以及這些行為的組織本質。組織乃包括基模（schemes）、規則與參數（parameters，如：語法規則）、語言類別（linguistic categories，如：形式、內容、使用等）、音韻歷程（phonological processes）。

　　發展心理語言學派強調兒童本位的觀點影響語言治療目標排序的決

定。Bloom 與 Lahey（1978）、Miller（1984）即建議使用兒童語言發展的資料，做為擬定語言治療目標之依據。

由 Osgood 與 Miron（1963）、Wepman、Jones、Bock 與 Van Pelt（1960）所發展出來的訊息處理理論，對於語言病理學領域中的評量與療育計畫的影響最為顯著。語言運作處理的歷程以及語言障礙都可由此模式來解釋說明，包括：視覺與聽覺記憶、聽覺區辨、視覺與聽覺聯結、視覺與聽覺閉鎖等。Kirk、McCarthy 與 Kirk（1968）所發展的 *Illinois Test of Psycholinguistic Abilities* 即是依據訊息處理歷程的論點所設計建構的。另外，在語言障礙領域中，聽覺處理歷程的論點則更受研究者與臨床工作者所青睞而廣泛採用（Aram & Nation, 1982）。例如：Sanders（1977）所列舉的聽覺處理歷程即包括：聽覺刺激的覺察、聲源找尋、聽覺注意、話語與非話語的區辨、聽覺區辨（如：超音段及音段區辨）、聽覺記憶、聽覺序列、聽覺整合。綜合言之，訊息處理模式是語言學習過程中的必要成分，其中聽覺區辨、聽覺記憶等觀點至今仍是說明語言障礙的合理解釋。而在語言治療計畫的擬定一樣會考慮訊息處理歷程，例如：知覺、區辨與提取。

在一九七〇年代及一九八〇年代時，受到社會認知學習理論的影響，溝通、語言障礙領域也開始將語用論點整合進語言療育中，並特別強調語言療育應考量兒童語言的習得及使用是在社會互動的情境中發展出來的，也因此親子之間在生活層面的溝通互動都應是兒童語言學習的最佳機會。另外，因語用學的觀點特別重視語言使用的不同功能與目的，以及人際交談對話的規則。因此，在語言治療時目標的擬定乃強調溝通功能、情境的安排。

表 4-1　語言／溝通療育的理論模式

學派	語言發展／習得論點	出現的年代	對語言療育／治療計畫擬定的影響
行為學派	1.語言的習得是經由模仿、增強、逐步形成所達成的，就如同其他各種行為一樣。如：古典制約、操作制約。 2.強調環境對語言學習的重要性。	1960 年代至今	1.教學目標需要是可觀察的語言／溝通行為。 2.教學目標需提及溝通或社會互動的情境。 3.說明長程／短程目標之間的關係。
發展心理語言學派	1.認為語言是一種先天具備的能力。 2.每個人先天上就具備有語言習得裝備（language acquisition device, language acquisition device, LAD）。 3.強調不同階段依序發展出來的行為（developmental sequence of behavior）。	1970 年代至今	1.溝通／語言療育目標的決定，是依據溝通／語言行為或是神經動作發展類別／類型而定的。 2.依照發展順序列出優先考量之目標。
訊息處理模式	1.訊息處理歷程是語言正常運作與語言障礙的基礎。 2.視覺／聽覺記憶、聽覺區辨、視覺聯結、視覺接收、視覺合成是語言的認知運作處理歷程。 3.與大腦的語言處理皮質區相呼應。 4.語言學習與短期／工作、長期記憶之關係。 5.語言表達時符號的提取。	1940 年代開始至今	1.擬定溝通／語言教學目標時會考慮訊息處理歷程，例如：知覺、區辨與提取。 2.擬定溝通／語言教學目標時會考慮影響溝通表現的語言及非語言層面。

（接下頁）

（承上頁）

學派	語言發展／習得論點	出現的年代	對語言療育／治療計畫擬定的影響
語用學派	1. 強調語言的溝通功能。 2. 溝通／語言能力的發展是受社會與情意互動的需求所激發。 3. 強調使用語言的不同功能，以及交談對話的規則。 4. 強調非語言及語言脈絡或是情境對溝通功能的影響。	1980年代	1. 溝通／語言目標的擬定以能影響或是幫助個體達成溝通功能為優先考量。 2. 提供或是創造溝通環境以幫助兒童發展形式──內容──使用的交互運作／整體能力。 3. 溝通／語言目標包括言談／篇章技能。 4. 擬定溝通／語言目標時，會考慮語言及非語言因素。

肆、溝通／語言療育的實施運作進程

不管是為提昇溝通語言能力或是其他技能所發展的療育計畫都一定會涉及三個主要成分：療育計畫的擬定與設計、療育計畫的實際執行、療育計畫成效的監控。茲將溝通／語言療育的實施運作進程說明如下：

一、擬定與設計療育計畫

如同前述，溝通語言療育主要是為去除溝通障礙的致因、教導代償性的策略，以及教導特定的說話、語言或語用行為，以便修正或緩和溝通的障礙而建構。因此在擬定與設計療育計畫時，就必須從了解兒童的溝通語言問題本質、其自身各項能力的發展層次，以及生活層面、學習

層面、生涯發展層面、溝通的需求等角度切入。

　　林寶貴、錡寶香（2000）即曾指出語言、溝通障礙療育的計畫或教學目標的決定可根據下面幾項標準或準則來擬定：

(一)根據語言或溝通評量的結果

　　如同前述，詳細、完整的溝通語言能力評量，可以讓治療師與教師對兒童語言問題本質有更深一層的了解，並對其語言學習困難的原因建構適當的假設。此外，評量的目的之一即是決定語言教學的目標，與做為監控治療成效之參考依據。例如：當一個特定型語言障礙兒童無法理解轉折複句之意，如：「儘管……卻」、「雖然……但是」、「……然而」，語言教學的目標即可以這類句型的理解與應用為主。或是當一個唐氏症兒童只能說出電報語形式的句子時（如：熊熊，鞋鞋，穿），其語言教學目標則可定位在「能夠說出主詞＋動詞＋受詞（SVO）的簡單句」（如：弟弟穿鞋鞋）。

(二)根據學童的年齡

　　在特殊教育、溝通障礙語言治療領域，常常會由評量資料得知兒童的心智年齡或語言年齡之資料。此項資料可做為教學者在決定教學方法、教學互動時所使用的語言複雜度之參考，同時也可做為了解兒童認知運作或訊息處理特徵之參考依據。而生理年齡的參考則可讓教師考量同齡正常學童的認知發展水平、音韻發展及語言發展階段或內容，以及適合該年齡之生活經驗等等，因此在教學目標的擬定與教學活動的設計將更適合學童的需求及興趣。

(三)障礙程度

　　對於重度及多重障礙學童而言，訓練的目標應是可於環境中使用的一些功能性的語言及溝通行為，例如：環境中一些熟悉的物品、事件的名稱，或是常接觸的人之稱謂等。而對於輕度及中度障礙者，目標的設定應依據同齡發展正常學童的發展順序及兒童本身的認知能力。其訓練

的重點應放在對語言規則的理解與類化，正確語言形式、內容的應用，以及現有語言技能的提昇。例如：增加句子的長度或可以說出前後文連貫之短篇故事等。

㈣目標行為訓練順序的安排

由於很多語言障礙學童的溝通問題不只一項，因此當教師開始進行教學時，常常不知應從哪一項先介入，此時應以環境中的重要性及功能性為優先考量。此外，亦需思考此目標行為是否能使其溝通行為獲致較顯著之改善，進而改變其與同儕之間互動的質與量，獲得較佳的待遇。

綜合上述，語言、溝通障礙療育的計畫或教學目標的決定應考慮下列幾項原則：(1)語言介入需先考慮溝通功能與溝通情境；(2)目標的選取應是以增加兒童身為溝通夥伴的溝通效能為優先考慮；(3)在兒童目前的溝通／語言發展水平之下，增加其成功溝通的機會；(4)觀察兒童在情境中的溝通技能，找出溝通失敗之處，以此為出發點；(5)同時顧及發展與溝通情境需求（Owens, 1999）。

二、執行療育計畫

傳統上，兒童的溝通、語言問題常常是從醫療的角度去提及或提供處遇的。一般所認知的語言治療也都被認為指的是接受語言治療師所提供的一對一教學。然而，最新的想法或趨勢強調的是語用層面或溝通功能，也因此在幫助語言障礙兒童發展語言溝通能力方面，已經不再侷限於要讓語言治療師或擬定語言療育計畫者負責直接教學。教師、家長與其他專業人員在與兒童溝通互動時，如何運用適當的溝通互動技巧，讓兒童在真實、自然的溝通情境中，接收語言溝通的內容、形式、使用方式或功能的輸入，並在重複相似的情境中實際使用，也一樣可以幫助兒童發展溝通語言能力。另外，如何使用適當的語言介入或語言教學技巧幫助兒童發展語言能力，也是語言治療師、教師、家長應該要精熟的。茲將這些在實際執行療育計畫時能夠促發兒童語言能力的相關人員、教

學技巧介紹如下：

(一)直接語言介入／教學或間接語言介入／教學

1. 語言治療師主導的語言療育模式（clinician-directed intervention approach）

語言治療師主導的介入方式，主要是指由語言治療師負責矯正或改善兒童的語言溝通問題，其教學的重點是放在兒童已經有障礙或發展遲緩的語言結構、溝通能力的訓練層面上。一般而言，語言治療師常應用早期介入類型中診斷（如：決定語言發展的水平）、矯正（如：設計溝通板）或彌補（如：提供多采豐富的語言輸入環境及溝通情境等）的概念於其語言療育中。

語言治療師先評量出兒童語言、溝通能力的發展水平，找出其發展遲緩的地方，再以不同的教學方式來修補、矯正及治療其有問題的地方。研究顯示以「修補、矯正、治療」觀點為基礎的語言介入可有效的提昇輕度及中度語言發展遲緩或障礙兒童的語言、溝通能力，但對發展遲緩或障礙程度較重的兒童卻幫助不大（Guralnick & Bricker, 1987; Solomon, Wilson, & Galey, 1982）。究其原因，可能是因障礙程度較嚴重的兒童的介入更需要考量其功能性及日常生活環境的需求。

另外，語言治療師亦會使用直接教學法（Direct Instruction）（Waryas & Stremel-Campbell, 1983）示範某一語言結構（如：「我要喝」的簡單句型），應用線索提示，並誘發兒童模仿、提供增強，再示範正確語言形式、糾正兒童等教學步驟來改善語言障礙兒童的語言能力。

語言治療師亦可使用結構化的對談方式（structural discourse）示範正確的語言形式、語彙，擴展兒童所說出來的話語，鼓勵複述等步驟，來促進兒童語言發展（Schwartz, Chapman, Terrell, Prelock, & Rowan, 1985）。此外，語言治療師亦可使用腳本理論（Script Theory）的模式，將兒童所經驗及儲存的事件表徵（如：搭公車、生日活動、上麥當勞點餐、遊戲等），用來當作語言訓練的活動，如此，兒童因已熟悉這些事件或腳本

的順序、內容，所以在學習使用語言描述這些事件活動時，自然會因認知負荷上的減輕（不需去了解或記憶這些事件的意義、順序），而可將注意力放在語言上（Constable, 1986）。另外，在進行語言療育時，語言治療師也可使用互動式的唸讀故事活動、角色扮演活動或辦家家酒等遊戲來激發兒童的語言學習。

最後，語言治療師及特教老師亦常用情境教學法（Milieu Teaching Approach），在自然情境中訓練兒童的溝通能力。情境教學法的實施方式主要是將語言或溝通技巧帶進一般語言或溝通互動中。而在語言及溝通產生的自然情境中，兒童表達自己的需求而達成其溝通意圖，即是最自然的增強方式。

2.家長本位的語言療育模式（parents based language intervention approach）

雖然專業的語言治療師或特教教師可以有效的應用語言發展、語言學習理論，設計生動的教材、教具、教學活動、學習策略，擬定適合兒童的發展目標，用以引導、激發其語言發展，然而由於語言的習得及應用就是發生在日常生活中各項平凡、例行、瑣碎的活動、事件中，因此有愈來愈多的研究者、教師、語言治療師開始建議家長應該在語言障礙或特殊需求兒童的語言療育計畫中，扮演主要訓練者或教學者的角色。

Crais（1991）、Ratner 與 Harris（1994）以及 Weiss（1993）即建議需將發展遲緩或障礙兒童的家庭納入整個介入方案中，以促使兒童將習得的語言、溝通技能類化應用至家庭環境中。另外，他們亦建議應訓練家長一些如何與兒童互動的技巧，以及語言示範、擴展的技巧等，讓他們可以在日常生活中應用這些語言訓練的技巧幫助子女在不同的情境中使用語言、溝通技能。雖然家長有較多的機會與其子女互動，因此比語言治療師或教師更能把握住每一互動的時機，應用語言訓練的技巧來提供語言輸入，促使發展遲緩或障礙兒童表達自己與他人溝通，但是在實際執行上仍有其限制。例如：家中有特殊需求兒童會迫使父母面對更多的壓力，因此家長的參與意願可能並不熱烈（Weiss, 1993）。又如：當家

長開始扮演教師的角色時，與子女的互動上可能會增加一些對立與壓力，而且當兒童的發展程度較好時，所需學習的語言結構必然會更複雜，而家長可能無法了解該如何提供（Paul, 2001）。

雖說如此，一個有效的語言、溝通療育方案仍然必須將父母納入，並賦予他們重要的任務。教師、語言治療師可應用再定義的策略（redefinition），幫助父母重新思考、認識其子女的能力，觀察記錄其子女在語言溝通能力的強處、弱處及潛能，與語言治療師或教師一起擬定介入計畫中的長期目標與短期目標。事實上，國外一些實證性研究已發現以家長為本位的療育模式，能有效促進兒童語言表達的技能，然而其實施方式則一定要配合以語言治療師指導的治療方式（Tannock & Girolametto，1992; Whitehurst et al., 1991）。因此，如何有效地結合語言治療師、特教老師的專業知識，配合家長的參與活動，也就成為提昇發展遲緩及障礙兒童語言能力的最有利因素之一。

(二)語言治療與語言教學的技巧

兒童語言的發展與學習主要是植基於四個重要的條件，包括：(1)口語的輸入；(2)重複的接收；(3)有意義的情境；與(4)實際的應用（林寶貴、錡寶香，2000）。因此，在進行語言治療或語言教學時，以及提供機會讓兒童發展語言時，治療師、教師、早療師、家長等可使用下列技巧，而這些技巧的應用是符合上述四個條件。茲將林寶貴與錡寶香（2000）、Leonard（1998）、Luetke-Stahlman 與 Luckner（1991）、Paul（2001）、Reed（1994）所介紹的相關技巧或策略介紹如下：

1. 仿說（imitation）

由兒童語言發展的過程可發現：只要能增加兒童說話的量或機會、情境，都可提昇其語言的發展（Hoff-Ginsberg, 1987），因為當兒童說得愈多，他們愈有機會練習音韻、詞彙、語句語法結構，也會獲得更多的溝通互動與回饋（Paul, 2001）。據此，在交談情境或是語言學習的教學情境中讓兒童仿說複述我們所說的話語，也就是在創造情境與機會讓他

們練習音韻、詞彙、語句語法結構。

在語言治療或語言教學中，治療師會展示訓練教材或行為動作，或是創造學童需溝通的情境，在適當的時間說出某個詞彙或句子，並要求學童仿說。例如：語言治療師說：「看我在做什麼？你說『推卡車』。」兒童說：「推卡車。」仿說在語言訓練之起始階段經常使用，尤其在教導兒童練習使用過的語言結構、詞彙或短語上，不失為一種很好的協助。而當兒童對這一些語言結構愈來愈熟悉時，仿說即可逐漸去除（林寶貴、錡寶香，2000）。

另外，在使用仿說的語言教學過程中，介入目標的選擇需在自然的情境下建構適當的脈絡。治療師所計畫的教學步驟如下：

(1)設定學童需提出要求的情境。

(2)當學童可以使用目標語言或溝通行為提出要求時，給予其所需要的協助。

(3)若學童沒有回應時，停下來看著他，以目觸方式促請其提出要求。然而，當學童可以使用目標語言或溝通行為提出要求時，則給予其所需要的協助。

(4)如果學童仍然未使用目標語言或溝通行為提出要求時，則使用問題提示他，如：你要什麼？以促請其說出目標語言結構。

(5)如果學童還是沒有回應，說出目標語言結構，要求兒童仿說（林寶貴、錡寶香，2000）。

2. 自我談話（self-talk）

根據 Van Riper（1963）的界定，自我談話乃指自己對自己大聲說話，說出溝通對象或教學對象正在看的物品與事件、正在聽的刺激或事件、正在做的事情或是在立即情境中的感受，此策略的使用主要是提供口語刺激，讓學童有機會將聽到的語言與情境中的意義聯結，而經過多次的聽取與意義聯結習得該語意、語法、語用。因此著重的是共同交集注意（joint attention）以及語言或溝通形式內容的輸入，而不刻意要求兒童要回應。例如：教師在與兒童一起玩樂高玩具時，注意到兒童正在看自己

所排的停車場時，可以描述自己正在做的事情。例如：「我已經做好兩層了，我已經放進一部車子了。」又例如：教師和兒童在玩玩具車時，可以說：「我的車子是紅色的，這是一部紅色的車子，紅色的車子跑到車庫了。」

3. 平行談話（parallel talk）

平行談話與上述自我談話不同的地方為描述兒童正在注意的物品與事件或是正在進行的活動（Fey, 1986）。換句話說，即是將自我談話的方式用在描述學生所專注的焦點或正在做的活動，然後描述其正在做的事情或是注意的事物，如此，他可聽到正確的語言輸入。例如：以上面玩玩具車的例子來看，教師可以描述：「哇，你有一部綠色的車子，你的車子跑得好快喔！」又例如：學童正在吃果凍，治療師可說：「小明正在吃果凍。小明吃了兩個果凍。」或是他正在綁鞋帶，治療師可說：「小明正在綁鞋帶。」經由此種方式讓學童習得「正在」的用法。

4. 提供訊息的談話（informative talk）

提供訊息的談話乃指將其他人所說的話語解釋給語言障礙兒童聽。有時候，在教室、小團體活動或家中，有較多人參與溝通交談時，教學者可以使用此策略。例如：老師、小貝、小寶在語言治療室中一起做美勞活動。小貝說：「我的筆。畫飛機。藍色的。」老師即可告訴小寶：「小貝用彩色筆畫了一架藍色的飛機。」

5. 示範（modeling）

示範的教學技巧是源自社會學習理論（social learning theory），在語言治療研究中常被使用（Leonard, 1998）。本項教學技巧乃指語言治療師或另一個示範者說出目標語言結構，要求兒童仔細聽，在聽過多次語言訓練目標之後，再創造情境讓其自發性使用。意即兒童並非只是仿說，他們需將示範的語言結構應用在類似、新的情境。例如：學童的語言問題為無法適當使用被的句型，治療師可先以二張圖片說出被的適當用法

（如：「小豬被小羊撞倒了。」「球被媽媽拿走了。」），然後拿出另一張圖片問學童：「你看，小狗怎麼了？」據此誘發學童說出「小狗的尾巴被小貓咬到了。」根據Leonard（1998）的說明，示範策略可以讓兒童積極思考其所接收的語言形式，對其語言學習必有幫助。

6.擴展（expansion）

一般典型發展的幼童或是語言發展遲緩的兒童常常會說出語句破碎、概念不完整的話語，因此大人或教學者可以在語意不變的情況下重複她們所說的話語，但需要再加進相關的細節，使其成為語意完整、語法正確的話語。此種教學技巧即為擴展，乃指當學童說出某些話語之後，教師根據其所說的話語內容、詞序再整合，以更精熟、完整的語句形式重述其話。而當學童複述教師所說的完整話語時，教師可順勢再將該話題延伸，說出上下文語意相關的句子，讓學童有更多的機會接收相關的語言訊息。例如：兒童說「熊熊，蘋果」，即可擴展成為：「熊熊拿了蘋果。」Scherer與Olswang（1984）曾經指出擴展策略的使用可以幫助兒童自發性地模仿被擴展的話語。而當其在模仿時即已練習語言的內容、形式了。

7.延伸（extension）、詳述（expatiation）

延伸與詳述的技巧類似（Fey, 1986），乃指教學者在兒童說出某些話語之後，再將其話語延伸，只是會增加更多的語意訊息，或是示範更多個該目標語言結構在類似但不同語境中的使用情形。例如：教師和學童一起看故事書或錄影帶，學童說：「他掉河。」教師可說：「是的，他掉到河裡面去了。」「你看，媽媽也掉進去了。」「連小狗也一樣掉到河裡面去了。」又例如：教師與兒童一起玩小狗玩偶的遊戲，兒童將小狗放進狗屋裡面，並說出「小狗，回家」的話語，教師可延伸與詳述成：「對啊！小狗感冒了，牠要回家休息。外面太冷了，小狗沒有穿外套才感冒。」

8.增進兒童口語表達的教學技巧

Owens（1999）整理一些可誘發、鼓勵兒童表達的技巧，讓自發性的溝通可以在自然互動的情境中產生。茲將這些誘發技巧與舉例概述如下：

(1)故意說錯話：當兒童看著果凍罐子時，卻故意拿辣椒給他，並說：「喔！你想要吃辣椒，對不對？」又如：某一天兒童穿著印有皮卡丘圖案的短褲，故意對他說：「好漂亮的褲子，上面有天線寶寶耶！」

(2)傳話：當教室中有好幾個小朋友在一起遊戲時，故意當著 A 的面前問 B：「B，你有沒有看到 A 的書包？」B 聽了之後會去問 A：「你的書包在哪裡？」

(3)我是長舌婦：家長／教師拿一樣有趣或新奇的物品放在兒童面前，說：「哇！這很酷！」兒童可能回應：「那是什麼？」家長／教師可故意說：「ㄈㄧㄚㄅㄧㄚㄎㄨㄠㄊㄚ。」如此則可能激發兒童繼續溝通的興趣。

(4)猜猜看我做了什麼：家長／教師可故意拿一張照片或一樣東西，當著兒童面前說：「猜猜看我要做什麼？」或是「猜猜看我昨天在公園做什麼？」

(5)看看我有什麼：家長／教師可拿一個紙袋，並告訴兒童：「我要讓你看看袋子裡面有什麼東西，這個東西很好玩喔！」（等兒童回應）

(6)模模糊糊我說話：當兒童表達己意、要求物品或活動時，可以故意含含糊糊地回應，例如：故意壓低聲音說話、故意說不清楚。

(7)去問別人：當兒童向家長／教師要求物品時，可以故意表現出不清楚的樣子，激發其去詢問別人。例如：兒童說：「要剪刀。」家長／教師可故意說：「我不知道剪刀在哪裡耶，你去請阿姨（李老師）拿給你。」

(8)要求第三人協助：家長／教師可以在自然溝通的情境中，伺機告訴兒童去請別人來幫助他做某件事情。例如：告訴兒童：「你去請王老師來幫我搬箱子。」

(9)我是呆呆牛：家長／教師可故意違反例行活動程序，以誘發兒童

主動溝通。例如：拿一個空的布丁盒給兒童，並說：「這是很好吃的布丁，給你吃。」兒童可能說：「空空的。」或是困惑地看著家長／教師，家長／教師就立即說：「喔！你喜歡不一樣的布丁，要什麼口味的布丁？」

⑽示範表達自己的意圖：家長／教師可在例行活動中，示範正確的溝通形式。例如：吃早餐時，桌上有包子、燒餅、麵包、飯團，家長可說：「我們有包子、燒餅、麵包、飯團，我想吃飯團，你想要吃……」

⑾搞混了：基本上此項策略的應用是故意裝瘋賣傻、搞破壞，在溝通情境中故意做出張冠李戴的事情，例如：將妹妹的裙子拿給哥哥穿，再加上表情或言語，讓兒童覺得是自然發生的誤解或錯誤。

綜合上述，自我談話、平行談話、示範、擴展、延伸、詳述等教學技巧對提昇口語有限，或是不願意表達的兒童的溝通語言能力可能是有效的；經由情境中的語言溝通示範可以讓兒童習得如何在相同的情境中使用語言表達，而此種策略的使用也適用於一般兒童、習手語兒童或是輔助溝通系統使用者。另外，模仿、示範或是上述Owens（1999）所建議的增進兒童口語表達的教學策略，也都可以建構情境讓兒童發展口語表達的技能。

(三)目標語言結構的呈現

從兒童語言發展的過程可知道，一般典型發展兒童都是由聽建立、發展語言知識（即：語意、語法、語用等規則或應用方式），意即將聽到的語言刺激與情境線索做比較、聯結，並由語言出現的情境中抽取意義、組織意義（林寶貴、錡寶香，2000）。也因此，語言教學乃非常著重語言刺激的提供，以及溝通情境的建構與經驗的建立。在語言介入活動或教學中，應突顯介入的目標語言結構或溝通的特性，以利語言障礙學童發現規則或正確的應用方式，提高其語言能力。一般而言，目標語言的重複出現、降低語句的複雜度、口語呈現方式的變化、視覺線索的輔助常是用以突顯介入的語言目標的方式（Reed, 1994）。茲將林寶貴、錡寶香（2000）所列舉的幾項語言刺激提供的原則說明如下：

1. 目標語言的重複出現

語言的接收與應用頻率愈高，愈能使其儲存的更牢固，提取更自動化。因此，進行語言教學時可設計活動讓目標語言結構或溝通情境重複出現，以突顯其特徵，促進學習。例如：在美國，治療師常用一個外星人進行 "Simon Says" 的教學活動，由該外星人說出目標語言，如：西蒙說：「我們要先洗手，才能吃橘子。」或「我們要先刷牙，才能睡覺。」語言的輸入配合圖片或動作，不斷的將目標語言結構呈現，可促進兒童的語言學習。另外，有時候亦可讓學童扮演發號施令者，說出含有目標語言的指令，再由教師跟著指示做出動作。事實上，台灣很多兒童、青少年也常玩「老師說」的遊戲，即是類似的設計。

2. 降低語句的複雜度

語言教學的重點常常是某目標語言結構的習得，因此為能讓語言障礙學童將注意焦點放在該介入目標上面，在治療時乃必須控制其他會同時出現的相關刺激。而為突顯目標語言結構的應用方式或規則，教師在解釋、說明時，應盡量使用簡短、簡單的句子，控制語法複雜性。例如：使用「我們昨天一起讀的小豬蓋房子的故事裡有一隻很兇殘又很狡猾的大野狼」這樣嵌入式的複雜句子，可能會讓語言障礙學童較難一下子就理解。

3. 口語呈現方式的變化

由於語言障礙學童在口語訊息接收的認知處理歷程可能或多或少都有一些問題（Ellis-Weismer, 1992），因此研究者（Ellis-Weismer, 1992; Lahey, 1988）乃建議進行語言教學時除了應盡量使用簡短、明確的句子說明或下達指令之外，也應放慢說話的速度，以幫助語言障礙學童可以有較多時間處理稍縱即逝的語言訊息。此外，為了讓學童覺察、注意目標語言結構的特徵，呈現時可特別將其說大聲一點，或停頓一下。

4.視覺線索的輔助

如上所述,語言學習需將口語訊息與情境線索連配組織,因此善用手勢動作、具體事物、圖畫、文字描述,更能幫助語言障礙學童習得目標語言結構。

例如:教導音韻障礙兒童去除後置音韻歷程(backing processes)時,可以加上手勢動作提醒其舌頭要往前擺位移動。再如:教學時提到這裡、那裡、給我、不見了等,除了聽覺刺激的呈現,再配合手勢動作,必能讓學童更易理解。又例如:教導「固然……但」的句型結構時,如果配以舉例圖片及文字描述則可讓學童有更多訊息的輸入,提昇學習效果。

三、監控與評鑑療育成效

如同前述,溝通語言療育的目的乃是在:(1)習得新的語言或溝通技能與知識;(2)使用與維持已習得的語言或溝通知識與技能。也因此,溝通語言療育目標設定之後,並經過一段時間的教學、介入,必然會看到執行的成效。而這也正是療育成效的評鑑,亦即將教學介入後的結果與療育目標的設定做比較。而決定溝通語言療育目標是否已達成的方式,可以事先決定終止語言療育的通過標準。美國聽語學會(ASHA)在一九九四年曾經列出「語言療育畢業標準」(discharge criteria)如下:在溝通語言療育進行了一段時間之後,如果符合下述幾種條件或情況中的一種或一種以上,包括:(1)溝通能力是在正常範圍內;(2)所有療育的短程與長程目標都達到了;(3)療育對象的溝通能力與同齡、同性別、同種族、同文化背景者無異;(4)療育對象的說話、語言技能不再造成其社會、情緒或教育方面的困擾與問題;(5)療育對象可以有效地使用輔助溝通系統與人進行社會互動;(6)療育對象可以維持欲達成的溝通能力;(7)療育或治療不再產生可以計量的效益;(8)療育對象的某些行為已干擾療育的執行,而各種努力都無法消除其不當行為;(9)療育對象與其家庭都無意願再參與治療教學,即使經過討論、建議、說明、諮商都無法改變其意。

　　而語言治療成效的評鑑也是語言療育中常常必須面對的一個議題。治療或教學的很多層面都會被評鑑，包括：兒童的進步、家庭的滿意程度、對社會所產生的長期效益（Donahue-Kilburg, 1992）。首先，先從兒童的進步來看，Fey 與 Cleave（1990）曾指出語言療育的療效可以從四個層面來看，包括：(1)設定的目標語言或欲提昇的溝通技能需要達成（如：可以提昇口語敘事能力）；(2)足以代表設定的目標語言或欲提昇的溝通技能的行為一定要選擇（如：在繪本故事全語言教學活動中，會將故事中事件發生的順序敘說正確、合理）；(3)使用客觀、可靠的評量決定兒童是否進步（如：比較基準點與教學後故事中事件發生的順序敘說的方式）；(4)兒童的進步是因為療育的結果，而非其他外在因素所造成（如：成熟等）。而從研究設計來看，Fey（1986）認為使用多基點設計（multiple baseline design）可以讓教學者了解在進行語言療育之後，兒童的語言溝通能力是否有進步。

　　兒童在接受語言教學的過程中，其進步的情形可能是一點一點或一小步一小步累積的。Nelson（1998）曾建議教學者可以使用治療日誌（log notes）、圖表資料（charting data）記錄兒童的學習情形，包括：語言或溝通目標正確使用或理解的次數、比率等。例如：正確使用 SVO 簡單句的次數、百分比；或是記憶、理解四個單位指令的次數。另外，錄音、轉寫與分析兒童敘事、交談的語言樣本，也可以從質的層面記錄兒童學習的進步情形。

　　語言療育的最終目標是要讓兒童將其所習得的目標語言或溝通技能應用在日常生活中的交談溝通中。也因此 Nelson（1998）曾建議在教學或療育成效的評鑑方面應考慮下面幾點：(1)相關改變是否產生，亦即可以藉由訪談與觀察，了解兒童對語言或溝通技能的需求是否已改變，例如：是否已能使用語言與溝通技能進行正式與非正式的學習、適當地與他人建立社會關係等；(2)功能性結果是否產生，亦即語言能力或溝通技能的進步是否改善其日常生活的功能，例如：能夠告訴麥當勞的櫃檯想要點幾號餐點、告訴媽媽要穿什麼顏色的衣服、參與同儕的遊戲等。

　　上述語言療育或語言教學成效的評鑑或監控都離不開類化或遷移

（generalization or carry over）。所謂類化或遷移乃指兒童在接受療育或教學後所習得的語言或溝通技能，是否可以在轉換到新的情境或狀況時一樣維持，包括：跨越時間、溝通對象、溝通場景、不同的刺激、不同的回應方式等。而為了達成療育目標的類化或遷移，在開始計畫教學或療育計畫時，就應該將類化或遷移考慮進去（Dockrell & Messer, 1999）。雖然語言、溝通療育的最終成效是要由類化或遷移效果來看，但很多語言治療或教學常常都會面對兒童在教學情境中所習得的目標語言或溝通技能無法遷移到實際的日常溝通場景的窘境。究其原因，可能是因為兒童只是在不斷練習，並未使用後設能力（meta ability）去思考其處理訊息或學習的策略，或是思考其正在學習的技巧與日常生活中的溝通使用之間的關係為何。另外，根據 Dockrell 與 Messer（1999）的看法，很多說話—語言障礙兒童可能因為有較多溝通失敗或挫折的經驗，造成其較缺乏自信或是低自尊的心理困擾，也因此當他們在接受語言治療或語言教學時，會表現出不專心或是不願努力學習的態度。而這種情緒問題或是態度也一定會影響教學成效，或是類化、遷移結果。據此，早期發現早期療育應當可以減緩這種負面的影響作用。另外，在教學時教學者所給予的稱讚、正向回饋，也應視兒童的年齡、個性、正確反應而變化，不能只要兒童有反應就給予稱讚，這樣可能也會造成兒童或青少年敏感地認為自己的能力太差了（Dockrell & Messer, 1999）。

最後，教導兒童某項說話、語言、溝通技能時，兒童的表現或回應都是在驗證一開始設計療育計畫時的假設。治療或教學可以達到成效，則表示一開始的假設是正確的。但如果兒童在接受教學／療育之後，其溝通問題並未改善，治療師則應該再回過頭去看看當初的評量資料，或是重新找出兒童的困難所在，或是重新修正自己的教學技巧。因此，教師或治療師在評鑑自己的教學成效時，應該同時看看治療的目標、內容以及執行的技巧或狀況。綜合言之，因為兒童隨時都在成長與變化，因此療育進程應視為一種循環，並隨時評鑑兒童接受療育之後的成長與改變。當療育計畫失敗時，教學者應回過頭來審視上述每一進程，如此較能確保療育成效的達成率。

伍、影響溝通／語言療育的向度／因素

　　Dockrell 與 Messer（1999）曾指出語言治療必須考慮任務／工作因素
（task factors）、情境因素（context factors）以及兒童本身的因素（child-based factors），而這三項因素也有可能會影響語言療育的成效。茲將其說明如下：

一、任務／工作因素

　　如同前述，語言、溝通療育的主要目標為：⑴習得新的語言或溝通技能與知識；⑵使用與維持已習得的語言或溝通知識與技能。也因此，進行語言治療的第一步驟即為了解兒童是在哪個語言要素上的習得出現困難（如：音韻障礙、語用問題等），或是釐清影響其語言理解與表達的認知處理歷程問題為何（如：詞彙尋取困難、音韻工作記憶問題等）。而語言治療或語言教學之前的正式與非正式評量資料，則可提供教學者有關的訊息去釐清兒童的問題與困難所在，以及適當的教學目標與教學策略。之後，在設計教材教具與教學活動時，則可進一步先分析教材中所含括的語言目標、學習這些語言目標所涉及的認知處理歷程、語言教學活動的語用／社會互動層面。

　　茲以一個五歲半的小男孩例子說明上述任務／工作因素。此位男孩因為說話常常語焉不詳而被轉介給語言治療師確認其語言溝通問題。評量結果顯示其在學前魏氏智力測驗的表現無論是在語文或非語文方面都在平均水準以上，音韻、語意、語法能力也都極為優異，其最大的問題是在篇章層面與語用方面，亦即當他在描述事情、說故事時，常有前後句語意不連貫、語意整合的問題，並且不會去顧及聽者的理解狀況。再加上在口語表達時，如果敘說的內容愈來愈長則會有類似迅吃的現象，

因此才會造成其在與他人溝通時常出現雞同鴨講的現象。

　　針對其問題，治療師或教師可以使用具有因果關係、事件發生順序關係、邏輯關係的連環圖卡做為教材教具，請兒童看圖卡說故事。本項活動在語言層面的分析為前後句語意關係的連貫與串連，或是篇章段落的語意整合。在學習這些語言目標所涉及的認知處理歷程的分析，則是該位小男孩的思緒跳動太快，使其無法專注與顧及概念之間的關係連結，因此藉由教學讓其可以放慢思緒跳動的速度，並以後設認知或後設語言的角度幫其覺察與監控自己的口語表達歷程。至於在語言教學活動的語用／社會互動層面，則可分析在教學過程中如何以提問或要求澄清方式讓該位小男孩可以適當的回答問題並注意溝通對象的反應。另外，在教學過程中，教學者與小男孩也會一起討論連環圖卡的事件、故事內容，在這過程中會有很多的溝通互動產生，也符合由自然溝通交談方式發展語言的論點依據。

二、情境因素

　　兒童的語言能力並非在真空或孤立的情境中發展出來的。語言的使用離不開情境，不同的情境會規範溝通的內容。適當的語言能力即是在生活層面中發展出來的。因此語言治療或語言教學也必須顧及情境與語言目標之間的關聯性。家長、教師、語言治療師可善用各種機會促進兒童的語言發展，在交談過程中加強練習聽與說。起床、刷牙洗臉、進食、幫妹妹泡牛奶／換尿片、洗衣服、上市場／百貨公司、做飯、洗菜、打掃、看電視、摺被被、唱歌、去公園玩、上學、放學、了解事件發生的時刻（如：現在是五點鐘）、洗澡、澆花等日常生活中會發生的事件或參與的活動都是語言學習的情境。Owens（1999）即曾建議以兒童為中心的功能性語言介入教學，應將兒童所說出來的話語或表現出來的溝通行為當作語言介入的機會或教學內容，提供語意、語用相關的回應建構兒童繼續說話的情境脈絡。而語言治療師、教師、家長的回應則可提供鷹架讓兒童在適當的情境中學習語言與溝通。

事實上，很多語言治療模式或是理論都已考慮此因素，例如：情境教學法、腳本理論等。而在特殊教育中智能障礙的實用語文教學也是將溝通語言教學的情境拉到社區中的超商、百貨公司、郵局、速食店、公園、圖書館等。另外，對於家長的諮詢或衛教也皆建議家長要增加兒童的生活經驗，讓兒童由參與活動、做中學發展語言。例如：在洗衣服時讓兒童當小幫手，並在共同參與進行活動時，提供語言輸入建立語言理解，以及情境中語言表達的機會。

　　綜合上述，兒童的生活環境與經驗都會影響到其語言的學習。也因此在分析語言治療的情境因素時，必須考慮兒童生活中重要的層面，如：家庭、學校、同儕、社區等；以及社會或文化層面是否影響到兒童的需求。

三、兒童本身的因素

　　一旦兒童的語言溝通問題被鑑定出來之後，教學活動就必須要真正符合其需求；也因此兒童目前的語言技能、認知技能、動機、情意與興趣，以及其如何達成工作要求所使用的策略，都可能影響教學成效。

　　在認知技能方面，Wedell（1995）曾指出最好的語言治療或語言教學需要同時顧及認知與非認知層面的連結。在語言及認知技能方面，教學者在執行教學活動時必須顧及下面幾個可能的影響因素：(1)兒童本身的障礙本質；(2)兒童目前的表現水準。Dockrell 與 Messer（1999）指出對特殊需求兒童的研究讓我們對其問題、發展類型、功能都已有一定的認識，也讓我們更清楚其障礙本身對語言學習或是其他技能學習的影響。例如：研究發現如果兒童有持續或復發中耳炎現象，在教室中的學習可能會出現容易分心、注意廣度較短、過度依賴的問題，也因此在教學時一定要顧及此特徵。另外，特定型語言障礙兒童可能有音韻工作記憶缺陷，以及需要較長時間處理語言訊息的問題，也因此教學時應該不要提供過長的話語訊息，並且要給予等待時間或提示鷹架，以利其理解與表達。又例如一個唐氏症兒童的語言發展水準只在理解具體（即字面）的詞彙、語句或語意概念，在與其溝通互動時，就要著重談論立即情境中的事、

物、人,以符合其語言及認知發展水準,並可降低認知記憶負荷。

非認知層面包括動機、興趣與情意。也因此教學者在進行教學時一定要先與兒童建立溫馨、安全感的情感交流,讓兒童喜歡治療師或教師,也願意來治療室接受教學。事實上,Owens(1999)即曾指出正向互動的溝通就是一種增強,而促使兒童語言溝通技能提昇者應是兒童願意親近的人,即是能接受他、支持他、也會提供必要與適當回饋的人。也因此對兒童語言學習最有幫助的原則應是如何建構可快樂溝通與學習的氣氛。

另外,Owens(1999)也建議:⑴語言教學應以兒童為中心順其所好提供合宜教學;⑵當兒童注意時,學習才可能產生;⑶溝通互動中的回應即是增強;⑷最大的學習效果來自動機、興趣與選擇;⑸以兒童為中心的語言教學活動、設計或機會,可提供溝通產生的情境,保證溝通內容的共同參照指稱(即:談論的人事物是彼此知道、了解的)、增加情境附隨的語意理解;⑹語言教學活動應要讓兒童積極參與,如:共同製作語言訓練用之教具等(一起做紙飛機、摺青蛙,再練習吹氣比賽),更能讓兒童產生學習的動機。

陸、語言、溝通能力介入之原則

每一個兒童及其家庭都是獨特的,再加上語言學習、溝通能力的發展是無法離開溝通產生的情境,因此語言溝通療育的執行常常都需要考量兒童的學習風格、認知特徵、情意狀態,並依據其與照顧者或教師之間的互動特徵做介入或教學的設計與調整。Dunst等(1990)、MacDonald(1989)、Mahoney與Powell(1988)、Sameroff與Fiese(1990)即曾依據兒童與其照顧者之間的互動特徵,提出下列介入原則:

一、個別化原則:每位兒童與他人之間的互動方式、其家庭在不同層面的強處、弱處,以及其自身個體內的能力差異皆不一樣,因此其所需要的語言溝通療育自然也就必須將這些因素考慮進去(Sameroff & Fiese,

1990）。

　　二、自然互動的原則：在日常例行生活事件（如：穿衣服、洗澡、進食等）以及遊戲、玩耍的活動中，常是語言、溝通產生的情境，因此語言的學習或溝通能力的應用應是在這些情境中最能發揮其效果（Dunst et al., 1990; MacDonald, 1989）。

　　三、以兒童為中心的原則：特教教師或語言治療師應教導家長如何靈敏地及適當地對其子女的溝通意圖回應，並在互動時隨時注意其子女的興趣及專注的人、事、物，建立及創造溝通互動的機會，讓兒童建立一來一往輪換互動的溝通習慣（Dunst et al., 1990）。

　　四、發展水平的考量：與兒童互動時提供的語言輸入應顧及其發展水平，但應適時挑戰其目前之能力。例如：針對一個只能結合兩個詞彙表達自己的唐氏症兒童，不要使用太複雜的複句結構或隱喻的抽象語言與他溝通，但是一定要提供完整的句子說明、解釋事物或回答問題，並適時地創造機會讓他可以結合三個詞彙將其意思表達出來。事實上，過去的研究已發現，家長、教師在與兒童溝通互動時，提供符合其理解能力的語言輸入，可以有效提昇語言學習困難兒童的語言能力（Mahoney & Powell, 1988）。

　　五、建立情意上的依附：由於發展上的限制，再加上無法適當地與他人溝通，常常造成特殊需求兒童社會情緒發展的問題（Greenspan, 1988）。因此家長、教師的積極介入，幫助兒童發展出適應他人的相互調整及自我調整的能力，對其社會情緒的發展必能有極大之功效（Prizant & Wetherby, 1994）。此外，在提供教學活動時，最根本所在即是應與兒童建立溫馨的情意交流，讓兒童願意接近教師學習。

柒、學校系統的語言療育

　　語言與溝通能力是學校學習的基礎，也因此對很多特殊需求學童而

言，其學科學習的問題常常都是與其語言能力的不足有密切之關係。事實上，課堂中的學習或教室中的互動所涉及的語言層面即包括：建構課程、授課、組織訊息、建立知識、管理及澄清資訊、發展及引導問題、與教師及同儕交談對話等（Bashir & Scavuzzo, 1992）。這些層面都需要使用語言處理訊息的理解與表達，也因此提供適當的語言教學或療育，也應該是特殊教育中不可或缺的一部分。此外，對於一些重度、多重障礙、口語有限的學童提供適當的溝通訓練（如：設計適當的輔助溝通系統等），也是特殊教育工作者不可避免的責任之一。

根據美國聽語學會一九九五年的調查顯示，在學校提供服務的語言治療師中有 24% 是在學前教育單位服務，45% 是在國小服務；25% 服務的對象為十二至十七歲，平均每位學校語言治療師所服務的對象為四十六個學生。另外，在美國學校本位的說話語言服務對象，是需要被鑑定為說話或語言障礙，或是在主要障礙狀況中也包括需要說話語言的介入（如：特定型學習障礙、自閉症症候群、智能缺陷、聽覺障礙、注意力不足與過動症）。此外，在美國接受特殊教育學生中大約有 25% 的學生是被診斷為說話或聽力問題，使其成為美國特殊需求學生中的第二高族群（Paul, 2002）。

Paul（2002）也整理出美國學校語言治療師服務對象中的各種溝通問題，其中需要加強提昇語言能力者占 42%，需要接受構音音韻治療者占 28%，需要認知─溝通介入者占 13%，需要中樞聽知覺處理介入者占 5%，需要輔助溝通訓練或教學者占 4%，需要語暢矯治者占 3%，需要嗓音治療者占 2%，需要聽能創健者占 1%，兒童失語症者占 1%，顱顏損傷者占 1%，需要發展適當溝通態度／方式者少於 1%。

上述這些接受服務的兒童或學生都是依照美國一九九○年 IDEA 對學校本位語言治療服務的要求而有資格接受服務者。而學校語言治療服務的項目則包括：(1)鑑定篩選：篩選可能有說話─語言問題的學童，以便進一步評量其說話語言的溝通困難所在；(2)評量：提供適當的評量給可能需要接受說話語言療育服務學童，包括強項、弱項、障礙或遲緩等層面的決定；(3)治療：說話─語言障礙學童有權利在最少限制的環境中

接受免費與適當的語言治療；(4)諮詢／諮商：說話—語言障礙學童的家長或主要教師有權與語言治療師討論兒童的問題與治療；(5)轉介：說話—語言障礙學童有權獲得相關教育或復健領域專家的建議與服務。

而在美國，學校系統中的語言治療師常常也會參與學校的其他例行工作或職責，包括：午餐或導護、學生註冊、佈置看板、協助設計學校活動表演等。雖然這些並非語言治療專業工作，但可以讓教師在教室或治療室外的情境觀察學童的溝通表現，並可提供情境的教學或刺激（Paul, 2002）。

另外，由於學校是學童學習的主要場所，而語言能力又是教室中學習成效的關鍵因素（Miller, 1989），因此在學校系統中所提供的語言療育服務已有朝向教室本位（classroom-based）治療或教學的趨勢。此種服務模式可區分成：(1)入班治療／教學模式（in-class therapy），語言治療師以一對一方式在教室的角落進行教學，其優點為：(a)可以觀察兒童在教室中自然情境下的語言溝通表現，(b)兒童可以立即將所習得的語言技能用在教室中，(c)可以使用實際的課程教材進行語言教學；但其缺點則為會造成兒童分心，兒童仍然會有被標記的感受；(2)諮詢（consultation）模式，語言治療師提供最好的教學方法與教材給教師，以幫助兒童練習目標語言技能；其優點為語言治療師與教師可以一起討論學童的語言教學目標，並讓教師成為提昇兒童語言溝通能力的對話者，但其限制則是教師必須要有正確與完整的語言學習知識，且學童學習的目標、教學活動的設計也都需要長時間計畫；(3)合作模式（collaboration），教師與語言治療師共同教學，當教師在班級授課時，語言治療師在語言障礙兒童旁邊教他／她如何回應，或是檢核其是否理解，並給予協助；其優點為語言治療師可以提供教學支援，而語言的教學也與教室中的教學活動整合在一起，然而其限制則是較無法具體、明確地將焦點放在兒童的語言療育目標中。綜合言之，學校本位的語言療育模式強調語言治療師與教師成為教學夥伴，並將教室中的學習與語言溝通療育目標整合在一起（Kuder, 1997）。

捌、結語

　　語言的發展、溝通技能的習得是絕大部分語言障礙或特殊需求兒童最重要的發展任務之一；無法發展出適當的溝通技能，將使得這些兒童在課業學習、情緒人格的發展及人際關係的建立上大受限制。因此為能避免或減輕他們可能遭遇的困難，儘早提供適當的語言療育或教學，使用有效的訓練、教學策略，以及將習得的語言溝通技能應用在日常生活中，也就成為其整體發展中需要達成的目標之一。另外，每個特殊需求兒童或是語言學習困難兒童都是獨特的個體，有其特殊的需求，因此為其發展設計的語言療育或教學計畫，應該是彈性、動態的過程，必須要結合評量資料、適當的語言教學技巧、有效的誘發口語表達的方法，並考慮兒童本身的學習風格、情緒動機狀態。此外，教學者也應將療育進程視為一種循環，隨時監控兒童接受療育之後的成長與改變。而不管是「語言治療師本位的語言療育模式」、「家長本位的語言療育模式」、「教室本位的語言療育模式」，其實施的目的都應該是以兒童為中心的考量，提供多采、豐富的語言輸入環境，足夠的學習刺激，以及由語言治療師、特教教師、家長密切配合，在結構化的治療環境中強化已受損或發展遲緩的技能，並在日常生活例行活動、事件中，應用已訓練之語言溝通技能。

❋ 參考文獻

林寶貴、錡寶香（2000）。語言障礙學生的教育。台北：教育部。

American Speech-Language-Hearing Association (ASHA). (1994). *Admission/discharge criteria in speech-language pathology: Technical report*. Rockville, MD: Author.

Aram, D. & Nation, J. (1982). *Child language disorders*. St. Louis, MS: Mosby.

Bashir, A. S. & Scavuzzo, A. (1992). Children with language disorders: Natural history and academic success. *Journal of Learning Disabilities, 25*, 53-65.

Bloom, L. & Lahey, M. (1978). *Language development and language disorders*. New York: Wiley.

Constable, C. (1986). The application of scripts in the organization of language intervention contexts. In K. Nelson (Ed.), *Event knowledge: Structure and function in development* (pp. 205-230). Hillsdale, NJ: Lawrence Erlbaum Associates.

Crais, E. (1991). Moving from "parent involvement" to family centered services. *American Journal of Speech-Language Pathology, 1*, 5-8.

Dockrell, J. & Messer, D. (1999). *Children's language and communication difficulties: Understanding, identification and intervention*. London, UK: Cassell.

Donahue-Kilburg, G. (1992). *Family-centered early intervention for communication disorders*. Gaithersburg, MD: Aspen.

Donaldson, M. L. (1995). *Children with language impairments: An introduction*. London, UK: Jessica Kingsley Publishers.

Dunst, C., Lowe, L., & Bartholomew, P. (1990). Contingent social responsiveness, family ecology and infant communicative competence. *National Student Speech Language and Hearing Association Journal, 17*, 39-49.

Ellis-Weismer, S. (1992). The role of prosodic variables in language processing by children with specific language impairment. In R. S. Chapman (Ed.), *Processing in language acquisition and disorders* (pp. 125-137). Baltimore, MA: Mosby.

Fey, M. E. (1986). *Language intervention with young children*. San Diego, CA: College Hill Press.

Fey, M. E. & Cleave, P. L. (1990). Early language intervention. *Seminars in Speech and Language, 11*, 165-181.

Greenspan, S. (1988). Fostering emotional and social development in infants with disabilities. *Zero to Three, 8*, 8-18.

Guralnick, M. & Bricker, D. (1987). The effectiveness of early intervention for children with cognitive and general developmental delays. In M. Guralnick & F. Bennett (Eds.), *The effectiveness of early intervention for at-risk and handicapped children* (pp. 115-174). New York: Academic Press.

Hoff-Ginsberg, E. (1987). Topic relations in mother-child conversation. *First Language, 7*, 145-158.

Kirk, S. A., McCarthy, J., & Kirk, W. D. (1968). *The Illinois test of psycholinguistic abilities*. Urbana, IL: University of Illinois Press.

Klein, H. B. & Moses, N. (1994). *Intervention planning for children with communication disorders: A guide for clinical practicum and professional practice*. Englewood Cliffs, NJ: Prentice-Hall.

Kuder, S. J. (1997). *Teaching students with language and communication disabilities*. Boston, MA: Allyn & Bacon.

Kuder, S. J. (2003). *Teaching students with language and communication disabilities* (2nd ed.). Boston, MA: Allyn & Bacon.

Lahey, M. (1988). *Language disorders and language development*. New York: Merrill Macmillan.

Leonard, L. (1981). Facilitating linguistic skills in children with specific language impairment. *Applied Psycholinguistics, 2*, 89-118.

Leonard, L. (1998). *Children with specific language impairment*. Cambridge, MA: MIT Press.

Luetke-Stahlman, B. & Luckner, J. (1991). *Effectively educating students with hearing impairments*. New York: Longman.

MacDonald, J. (1989). *Becoming partners with children: From play to conversation.* San Antonio, TX: Special Press.

Mahoney, G. & Powell, A. (1988). Modifying parent-child interaction: Enhancing the development of handicapped children. *Journal of Special Education, 22*, 82-96.

Miller, L. (1984). Problem solving and language disorders. In G. Wallach & K. Butler (Eds.), *Language learning disabilities in school-age children* (pp. 199-229). Baltimore, MD: Williams & Wilkins.

Miller, L. (1989). Classroom-based language intervention. *Language, Speech, and Hearing Services in Schools, 20*, 153-169.

Moats, L. (2001). Overcoming the language gap and investing generously in teacher professional development. *American Educator, 25*, 5-7.

Nelson, N. W. (1998). *Childhood language disorders in context: Infancy thorugh adolescence* (2nd ed.). Boston, MA: Allyn & Bacon.

Olswang, L. & Bain, B. (1991). Intervention issues for toddlers with specific language impairments. *Topics in Language Disorders, 11*, 69-86.

Osgood, C. E. & Miron, M. S. (1963). *Approaches to the study of aphasia.* Urbana, IL: University of Illinois Press.

Owens, R. (1999). *Language disorders: A functional approach to assessment and intervention* (3rd ed.). Needham Heights, MA: Allyn & Bacon.

Paul, R. (2001). *Language disorders from infancy through adolescence: Assessment and intervention* (2nd ed.). St. Louis, MS: Mosby.

Paul, R. (2002). *Introduction to clinical methods in communication disorders.* Baltimore, MD: Paul H Brookes.

Prizant, B. M. & Wetherby, A. (1994). Providing services to children with autism(ages 0 to 2 years) and their families. In K. G. Butler (Ed.), *Early intervention I: Working with infants and toddlers.* Gaithersburg, MA: Aspen publication.

Ratner, V. & Harris, L. (1994). *Understanding language disorders: The impact on learning.* Eau Claire, WI: Thinking Publications.

Reed, V. A. (1994). *An introduction to children with language disorders* (2nd ed.).

New York: Merrill.

Sameroff, A. & Fiese, B. (1990). Transactional regulation and early intervention. In S. Meisels & P. Shonkoff (Eds.), *Early intervention: A handbook of theory, practice and analysis*. New York: Cambridge University Press.

Sanders, D. A. (1977). *Auditory perception of speech: An introduction to principles and problems*. Englewood, NJ: Prentice-Hall.

Scherer, N. & Olswang, L. (1984). Role of mothers' expansions in stimulating children's language production. *Journal of Speech and Hearing Research, 27*, 387-396.

Schwartz, R., Chapman, K., Terrell, B., Prelock, P., & Rowan, L. (1985). Facilitating word combination in language-impaired children in discourse structure. *Journal of Speech and Hearing Disorders, 50*, 31-39.

Solomon, C. S., Wilson, D.O., & Galey, G. S. (1982). Project DEBT: Attempting to improve the quality of interaction among handicapped children and their parents. *Journal of the Association for Persons with Severe Handicaps, 7*, 28-35.

Tannock, R. & Girolametto, L. (1992). Reassessing parent-focused language intervention programs. In S. Warren & J. Reichle (Eds.), *Cause and effects in communication and language intervention* (pp. 49-80). Baltimore, MA: Brookes Publishing.

Van Riper, C. (1963). *Speech correction: Principles and methods* (4th ed.). Englewood Cliffs, NJ: Prentice-Hall.

Waryas, C. & Stremel-Campbell, K. (1983). *Communication training program*. New York: Teaching Resources.

Wedell, K. (1995). *Putting the code of practice into practice: Meeting special educational needs in the school and classroom*. Institute of Education, University of London.

Weiss, A. (1993). Planning language intervention for young children. In D. Bernstein & E. Tiegerman (Eds.), *Language and communication disorders in children* (pp. 229-324). New York: Merrill.

Wepman, J. M., Jones, L. V., Bock, R. D., & Van Pelt, D. (1960). Studies in aphasia: Background and theoretical formulations. *Journal of Speech and Hearing Disorders, 25*, 323-332.

Whitehurst, G., Fischel, J., Lonigan, C., Valdez-Menchaca, M., Arnold, D., & Smith, M. (1991). Treatment for early expressive language delay. *Topics in Language Disorders, 11*, 55-68.

第 5 章

提昇語意能力的教學

壹、前言

　　語意是語言組成的要素之一，主要是與語言中詞彙、片語（詞組）及句子的意義有關。在最基本層面上，語言的應用就是依賴詞彙傳達溝通的意義或內容。例如：單詞期的幼兒說出「去」這個詞彙，所表達的意義可能是「媽媽趕快開門帶我去屋外玩」。又例如：一個英語能力有限的台灣人所說的不合乎語法規則的句子，亦能被美國人理解，讓溝通持續下去，最主要的原因就是可以由詞彙猜測句意。詞彙或語意是溝通的中心，因意義的理解才是重點，音韻、語法及語用只是表達這意義的形式或人際互動準則。

　　語言的學習與發展必須先由詞彙開始。在兒童語言習得的過程中，他們會將在有意義的情境中所聽到的口語訊息，以語音的形式與意義聯結，儲存在其語言／認知的內在表徵系統中。例如：將聽到的詞彙與情境中相對應的物品、事件、動作、人物等聯結、表徵在此系統中。而當兒童開始學習使用口語表達其意念時，即會將其儲存在內在表徵系統中的音韻形式、意義，以神經、肌肉動作協調的方式再現出來。隨著年紀的增長，兒童所儲存或表徵的詞彙、慣用語會愈來愈多、愈複雜，其口語表達的能力也會愈來愈順暢，愈來愈自動化。在其持續的語言學習過程中，兒童也會應用已建立的語言知識處理其所聽到的口語訊息，學習新的詞彙、成語的意義。

　　雖然兒童語意的發展看似再簡單不過了，但其中所涉及的概念建立、符號—概念連配、記憶儲存、語意組織、知識建構等認知處理歷程卻是極複雜的高層次心智活動。在特殊教育中，很多障礙兒童可能因感官、大腦神經、認知上的缺陷或學習的問題，使其在上述詞彙學習、詞彙—概念連配、語意網路組織的建立面臨較大的困難，而造成語意發展的問題。語意能力的缺陷除了會影響其人際間的溝通之外，亦可能會影響學

習的成效。也因此，如何提昇這些學童的語意能力，常常也是特教教師
與語言治療師所必須考慮的介入重點之一。

貳、身心障礙兒童的語意問題

　　過去的研究發現，身心障礙兒童的語意問題，可能嚴重至完全沒有
任何詞彙出現，或是詞彙習得速率慢、理解及使用的詞彙較少、語意網
路較窄、對比喻性或抽象語言的理解／應用能力較差、詞彙尋取困難、
較難將語句之間的意義做整合等。茲將這些語意問題彙整如下：

一、詞彙廣度與深度發展的問題

　　很多障礙兒童普遍都有詞彙能力不足的問題。說話遲緩幼兒（late
talker）的鑑定標準即是在兩歲時尚未發展出五十個表達性詞彙（Paul,
1996; Rescorla, 1989）。聽障兒童的詞彙發展大約落後一般聽常兒童二至
三年（Smiley & Goldstein, 1998）。特定型語言障礙兒童、語言學習障礙
兒童的詞彙量較少，而且都是限於高頻詞或音節較短之詞彙（Kuder,
1997）。此外，他們在習得動詞詞彙與英文中動詞片語的介詞（如：put
down, pick ***up***）亦有較大之困難（Loeb, Pye, Redmond, & Richardson, 1996;
Watkins, 1994）。智能障礙、聽覺障礙、語言障礙兒童習得的詞彙以表徵
具體意義為主，他們對與空間、時間序列有關的詞彙的理解與應用也有
較大之困難。而在敘事（narrative）的表現，則常出現所使用的總詞彙
數、相異詞彙數遠低於一般兒童，在連接詞的使用上有不清楚與錯誤之
現象，或是過度使用「多用途詞彙」，如：「這個」、「那個」、「東
西」、"stuff/thing"（林寶貴、錡寶香，2002；錡寶香，2001，2003；Paul,
2001; Smiley & Goldstein, 1998）。儘管障礙兒童在詞彙學習方面有較大之
困難，但研究亦發現他們的發展類型與一般兒童並無不同，只是速率較

慢，而需要在環境中有更多次機會的接觸與學習方能精熟該詞彙（Rice, Buhr, & Oetting, 1992）。

二、詞彙意義過度類化

　　幼童在語言習得的過程中會出現過度類化或過度延伸詞彙意義的現象，例如：習得「球」這個詞彙之後，看到圓形的東西都會說「球」（如：西瓜、地球儀、圓形的石頭）。習得「時鐘」這個詞彙之後，會將體重計、磅秤也說成是「時鐘」。又例如：習得「貓咪」這個詞彙之後，也指稱兔子、浣熊為「貓咪」。雖然將詞彙意義過度類化（overgeneralization or overextension）是幼童語言發展過程中必經的階段，但學前語言障礙兒童出現此現象持續的時間卻遠比一般兒童還長（Smiley & Goldstein, 1998）。另外，學齡階段兒童如果無法將詞彙意義限制在其特定的意義上，則一樣會出現詞彙使用錯誤的現象。例如：用「禮貌」這個詞彙表達守時、體貼的概念（Wiig, Freedman, & Secord, 1992）。

三、詞彙錯用

　　障礙兒童的語意錯誤亦包括在述說的話語中使用與語境不合的詞彙，或是自創在語言系統中不存在的詞彙。詞彙選擇不當或錯誤可能是因兒童誤解語意關係、學習時音韻編碼錯誤、詞彙尋取困難或是未習得正確之詞彙。例如：「這枝鉛筆有多高？」、「公車騎到一半」、「煮了生日蛋糕」、「火車問汽球一起比賽」、「兩隻頭」、「將撈魚說成玩魚」、「將噴霧器說成吹煙機」等（林寶貴、錡寶香，2002；曾怡惇，1992；錡寶香，2001，2003；Smiley & Goldstein, 1998）。

四、多義詞理解的困難

　　語言系統中很多詞彙同時都表徵多種意義，例如：中文裡的「遭遇」

可能有碰到與境遇之意，而「出入」、「做夢」、「充電」等亦有雙重意義，其解釋需依賴語境與溝通情境。又例如：英文中的 "run" 既可是「跑」，亦有「經營」、「通過」等之意。而 "sound" 則有「音聲」、「健全」、「聽起來」等意思。研究發現障礙兒童在多義詞的理解或應用，常常會固著於最先學到的詞彙意義，而無法理解該詞彙會因使用與情境而有不同的意思。例如：學障兒童聽到媽媽說：「那個人很油條。」就會問媽媽：「他在賣油條嗎？」或是聽到新聞說：「狠心媽媽將女兒推入火坑。」會問：「那她會不會被燒死了？」聽到："a trip to the mouth of the Mississippi River"，會問 "What does it eat ?"（Smiley & Goldstein, 1998）。

五、象徵性／比喻性語言的問題

象徵性／比喻性語言（figurative language）乃指使用詞彙、語句所表達的抽象概念，是無法只按表面或字面之意解釋；意即不使用直接相對應的用語表達想法，卻使用需要再進一步思考的話語來說明某個想法。在日常生活中我們常常會用到不同類型的象徵性語言表達感覺、情緒或想法。例如：「媽媽妳好漂亮喔！好像檳榔西施」、「身居斗室，氣吞宇宙」、「我氣得心臟都要炸開來了」、「女人心海底針，我真是搞不懂妳在想什麼」、「牛牽到北京還是牛」等。學習正確解釋及適當使用象徵性語言，對學童的人際社會互動與學習是相當重要的，因為在教材中常是充滿象徵性／比喻性語言，而同儕之間的話語溝通，也常涉及象徵性／比喻性語言。研究發現，特殊需求兒童在象徵性／比喻性語言的學習有極大的問題，他們在明喻、隱喻、成語、俚語的理解與應用上常出現困難（Nippold, 1998）。

六、詞彙尋取困難

過去的研究發現很多特定型語言障礙兒童、學障兒童、閱讀障礙兒

童以及腦傷兒童（Traumatic Brain Injury, TBI）在語言／閱讀／書寫表達的障礙之外，亦伴隨詞彙提取的困難（German, 1994; Owens, 1999）。研究顯示這些兒童在立即快速唸名（confrontation naming）、說出反義詞、詞彙定義的表現比同儕差，出現更多的錯誤，而且唸名或回應的速度比較慢（Gerberg, 1993; Wiig et al., 1977）。

七、語意組織的問題

　　語言的表達不是只限於詞彙、語句層面而已，個體無論是在敘述個人經驗、描述事件、回答問題、組織上課內容並重述，都會使用多語句串聯成小篇章將敘說內容依其組織順序說出來。然而語言障礙兒童雖然很愛說話，但常常說了一大堆也只是不斷重複一些細微不重要的細節，而且敘事的內容也常常是非常無組織（錡寶香，2003；Smiley & Goldstein, 1998）。

參、語意的評量

　　語意主要是指語言中的意義系統，也是語言要素中所指稱的內容（content）。此外，語意也強調語言與知識之間的關係，語意知識可視為認知知識的一部分。也因此，語意的評量主要即在評量個體的概念或世界知識，或是其使用詞彙、成語、諺語等表徵概念的能力。

　　錡寶香（1999）指出語意評量的主要目的是要了解兒童：(1)對詞彙意義的了解；(2)詞彙定義的能力；(3)對同義詞的應用、理解能力；(4)對反義詞的應用、理解能力；(5)說出詞彙所表徵概念之間的相似或相異關係；(6)詞彙誤用的偵測與更正的能力；(7)理解與應用象徵性語言的能力。而其評量則可採取下列方式：

　　一、聽詞指圖：本項施測方式為請兒童在聽到某個詞彙之後，由幾

張圖片中選出代表該詞彙的選項。國內目前最常使用的為「畢保德圖畫測驗」（陸莉，1988）。另外，測試表達性詞彙能力，則是請兒童說出圖片的名稱；但目前國內並未有此種類型的標準化評量工具。

二、詞彙定義：本項測試方式為請兒童針對某個詞彙，提供適當的描述與解釋。

三、同義詞、反義詞的舉例：本項測試方式為請兒童針對測試題目，提供相近意義或相反意義的詞彙或成語。

四、類別關係判定：本項測試方式為請學童針對一組詞彙，說出其中的關係，例如：「馬鈴薯、芋頭、地瓜、蘿蔔」（都是根莖類食物）。另外，為了解兒童的詞彙語意概念，也可變化上述的題目設計，改成請兒童找出不該和其他詞彙放在一起的詞彙，例如：「書本、雜誌、報紙、時鐘」。

五、詞彙誤用的偵測與更正：本項測試除了可以評量語意能力之外，也可用來了解兒童的語意覺識能力。教師可設計語意錯誤、矛盾的語句，或是使用錯誤詞彙的語句，讓兒童聽取之後，找出其錯誤之處並提供正確話語。例如：「大象、乳牛都是家禽」。

六、象徵性語言的理解：語意也含括象徵性語言的層面，因此象徵性語言能力的評量也是必要的一部分。其評量方式為發展明喻、隱喻、成語、諺語等測試題目，測試兒童是否理解。例如：「有兩個學生在說他們老師很像一部活字典。是什麼意思？」

七、自發性語言樣本中語意項目的分析：錡寶香（2001）也指出蒐集兒童的自發性語言樣本也可用來分析其語意能力，包括：總詞彙數（total words）、相異詞彙數（different words）、校正後相異詞彙─總詞彙比例（corrected type-token ratio）、成語／諺語數等。

綜合上述，詞彙是語意的基礎，其評量方式可由詞彙理解與表達來看，也就是使用指圖說出詞彙或是指認詞彙配合圖畫，來了解兒童的詞彙能力。但由此種方式所測得的詞彙能力或語意能力，其實並無法深入了解兒童詞彙的廣度與深度，或是對詞彙所代表的概念之理解。另外，詞彙定義、說出同義／反義詞，或是說出詞彙所表徵的概念類別等，也

常是用來評量兒童語意能力的一種方式。再者，蒐集兒童自發性語言樣本，分析其所使用的詞彙廣度、深度，以及象徵性語言，也是了解兒童語意能力的方式之一。最後，目前國內可用來了解兒童語意能力的標準化測驗工具，包括：「畢保德圖畫詞彙測驗」（陸莉，1988）、「兒童口語理解測驗」（林寶貴、錡寶香，1999）中的「語意判斷」與「短文理解」分測驗。而「魏氏兒童智力量表」（陳榮華，1997）中的「常識測驗」、「類同測驗」、「詞彙測驗」、「理解測驗」等分測驗亦可用來測試兒童的語意能力。

肆、語意的介入

語意主要是指詞彙、語句以及象徵性語言之意，而兒童的語意問題主要是在詞彙意義、詞彙的廣度／深度、詞彙的提取與儲存、詞彙庫、語意網路的建立等認知運作、象徵性語言的理解與應用，因此語意介入的重點常常放在這些層面上。茲將相關的介入策略與活動說明如下：

一、詞彙教學

詞彙指稱或表徵世界上人、事、物及其之間的概念或知識。詞彙的學習是兒童與外在世界互動，或經由實際經驗所建立的一種符號表徵與概念連結的產物。據此，教學時可根據下列原則設計教學活動：⑴使用實際物品提供相對應的名稱；⑵示範實際的動作並提供相對應的名稱；⑶在不同情境中，提供詞彙輸入與學習的機會；⑷教導的詞彙應與句子配合使用，例如：「你贏了。你又贏了。你贏了三次。」⑸在提供的語言輸入中同時使用例子與非例，例如：「哇！這裡有好多文具，有鉛筆、橡皮擦、原子筆、尺。但是，這雙筷子不是文具。」⑹使用視覺意象建立詞彙與知覺概念的連結，例如：使用圖卡、畫畫、錄影帶、電腦圖庫、

電腦輔助教學等；(7)使用做中學的活動學習詞彙，例如：使用腳本活動的語言介入策略，與兒童一起做活動並在活動進行過程中提供語言輸入，說出用到的材料、動作的名稱。美勞、音樂、舞蹈、遊戲、競賽、科學實驗、種植花草、做點心、打果汁、泡花茶等活動都可用於語言介入活動中；(8)說故事、唸讀報章雜誌文章也可幫助詞彙學習，例如：故事插圖中或是《國語日報》／兒童版的新聞裡會出現新的詞彙，教學時可趁機將插圖與詞彙連配引導學生習得新詞彙，或是舉具體的例子與非例說明新詞彙之意；(9)卡通影片中的對話也可成為詞彙學習的教材。教學時一樣可趁機將畫面與詞彙連配，引導學生習得新詞彙，或是舉具體的例子與非例說明新詞彙之意；(10)全語言模式的教學，將口語與書面語言結合，整合聽說讀寫活動，學習新詞彙。

　　另外，教師與家長常常認為兒童應該已理解與學校中教學、學習有關的詞彙，但是事實上很多特殊需求兒童可能並不完全理解這些詞彙，包括：聽從指示、問題解決、數學應用題中所使用的詞彙等（Smiley & Goldstein, 1998）。也因此教學時應將這些詞彙做為介入的目標。

　　最後，因語意主要是指詞彙所指稱的物品、事件或抽象狀態之意，以及句子之意。因此，在教學時可根據下面幾項語意相關內涵設計活動：(1)指圖或指物說出人、物、事、活動之名稱；(2)類別觀念或類別關係詞彙（如：交通工具、文具、情緒等）；(3)同義詞、反義詞；(4)詞彙定義；(5)概念教學；(6)想像；(7)親戚關係、空間關係、比較關係；(8)象徵性語言或抽象語言（如：明喻、隱喻、口語類推、成語）；(9)預測等。

　　另外，為了幫助兒童發展更完整／深入整合、有組織的詞彙庫，亦可使用下列提昇語意能力的教學活動。茲將一些教學活動概略介紹如下：

　　(一)詞彙比較：增加詞彙知識可以增強儲存強度，進而幫助兒童深入整合以該詞彙為中心的網路連結。如：提供兩個或多個詞彙讓兒童比較其相似性與相異之處（如：飯店／飯廳），並同時介紹相關但不一樣的例子（如：飯盒、飯桶、飯碗、飯菜）。

　　(二)分類遊戲：此項活動主要是幫助兒童有系統的組織其詞彙庫，可採用的教學活動包括：(1)說出物品的類別（如：葡萄汁是飲料）；(2)說

出不同類別下的物品名稱（如：飲料—咖啡、果汁、可樂）；⑶說出相同詞素的詞彙（如：電話、電腦、電視、電鍋等等／西瓜、南瓜、冬瓜、絲瓜等等）；⑷說出卡通影片中的人物（如：皮卡丘、櫻桃小丸子、櫻木花道等）；⑸提供很多詞彙請其說出各種可能的分類方式（如：蘋果、楊桃、西瓜、蓮霧、辣椒、苦瓜、南瓜、白菜、蕃茄）；⑹知覺層面相似性的分類（如：葡萄、草莓、荔枝、龍眼、蕃茄、蘋果、南瓜、青椒、玉米、橘子）；⑺空間／地點關係的分類（如：日本、英國、美國、台灣、韓國、墨西哥、德國、瑞典等）；⑻說出詞首為相同語音的詞彙（如：他們、台灣、太太、桃子、頭髮、貪心、糖果、天空、兔子、土地、圖畫等）；⑼詞彙押韻的分類（如：果凍、山洞、煙囪、恐龍、水桶、鞠躬、時鐘等）。

㈢唸名／描述活動：提供一張圖片，請學童說出該詞彙名稱，並描述相關之功能、特徵、屬性或經驗。如：請兒童看一張腳踏車圖片，並說：「這是腳踏車，腳踏車是一種交通工具，它有兩個輪子。我們騎腳踏車時要踩踏板。騎腳踏車也是運動的一種，可以健身增強體力。」

㈣詞彙連結：提供幾個詞彙請兒童依照其關係說出其他詞彙名稱。如：語言治療師說「紅色、白色、_____、_____……」，兒童需立即說「藍色、綠色」或其他顏色的名稱。

㈤句子分析整合：此項教學的目的是讓兒童可以經由句子中詞彙之間的關係去整合其意，以便經由深入的分析建立該詞彙的意義表徵，及了解其在句子層面的應用方式。例如：「上禮拜六、日，我們去森林裡露營」、「我們去車站搭火車上台北拜訪阿姨」。

㈥開放式句子填空：由於詞彙的記憶與深入整合若能經過深層處理，其效果會更好，因此採用開放式句子的填空方式教學，將使學童以語意／語法處理來組織與記憶該詞彙。例如：「我們用牙膏_____」、「郵差幫我們_____」、「醫生幫我們_____」、「浴室裡有浴缸，廚房裡有_____」、「醫院裡有醫師、教室裡有_____」。

㈦列出特徵或功能：提供一個詞彙，請兒童說出其特徵或功能。例如：「印表機」、「粽子」、「字典」。

(八)知覺訓練：同時應用圖畫意象及聽覺輸入，增強兒童的詞彙記憶。教學時，請兒童閉上眼睛想想該詞彙所指稱的物品／事件的意象，並默默重複唸名。例如：學習「蛋塔」這個詞彙時，請兒童回想其形狀、顏色、味道，同時不斷默唸「蛋塔」。

(九)幫助兒童建立詞彙與屬性、類別、功能的連結：教導小朋友問下列問題：(1)看（聽、聞、嚐、摸）起來像什麼？(2)屬於什麼類別；(3)常與什麼連結在一起（Parente & Hermann, 1996）。

(十)詞彙記憶策略或關鍵詞策略：此種教學可以增加兒童對新詞彙的深入整合及記憶回述的能力。教導新詞彙時，可以將其與一些在音韻／視覺相似的已習得之詞彙連結在一起，例如：昏迷／昏暗、著涼／著急／著慌。接下去再以圖片或書寫文字描述連結兩個詞彙。如：「他在昏暗中昏迷」、「弟弟著涼了，媽媽很著急」、「她家失火了卻沒人幫忙救火，讓她很失望」、「妹妹以為魔術師就是有魔法的人」。經由這樣的安排，介入目標乃可進入深層處理。

(十一)語意特徵分析（semantic feature analysis）：語意特徵分析是以列表的方式，幫助學生發展與新字彙有關之概念結構、特徵。實施步驟如下（詳如表5-1）：

步驟一：教師先選一個代表課文主題的詞彙或詞組（如樂器）。

步驟二：教師接著列出一些與主題相關的詞彙（如：小提琴、鋼琴）。

步驟三：教師再列出一些與主題有關的共同特徵（如：弦、敲打）。

步驟四：教師鼓勵學生加進一些相關的詞彙、特徵。

步驟五：教師鼓勵學生比較不同詞彙的特徵，具有某項特徵使用「＋」符號，未具有某項特徵，則使用「－」符號。

使用語意特徵分析不但可以幫助學生字義、概念的發展，訓練其推理、思考能力，更可以提昇其語用或溝通能力，因為在討論中，他們需提出自己的看法、建議，並說服同學。

(十二)加強詞彙音韻特徵的儲存：此項教學與音韻覺識的教學一樣，目的為幫助兒童理解、辨識詞彙中的首音為何，以及組成的音節數目。例如：教導學童「蘋果」中的第一個語音是「ㄆ」，而其音節數為 2。

表 5-1　語意特徵分析表

	弦	吹	敲打	撥響	用手壓
豎琴	＋	－	－	＋	－
小提琴	＋	－	－	＋	＋
鋼琴	＋	＋	－	－	＋
豎笛	－	＋	－	－	＋
大鼓	－	－	＋	－	－
長笛	－	＋	－	－	＋
鈴鼓	－	－	＋	－	－

「筆」中的第一個語音是「ㄅ」，而其音節數為 1，但是「鉛筆」中的第一個語音是「ㄑ」，而其音節數則為 2。而在教學時，可同時根據音節數打拍子。

二、語意網路

　　詞彙語意網路的建立，是將新學得的詞彙與舊有已學得的詞彙概念，比較其相似與相異性的一種認知處理歷程。設計語意網路圖可以幫助兒童學習新詞彙並增強舊詞彙的概念，將詞彙與世界知識連結、整合在一起。另外，經由視覺意象的輔助，也能幫助兒童組織其語意網路。根據 Hoggan 與 Strong（1994）的建議，語意圖的建構可根據下列步驟：(1)教師、學生一起腦力激盪想出以某個詞彙為中心的相關詞彙並製作成詞彙單；(2)將想出來的詞彙依其語意類別關係分類；(3)依據這些關係畫出語意網路圖。圖 5-1 即為冰淇淋的語意網路圖。

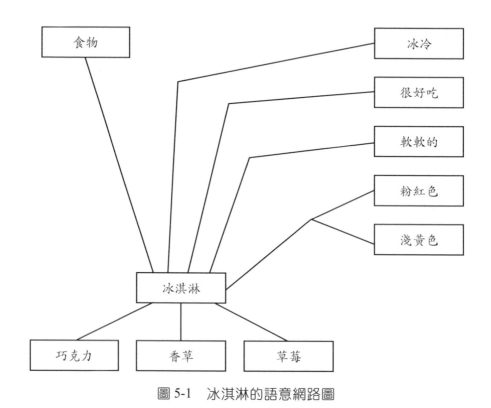

圖 5-1　冰淇淋的語意網路圖

三、語意整合

　　語意整合乃指將幾個語句中的概念／訊息統整在一起的能力（Paul,
2001）。無論是在口語的聽取或書面語言的閱讀，兒童都需要將一段話
語整合理解其意。然而，對語言障礙兒童而言，他們可能就會面臨有聽
沒有懂，有讀不知其意的困境，即便是他們都能唸讀、理解聽／讀到的
語句中的詞彙。因此提供語意整合的教學也是有其必要性。茲將相關教
學活動介紹如下：

1.連環圖卡猜猜看

　　教師可購買圖卡故事書，或是自己設計具有因果關係或是前後順序關係的故事，並據此畫出一組與故事相對應的圖卡（四或五張）做為教材。教學時，可將圖卡放在桌上，請兒童依照其因果關係、事件的發生順序等排列，並解釋為什麼排出這樣的順序；或是亦可請兒童敘說圖卡內的故事，同時訓練其口語表達能力。另外，教師亦可將一套圖卡中的最後一張先藏起來，請兒童猜猜看下一張圖卡的內容是在說什麼。此外，教師亦可故意拿別套圖卡中的某一張圖片與結局的圖片，請兒童選擇，並說明為何選擇某一張。

2.預測與解釋

　　教師可應用兒童讀物的內容做為介入的教材。教學時，教師唸讀小部分故事的內容，請兒童預測接下去之內容。另外，教師亦可使用兩個玩偶各自說出不同的下文，請兒童說出哪一個玩偶說得比較合理或正確，並解釋為什麼正確。

3.上下文走迷津

　　教師可使用課程內容、報章雜誌、故事書或是自行寫下小篇文章做為教材，將文章中的句子分開置放在一張白紙上。教學時，請兒童先唸讀白紙上的每一句子，然後依照正確的前後文順序畫出路線圖。

4.語句配對

　　本項教學活動與語詞接龍類似，教學時，教師先由《國語日報》、兒童讀物、童話、故事書等讀物或教科書中，找出一些含有兩個以上子句的語句做為教材。將上下子句以電腦打字之後印出、裁剪，分裝在兩個小盒子中，請兒童由兩個盒子中各抽出一個子句，兒童唸讀或教師唸讀皆可（視兒童是否具有閱讀能力而定），再判斷其是否合理。

5.結局對對看

與上述「上下文走迷津」一樣，教師可使用課程內容、報章雜誌、故事書或是自行寫下小篇文章做為教材，但只給學生無結局的部分閱讀，將結局部分裝在信封中，請兒童抽出信封中的結局部分，唸讀之後，請其判斷是不是屬於其已唸讀的文章結局。如果不是，則需繼續抽取信封，直到找出相配的結局。另外，本項教學活動亦可使用小團體活動進行，讓兩組同學各持文章的一部分，兒童需要在教室中找到與其配對的半篇文章。

6.故事接龍

本項教學活動可以使用口述或寫作表達進行。教學時，兒童或教師先就單元主題說出一小段話，然後再合力完成一個小故事，並討論故事內容是否合理。教師可以故意說出不合理的結局，讓兒童發現並指出其不合理之處。另外，本項教學活動也是可使用小團體活動進行，讓幾位兒童合作創造出一個小故事，並一起討論故事內容，幫助兒童知覺上下文語句概念的相容或不相容，整合之後的語意。

四、象徵性／比喻性語言

象徵性／比喻性語言的發展是青少年語言發展的重要里程碑，然而語言障礙學生（學障、特定型語言障礙或語言學習障礙）或是聽障學生卻常常出現象徵性／比喻性語言發展的問題（Nippold, 1998）。另外，由小學中高年級開始，課程與閱讀素材中的象徵性／比喻性語言會愈來愈多，而語言障礙學童或特殊需求學童的閱讀能力又普遍較差，因此使其更難由閱讀中學習到語言的非字面意義之應用（Paul, 2001）。有鑑於此，語言介入活動有必要幫助他們發展出適當的象徵性／比喻性語言技能。茲將相關的教學活動介紹如下：

1.明喻的理解及應用

由於很多學齡階段語言障礙學童對明喻的理解或應用有困難，因此可以此做為教學目標。首先，可使用圖片、錄影帶，說明並突顯兩個詞彙間的關係或相似性，例如：「老師的鞋子像船一樣」可比較鞋子與船的形狀，並特別標明鞋子很大（如：48 號的運動鞋與 30 號的運動鞋之比較）。再近一步突顯像的用法。等學童已較理解之後，再使用別的具體例子示範明喻的用法，如：「蜂鳥像一架直昇機」、「媽媽的頭像個鳥窩」。另外，在教學時也可故意設計不適當的明喻之例子，讓學童可發展出更清楚的明喻概念。例如：可以用「月亮像芭樂」與「月亮像香蕉」的例子來說明。最後，教師可發展詞彙之間可配對形成明喻的詞彙單（如：眼睛、蛇、星星、河流），再請兒童將其兩兩配對，造出明喻的句子（如：她的眼睛好像星星一樣）。詞彙單可以含括四、六、八、十、十二個或更多個的詞彙。此外，亦可請兒童自己或與同學配對去找出可做為明喻練習的詞彙組，寫在筆記本上或儲存在教室專屬的電腦檔案中。

2.隱喻的理解及應用

隱喻與上述明喻不同的是並未使用「像」、「如同」等詞彙，因此在教學時更需標明詞彙間概念的相關性。例如：在「她的裙子是抹布」的句子中，語言障礙學童可能會就字面上的意義去解釋，因此需更特別標明裙子與抹布間的關係。此外，亦可將明喻的用法再次說明，讓學童比較兩種用法。而如同上述「明喻」的教學一樣，教師可發展詞彙單，並據此練習隱喻的用法。最後，教師亦可請兒童唸讀一段文章，或是聽老師說出一段話，並找出其中所使用的隱喻例子。

3.猜謎語

教學時，說明解開謎題的關鍵詞，及語言與謎底之間的相關。例如：在「不上不下不歪不正，千根線，萬根線，落在水裡就不見」的謎語中，教師可依據上面的描述逐句說明「雨」的特徵，引領學童去注意語言所

指稱的意義，並整合前後句所表達出來的概念，形成假設獲得結論。

4.成語、諺語、慣用語之解釋

成語教學時，教師需先設計幾個適當的情境，應用某介入目標之成語，並解釋、突顯其與該情境中的相關性。例如：綁手綁腳、如坐針氈。可先具體呈現此二成語的狀況，再討論、說明其感覺，並與已列舉的使用情境做比較。等待學童已理解後，提出幾個具體的例子，請其應用該成語。此外，在教學時，亦可配合短文的閱讀與造句的書寫。

5.成語挑錯

由於成語的學習算是比較困難，教學時教師亦可設計包含數個錯誤使用成語的口述短篇故事，或請學童閱讀出現數個成語誤用的小段落文章，再請其找出錯誤的成語。

6.語言非字面意義的強調之理解與應用

學齡階段語言障礙學童常常無法理解語言中非字面的意義（non-literal meaning），因此在教學時可協助其理解在溝通互動中，為了增加訊息的重要性，或強調其描述之程度，常常會故意誇張表達的部分。例如：在「我笑到頭都快斷了」的句子中，可說明頭會斷掉的所有狀況，而至目前為止沒有人會笑到頭斷掉。並進而說明好笑的狀況，再將這些概念聯結，以理解其非字面之意。又例如：在「我跟你講過幾千次了，你要記得帶鉛筆盒」的句子中，特別標明不可能真的說幾千次，讓學童理解這是為了說明與強調「一定要記得帶鉛筆盒」的重要性。

7.口語類推（verbal analogy）

語言是個體用在問題解決、計畫、組織、預測、假設等高層次心智活動的工具，如果無法適當的使用語言擴展思考，對學習一定會產生某種程度的負面影響，因此語言介入也會使用口語類推教學活動來幫助障礙兒童發展使用語言推論、思考之能力。茲將改編自 Masteron 與 Perrey

（1999）所建議的口語類推教學步驟說明如下：

步驟一：發展可用於口語類推之詞彙單，例如：「耳環／耳朵、項鍊／脖子」、「白色／黑色、白天／晚上」、「高／矮、胖／瘦」、「夏天／炎熱、冬天／寒冷」、「帽子／太陽、雨傘／下雨」。

步驟二：使用圖片或字卡，將具有類別或主題關聯的兩個項目配對。例如：「耳環／項鍊、耳朵／脖子」或是「耳環／耳朵、項鍊／脖子」。

步驟三：說明兩樣概念之間的關係。例如：可以用圖卡說明「耳環—耳朵」、「項鍊—脖子」之間的關係。

步驟四：示範將「耳環—耳朵」、「項鍊—脖子」的關係，應用在「耳環相對於耳朵就如同項鍊相對於脖子」的句子中。

步驟五：使用其他口語類推的句子，請兒童說明、解釋其中之關係。教學時，可故意使用錯誤類推的句子，以激發兒童去思考詞彙之間的彼此關係。

步驟六：教師準備含有口語類推句子的短文，請兒童指認出來，並說明、解釋其中之關係。

步驟七：學生練習說出或寫出含有口語類推的句子。

8.象徵性／比喻性語言大蒐集

　　為了幫助學童提昇象徵性／比喻性語言的理解與應用能力，教師亦可請兒童設計象徵性／比喻性語言的筆記本，將在報紙上、媒體廣告、漫畫上所看到的明喻、隱喻、謎語、口語類推等的例子記下來，帶到學校與同學分享，一起討論哪一個例子最有趣，哪一個最不適當。

伍、結語

　　語言最重要的功用乃在於傳達與接收、解釋溝通訊息之意，因此了

解詞彙、話語的意思，並了解在不同或特定的情境中，語句的意義就顯得相當重要。也因此，如果兒童的詞彙、語意能力不足，自然會影響其溝通、思考與學習。有鑑於此，如何提昇這些兒童的語意能力，常常也是特教教師、語言治療師與家長應努力的方向之一。教師在教學時應根據學童的語意發展水準，與日常生活需求，設定教學目標。此外，進行介入教學時，應整合聽、說、讀、寫活動，讓學童理解詞彙所代表之意，或是象徵性語言所代表的意義。另外，語言介入的最終目的為將所學得之技能類化至日常生活中，因此上述有些分類、比較的教學活動，可變化成要求兒童在日常生活的各項事件中應用這些技能，如：列出超級市場購物單、家事分類、準備度假旅遊應帶物品的清單。再者，由於語言介入活動應以最自然的對話方式進行，因此教學時可使用討論、遊戲、競賽、美勞活動、腳本活動等方式，幫助兒童增強詞彙知識與儲存的強度，以及詞彙知識的深入整合。最後，基本上語言在本質與使用方面是無法切割成音韻、語意、語法、語用等要素，但為了敘說、解釋方便，本章還是將重點放在語意層面的介入與教學。但是考量語言的完整性，在教學時如果強調的是新詞彙或新語意技能的習得，則可盡量將說明、溝通的語句控制在簡單句上面，如此較不會因語法的複雜與困難，而影響學童詞彙、象徵性語言的學習，或語意網路深入整合的處理。

✻參考文獻

林寶貴、錡寶香（1999）。兒童口語理解測驗。台北：教育部。

林寶貴、錡寶香（2002）。聽覺障礙學童口語述說能力之探討：語意、語法與迷走語之分析。特殊教育研究學刊，22，127-154。

陸莉（1988）。畢保德圖畫詞彙測驗。台北：國立台北師範學院。

陳榮華（1997）。魏氏兒童智力量表（第三版）。台北：中國行為科學社。

曾怡惇（1992）。台北市國小啟智班中度智能不足兒童與普通兒童口語表達能力之比較研究。國立台灣師範大學特殊教育研究所碩士論文（未出版）。

錡寶香（1999）。語言的評量。載於王亦榮等著，特殊兒童鑑定與評量（頁167-188）。台北：師大書苑。

錡寶香（2001）。國小低閱讀成就學生的口語述說能力：語言層面的分析。特殊教育學報，15，129-175。

錡寶香（2003）。國小低閱讀能力學童與一般閱讀能力學童的敘事能力：篇章凝聚之分析。特殊教育研究學刊，24，63-84。

Gerberg, A. (1993). *Language-related learning disabilities: Their nature and treatment*. Baltimore, MA: Paul H. Brookes.

German, D. J. (1994). Word finding difficulties in children and adolescents. In G. P. Wallach & K. G.. Butler (Eds.), *Language learning disabilities in school-age children and adolescents* (pp. 323-347). New York: Macmillan.

Hoggan, K. & Strong, C. (1994). The magic of "Once upon a time": Narrative teaching strategies. *Language, Speech, and Hearing Services in Schools, 25*, 76-89.

Klein-Konigswberg, H. (1984). Semantic integration and language learning disabilities: From research to assessment and intervention. In G. P. Wallach and K. G. Butler (Eds.), *Language learning disabilities in school-age children*. Baltimore, MD: Williams & Wilkins.

Kuder, S. (1997). *Teaching students with language and communication disabilities.*

Boston, MA: Allyn & Bacon.

Loeb, D., Pye, C., Redmond, S., & Richardson, L. (1996). Eliciting verbs from chil-drne with specific language impairment. *American Journal of Speech-Language Pathology, 5*, 17-30.

Masteron, J. J. & Perrey, C. D. (1999). Training analogical reasoning skills in children with language disorders. *American Journal of Speech-Language Pathology, 8*, 53-61.

Murray, S., Feinstein, C., & Blouin, A. (1985). The Token Test of Children: Diagnos-tic patterns and programming implications. In C. S. Simon (Ed.), *Communica-tion skills and classroom success: Assessment of language learning disabled stu-dents*. San Diego, CA: College-Hill Press.

Nippold, M. (1998). *Later language development: The school-age and adolescent years*. Austin, TX: Pro-Ed.

Owens, R. E. (1999). *Language disorders: A functional approach to assessment and intervention* (3rd ed.). Boston, MA: Allyn & Bacon.

Parente, R. & Hermann, D. (1996). Retraining memory strategies. *Topics in Language Disorders, 17* (1), 45-57.

Paul, R. (1996). Clinical implications of the natural history of slow expressive lan-guage development. *American Journal of Speech-Language Pathology, 5* (2), 5-22.

Paul, R. (2001). *Language disorders from infancy through adolescence: Assessment & intervention*. St. Louis, MO: Mosby.

Rescorla, L. (1989). The language development survey: A screening tool for delayed language in toddlers. *Journal of Speech and Hearing Disorders, 54*, 587-599.

Rice, M., Buhr, J. C., & Oetting, J. B. (1992). Speech-language impaired children's quick incidental learning of words: The effect of a pause. *Journal of Speech and Hearing Research, 35*, 1040-1048.

Smiley, L. R. & Goldstein, P. A. (1998). *Language delays and disorders*. San Diego, CA: Singular Publishing.

Watkins, R. (1994). Grammatical challenges for children with specific language imp-airment. In R. Watkins & M. Rice (Eds.), *Specific language impairments in chil-dren* (pp. 53-68). Baltimore, MD: Paul H. Brookes.

Wiig, E., Freedman, E., & Secord, W. (1992). Developing words and concepts in the classroom: A holistic-thematic approach. *Intervention in School and Clinic, 27*, 278-285.

Wiig, E. H., Lapointe, C. M., & Semel, E. M. (1977). Relationship among language processing and production abilities of learning disabled adolescents. *Journal of Learning Disabilities, 10*, 292-299.

第6章

提昇語法能力
的教學

壹、前言

　　語法乃指掌控、規範句子結構的規則系統。無論是口語或書面語言中，句子中不同詞彙的結合、排列順序都是依循語法規則而產生的。而語法規則知識的運作可以讓說話者產生無限的句子。由語言習得的觀點來看，兒童語法的學習必須由不斷輸入的語句中，抽取出抽象的規則，因此乃成為最困難的語言發展任務。在美國一九七○年代所發現的Genie例子，即可說明語法的學習遠比語意困難。Genie從嬰幼兒時期開始即被隔離在無社會互動、語言輸入的環境中，一直到十三歲被發現時，她只能發出「一一嗯嗯阿阿」的聲音，完全沒有任何語言理解與表達的能力。經過四年特殊教育、語言治療的介入之後，她的詞彙能力相當於一般五歲兒童，且她也能結合詞彙說出句子。但她所說的句子則像電報句（如：At school scratch face. Apple sauce buy store. Father take piece wood. Hit. Cry.），缺乏語法詞素（如：ed、ing）。此外，她對被動句、時態一致性的理解亦有極大的困難（Hoff, 2001）。Genie的例子說明了語法規則的抽取與建立，對語言學習者而言，實在是一件相當複雜與困難的事情。而這也難怪，在特殊需求學童中，聽障、智能障礙、學障、特定型語言障礙兒童都有語法發展上的困難。

　　國外研究發現習英文特定型語言障礙兒童的話語中常出現語法問題，包括：較晚出現詞彙結合的發展（Johnston, 1985）、動詞的學習與應用困難（Tomasello & Merriman, 1995）、時態問題（如：tense agreement，Daddy drive home. Mommy dancing）與不規則動詞變化（如：throwed、swimmed）（Leonard et al., 2002）。另外，學習障礙或語言學習障礙兒童的語法問題則計有：(1)句子中省略詞彙；(2)句子顛倒或替代的現象；(3)在助動詞、動詞、時態、介系詞、連接詞等方面有困難；(4)代名詞的使用上有困難；(5)單複數的變化使用有困難；(6)找出使用錯誤的語法結構

上有困難；⑺自發性語言樣本中所使用的詞彙數（如：每個 T 單位所使用的詞彙數）顯著低於同年級學童；⑻對比較級、最高級等句型的理解有困難（Donahue, Pearl, & Bryan, 1982; Gerber & Bryen, 1981; Sawyer, 1985; Siegel & Ryan, 1984; Snyder & Downey, 1991; Wiig, 1990）。

　　而智能障礙者的語法問題則包括：⑴詞彙結合較一般語言發展正常兒童晚出現；⑵常常只能將詞彙結合如同電報語表達複雜的意義，未能顧及語法規則；⑶常使用不完整句；⑷詞序顛倒；⑸句中所使用的詞彙較少；⑹很少使用結構複雜的句子；⑺句子中常有贅加詞彙；⑻代名詞的使用及理解有困難；⑼對否定句、被動句的理解較差；⑽句型結構簡單而零碎（林寶貴，1997；曾怡惇，1993；Bernstein & Tiegerman-Farber, 2002; Kuder, 1997; Owens, 1999; Paul, 2001）。聽障兒童的語法問題則包括：⑴詞類順序問題；⑵過度使用簡單句；⑶複句應用有困難；⑷關係代名詞的理解與應用有困難；⑸時態一致性問題；⑹常省略句中的詞彙（林寶貴，1997；曾怡惇，1993；Bernstein & Tiegerman-Farber, 2002; Kuder, 1997; Owens, 1999; Paul, 2001）。有鑑於特殊需求兒童普遍都會出現語法理解與使用的問題，因此這些兒童語言治療的目標應該都含括幫助其發展語法能力的計畫。

貳、語法的評量

　　語法是語言的形式（form）之一，主要是指將詞彙組成意義單位的規則。語法能力則為將詞彙組合形成有意義的片語、句子的能力。錡寶香（1999）指出接收性與表達性語法能力的評量方式包括：

一、語法理解

　　㈠聽話指圖的配對：本項測試為語法理解的評量方式，施測時由施

測者說出一句話，再請受試兒童由三或四張圖卡裡選出與該句話語符合、連配的圖卡內容。

(二)聽話表演（acting out）：本項測試方式為請兒童聽了某句話語之後，再做出某項動作。例如：聽到「小熊親小豬」這句話時，兒童會拿起小熊的玩偶親小豬。

(三)語法正確性的判斷：本項測試可以了解兒童的語法理解及語法覺識能力，其測試方式為施測者說出語法結構錯誤或正確的語句，再請兒童判斷該句話聽起來是否怪異（或正確、錯誤），並加以更正。

(四)語句理解問題的回答：本項測試方式為施測者說出含有某個語法結構的語句，再請兒童回答相關的問題。例如：「阿姨下個月將從台南搬到高雄」、「請問阿姨現在住在高雄嗎？」

二、語法表達

(一)句子仿說：本項測試方式為聽話之後再照本模仿說出來；施測時兒童在聽完某句話語之後，需要逐詞複述整個句子。本項測試可以評量兒童語法能力的假設為：「兒童應該較能輕易地重述含括其已習得的語法結構的句子，而對於那些含括其感到較大困難的語法結構的句子，則可能較無法輕易地仿說。」另外，如果語句超過工作記憶負荷，兒童的認知系統也可能需要重組句子，因此也會涉及語法的運作處理。

(二)語法完成：本項測試方式為施測者先說出一句含有某個語法結構的語句做為線索，再請兒童說出另一句。例如：「這是一朵花，那是＿＿＿＿（一本書）」。

(三)語句濃縮或句子結合：本項測試方式為讓兒童在聽完幾句話語之後，將其濃縮成為一個更精簡的語句。例如：「媽媽買了一件大衣。這是一件黑色的大衣。這件大衣是八千元」濃縮成「媽媽買了一件八千元的黑色大衣」。

(四)重組：本項測試方式為請兒童根據所提供的詞彙，組合成為一個合乎語法的句子。例如：「腳踏車」、「公共汽車」、「一輛」、「撞

上」、「一部」可組成「一輛公共汽車撞上一部腳踏車」。

㈤造句：本項測試方式為兒童根據某個語法結構造出合乎語法的句子。例如：「如果→如果我是總統，我一定會規定小學生放學回家不用做功課」。

㈥蒐集兒童自發性語言樣本：自發性語言樣本的蒐集方式包括：自然的交談對話、看圖說故事、重述故事、自創故事、描述事件經驗、說明遊戲、競賽的玩法、做完某項活動之後再詳述進行過程與細節等等。在蒐集完語言樣本之後，可分析兒童口語表達內容的語法層面。錡寶香（2001）曾列出下列幾種語法的分析向度，包括：總句數、不同句型、平均句長（mean length of utterance, MLU）、錯誤語句、連接詞／量詞／代名詞等錯誤使用等等。

綜合上述，語法的測試是非常複雜的，其測試著重在了解兒童對詞序安排、語法結構的理解與應用能力。一般而言，語法能力的評量設計可採用聽話指圖、遵循指令、回答問題、判斷語法正確性等方式來了解兒童的語法理解能力；而在語法表達方面則可使用句子結合、造句、重新排列弄混的詞彙、描述、句子仿說，或是分析自發性語言樣本等方式評量之。目前國內可用來了解兒童語法能力的標準化測驗工具，包括：「西北語句構成測驗」（楊坤堂等，1992）、「句型理解測驗」（張蓓莉、曹秀美，1992）、「兒童口語理解測驗」（林寶貴、錡寶香，1999）中的「語法理解」分測驗等。

參、提昇語法能力的教學

一、語法介入的教學目標

一般而言，提昇兒童語法能力的教學目標是依據正常兒童發展的順序。包括：⑴發展雙詞結合能力；⑵增加句子長度；⑶增加句子的複雜

度（如：增加形容詞、修飾語等）；(4)增加不同句型的使用率（如：A不A問句、否定疑問句等）；(5)增加對句子詞序安排的理解（如：理解「葡萄吃完了」、「吃完葡萄了」語意是一樣的）。附錄 6-1 為筆者根據錡寶香（2002）研究嬰幼兒溝通能力所蒐集之「詞彙結合類型」之資料、羅肇錦（1992）界定的語法類型，以及林寶貴等（1996）所發展之聽語編序教材，所詳列的語法介入目標。教師在進行語言介入教學時，可先使用「兒童口語理解測驗」（林寶貴、錡寶香，1999）中語法理解分測驗評量兒童的語法理解能力，並蒐集兒童自發性的語言樣本，分析兒童口語表達中的語句使用能力。根據這些資料再進一步對照附錄 6-1 之語法介入目標，決定教學目標，設計教學活動。

二、提昇兒童語法能力的教學活動

語法主要是指句子中詞彙與詞彙結合的順序或遵循的規則。在教學方面，可根據中文裡不同的語法結構、句子長度、句子類型，設定教學目標。相關句法結構或句子類型請參考附錄 6-1 語言訓練目標。而在教學方面，可使用下列之活動：

1. 換句話說

換句話說是國小語文課經常使用的練習活動，其目的為幫助學童精熟語句的用法。在教學時，教師可特別標明句子的結構或順序。例如：「即使」常常與「也」同時出現在前後子句中。此外，教師亦可使用基本句型結構模式，示範語句表達。例如：使用「時間→主詞→動詞→受詞→地方」等排列順序的基本句型，教導學童使用該語法結構的句子。

2. 造句

造句也是語文課最常使用的練習活動，教師提供一個詞彙或語法結構，讓學童練習如何使用不同的詞彙串聯形成合乎語法的句子。

3.句子仿說

教師提供正確的句型，請學童模仿。經由多次的模仿理解該類句型，並可實際應用。雖然，模仿還是需將語言訊息暫存在工作記憶系統中，並由認知記憶系統中提取相關語言訊息處理，及儲存語句類型，但很可能並無顯著之教學效果。因此，在實施時應配以視覺線索，如：圖片或錄影帶，以幫助意義與語言的聯結。

4.語詞接龍

這是利用自由聯想的方式訓練語言障礙學童造句能力的活動。教師事先準備幾個小籃子，分別將人物、時間、地點、動作等詞彙置放在籃子中，請學童在每個籃子中抽取詞彙，再根據抽取的詞彙造出完整的句子。教學時，教師可示範、或適時糾正不合語法之句子，或是詞彙間語意不相容的句子，幫助學童覺察語句結構。

5.語法判斷

由於語言障礙學童的後設語言覺知能力較差，因此教學活動亦可使用語法判斷的設計，來提昇其覺知、控制自己語言處理歷程的能力。語法判斷的教學設計，可使用下列幾種形式：⑴判斷句子是否合乎語法；⑵區辨語法正確或不正確的句子；⑶指出有相同意義，但是句子表面結構相異的句子。

6.語句表演（acting out）

為了讓障礙學童理解句子中詞彙排列的順序，有時候可使用語句表演的教學活動。教學時，教師說出一句話，並示範其中的主詞、動詞、受詞關係。例如：「小狗追小貓」、「猴子被大象推倒了」。另外，本項教學活動亦可使用較長的小故事做為教材，讓兒童聽完故事之後，把故事中的內容（句子）演出來。例如：「有一隻小貓在地毯上睡覺。它睡得好熟好熟，還發出呼呼的聲音。這時候，有一隻兔子跳啊！跳啊！

就跳到小貓旁邊。一不小心，就踩到小貓的尾巴。小貓被兔子吵醒，就對著兔子大吼一聲，往前抓過去。兔子的尾巴就被小貓抓起來」。

7.語句結合

為了幫助學童覺知句子的構造，教學時也可使用語句結合的方式，讓學童將幾句互有重疊的句子濃縮形成句意不變但更為精簡的句子。例如：「媽媽去麵包店。媽媽買了土司。媽媽買了牛奶」。可濃縮精簡成為「媽媽去麵包店買了土司和牛奶」。

8.語句加長／增肥

為了讓兒童可以說得好又說得長，教師可以使用語句加長又加長的活動，擴展兒童的語句長度。例如：教師可以找一張外套的照片，與兒童一起描述該圖片。一開始先練習「我有一件外套」，接下去說「我有一件黑色的外套」，再擴展至「我有一件長長的黑色的外套」。此項教學活動可以依詞類的不同而設計教材。例如：如同上述例子中可加入量詞、形容詞或是副詞（如：媽媽把衣服丟在床上→媽媽把紅色的衣服丟在床上→媽媽憤怒地把紅色的衣服丟在床上）等。

9.語詞重組

語詞重組也是可用來幫助兒童發展語法能力的教學活動。教學時，教師可以先教導學生練習教材中的二、三或四個簡單句，等學童熟悉該句子之後，再將兩個句子中的詞彙（口語＋字彙＋圖片）打散，請學童重組，造出合乎語法之句子。

10.語法故事大轟炸

語言的學習是建立在聽的基礎上，因此無論是在音韻的介入或是語法的介入，都有研究者建議使用聽覺轟炸方式（auditory bombarding）將音韻或語法形式不斷輸入兒童耳中、腦中，建立正確的表徵，以利表達（Cleave & Fey, 1997; Hodson & Paden, 1991）。根據 Cleave 與 Fey（1997）

的建議,語言教學計畫可以設計語法故事,穿插在教學活動中,安排五分鐘讓兒童聽取重複出現某個語法結構的小故事。此外,此語法故事亦可當作家庭作業,讓兒童在家中聽。例如:「小明最喜歡到小華家裡玩。小明喜歡玩拼圖,但是小華不喜歡玩拼圖。他喜歡玩 PS4」。

11.我看到

本項教學活動是使用「我看到……」做為帶領句,讓兒童將其在教室、語言治療室、溝通情境中所見到的物品說出來。例如:「我看到一個高高的檯燈和一個小小的桌燈」。如果有兩位以上的兒童接受語言治療,則可由其中一位先在教師耳邊說出其所看到的物品,然後再由另一位兒童猜測說出「你看到……」的句子。而如果有三位以上兒童一起參加治療活動,則此項教學活動亦可用來發展代名詞的理解與使用能力。

12.我是大編輯

本項教學活動的理念為設計詞序不正確的句子,讓兒童唸讀之後,將其更正,再對照正確詞序自我訂正。教學時,如果學童已有簡單基礎的閱讀能力,可以將詞序錯誤的句子打在紙上,讓兒童練習,並提供正確語法結構讓兒童更正。

13.火車跑跑跑

本項教學活動是幫助發展遲緩兒童提昇造句能力。教師可設計一些圖片做為誘發兒童造句之教材,並根據圖片指稱物品的關聯動作,設計語言學習活動。例如:「小狗→小狗跑跑跑」、「火車→火車跑跑跑」、「小貓→小貓喵喵叫」、「兔子→兔子跳跳跳」等。教學時,教師拿出這些圖片,幫助兒童發展語意概念,並進而引導兒童說出簡單的語句。

14.語法理解教學活動

本項教學活動的目的為幫助兒童發展理解複雜句子的能力。教學時,教師可設計一些較複雜的句子問兒童,請其回答。例如:「有一隻黑色

的小狗正在追著紅色的卡車跑。請問：什麼東西是黑色的？小狗追著什麼樣的車子跑？」「姊姊邊看電視邊做數學作業。請問：姊姊一共做了幾件事情？姊姊在準備什麼作業？」「頭上戴著藍色帽子的老公公，走到高高的超級市場門口和穿著黃色外套的小姐在說話。請問：誰走到超級市場門口？什麼是高高的？誰穿黃色外套？」

15. 詞類位置大變化

　　本項教學活動主要是在幫助學童建立正確詞類位置關係的概念。教學時，教師可先設計不同詞類的詞彙單做為教材，例如：主詞、名詞、動詞、形容詞、副詞、量詞等。例如：「妳、我、他們、妹妹、媽媽、叔叔、老師」（主詞）、「蕃茄、襪子、牙齒、窗戶、牛肉麵、鉛筆」（名詞）、「打破、吃、洗、穿、拉、買、看」（動詞）、「白白的、辣辣的、髒髒的、短短的」（形容詞）、「快樂地、傷心地、快速地、辛苦地」（副詞）。教學時，教師請學童由不同詞類中選取詞彙，依照語法規則說出短句。如果學童唸讀出來的句子在語意、語法部分不適當，可請其再選擇適當的詞彙，重新說出短句，一直到其選擇的詞彙都可以串聯成語意／語法皆恰當的句子為止。對於年幼尚未識字的兒童，則可使用圖片替代文字。

16. 唸讀故事書發展語法

　　唸讀童話故事書也是可以幫助兒童發展語法能力的教學活動。唸讀故事時，教師可以提出問題，幫助兒童理解其中的語句結構。另外，教師亦可請學童將故事中的話語，用不同的方式說出來，或是使用不同的形容詞修飾某個主角、物品等。這些活動都可以幫助兒童發展語法能力。

17. 我是說故事高手

　　本項教學活動的設計為提供學童幾個相互關聯的詞彙，讓他們根據這些詞彙說出一小段話語。例如：「風箏、公園、哥哥、天空、大廟、強風、屋頂」等詞彙，可編出：「哥哥到公園去放風箏，風太大了，風

箏就被強風吹走，最後卡在一間大廟的屋頂上。」的小段故事。

18.你說，我說

本項教學活動與前述語詞接龍類似，也是在幫助兒童發展思考結合不同詞彙形成句子的能力。本項教學適用於小團體教學活動，由每個兒童輪流說出一個詞彙，再串聯成句子。例如：第一個兒童說「王老師」、第二個同學可能就說「王老師喜歡」、第三個同學可能就說「王老師喜歡唱歌」、第四個同學可能就說「王老師喜歡大聲地唱歌」。

19.使用連環圖片卡教導複句

錡寶香（2001）的研究發現低閱讀能力學童在敘事時，會出現較多前後子句顛倒、前後子句關係混淆的句子，因此為幫助這些學童使用正確的複句，教學時，可以使用連環圖卡說明其中的前後因果、順序關係，並示範說出圖卡的意義，再將其整合形成一個完整的複句。

20.使用篇章言談／交談訓練語法能力

Kirchner（1991）曾建議使用口語鷹架模式（verbal scaffolding）幫助兒童發展語法能力。教學時，教師與語言治療師使用預先設計的交談對話，並於對話中設計強迫選擇的問句或是發表看法的策略，以提供話語示範，讓兒童可以由教師的示範中發現如何回應的線索，以減低回憶再說或是必須重新造句的認知負荷。例如：在玩娃娃裝扮的遊戲時，教師可說：「你要幫娃娃穿鞋子，還是戴帽子？」→兒童可由前面問句的線索回答：「我要幫娃娃戴帽子。」又如：在教室中教師與兒童要選擇當日語言治療所使用的活動，教師可問：「今天早上我們來畫畫、玩拼圖，或是讀故事書，你說呢？」→兒童一樣可由前面問句的線索回答：「今天早上我們來玩拼圖。」

三、語法介入教學的原則

　　雖然語言可區分成音韻、語意、語法、語用、構詞等要素，然而在使用上卻是不可分割的，而且也無法抽離其所產生的溝通情境。因此本章雖將語法獨立出來介紹其教學方法，但在實際教學上應該顧及不同語言要素或層面的交互影響作用，安排有意義的溝通情境幫助兒童發展語法能力。畢竟語言技能只能在為達成溝通需求時才有其必要性，因此，無論是採取任何的教學方法或教學策略，應以溝通式的互動為主，並視教學目標而決定孰輕孰重（林寶貴、錡寶香，2000）。此外，語言治療師、教師亦需秉持「將重點放在有意義的溝通上，而不是練習或訓練語法單一層面」的原則。據此，教師可使用交談、敘事、說明／解釋的口語活動，幫助兒童習得與使用正確的語法結構。另外，讀寫活動亦可幫助兒童發展造句能力。最後，如同 Fey、Long 與 Finestack（2003）所建議，因很多障礙兒童不只出現語法問題而已，因此在教學上應該善用其已發展出來的語言學習機制或資源，進而改善語法系統，最後並類化至由語言輸入的環境中學習語法。

肆、結語

　　語法乃指句子的組織或是句子中詞彙順序排列的規則。兒童的語法發展，可說是一項非常了不起的成就。他們在不用刻意被教導母語語法規則的條件下，即能在短短幾年內習得其母語的語法知識。相對於一般兒童輕鬆的語法發展能力，特殊需求兒童在語法的發展上確有極大的困難，包括：語句形成的問題、詞彙結合順序的問題、子句結合順序的問題、複句句型的理解與使用問題等。因此，為他們所擬定的語法介入，最主要即是在幫助這些學童掌握及精熟華語的語句結構，增加其說出話

語的長度，使其能自動化地將想法、意念或概念，以適當的語句表達出來。而上述所介紹的教學方法，除了可使用結構化的方式教學之外，亦可與敘事陳述，對話交談等自然方式結合，讓兒童可以在對話溝通情境中，自然地使用符合語法的句子表達自己。另外，閱讀與書寫表達亦是很好的語法介入活動。

附錄 6-1　語法介入目標

一、詞彙結合的介入目標

教學目標	細目	例子
可以結合兩個以上的詞彙	1. 實體＋特質	大便臭臭、被子髒髒、太陽熱熱
	2. 特質＋實體	壞小孩、大鏡子、警察叔叔
	3. 實體＋狀態	車壞掉了、叔叔唱歌、小鳥飛呀
	4. 有＋動詞	有買、有說、有吃飯
	5. 有＋名詞	有飛機、有香蕉、有星星
	6. 沒有＋名詞	沒有馬桶、沒有人、沒有球
	7. 沒有＋形容詞	沒有髒髒、沒有痛痛、沒有臭臭
	8. 沒有＋動詞	沒有去、沒有喝、沒有穿
	9. 動詞＋受詞	買玩具、抱我、爬樓梯
	10. 要＋動作詞彙	要刷牙、要尿尿、要吃蘋果
	11. 要＋物品	要牛奶、要書、要畫圖筆
	12. 還要＋名詞	還要糖果、還要音樂、還要阿媽
	13. 不要＋名詞	不要帽子、不要牛奶、不要姊姊
	14. 動作者＋動作	媽媽抱抱、我要、爸爸拿
	15. 主詞＋名詞	爸爸眼鏡、媽媽髮夾、奶奶果凍
	16. 的語彙結合	我的媽媽、爸爸的筆、我的杯子
	17. 這個＋名詞	這個積木、這個門、這個麥當勞
	18. 那個＋名詞	那個球、那個鳥、那件被子
	19. 這裡＋名詞	這裡貓咪、這裡狗狗、這裡公園
	20. 那裡＋名詞	那裡貓咪、那裡大象、那裡球
	21. 動詞＋這邊	坐這邊、吐這邊、放這邊
	22. 動詞＋那邊	坐那邊、去那邊、放那邊
	23. 動詞＋這裡	放這裡、坐這裡、來這裡睡覺
	24. 動詞＋處所	躺沙發、躺地上、騎馬
	25. 身體部位＋狀態	手髒髒、腳好酸、口渴
	26. 量詞＋名詞	一棵樹、一件衣服、一隻貓
	27. 簡單句	爸爸開車、媽媽抱我、奶嘴掉在地上

二、句型的介入目標

教學目標	細目	例子
會使用 簡單句	1. 會使用簡單的命令句	給我、你看
	2. 會使用基本的「主語＋謂語」句型	蘋果是紅色的、娃娃會動、我是妹妹
	3. 會使用簡單的 SVO 句型	熊熊穿衣服、弟弟吃果果
	4. 會使用簡單的「這是／那是＋名詞片語或形容詞片語」	這是國旗、那是漂亮的妹妹
	5. 會使用簡單的否定句	哥哥不去、小白兔沒有鞋子、我沒有哭
	6. 會使用簡單的問句	a. 會使用「什麼」的問句 b. 會使用「幹嘛」的問句 c. 會使用「誰」的問句 d. 會使用「那裡」的問句 e. 會使用「要不要」、「好不好」、「會不會」、「可以不可以」的問句句型（如：要不要吃、會不會畫……）
	7. 會使用助動詞於簡單句中	a. 會使用「要」（如：要去麥當勞） b. 會使用「會」 c. 會使用「可以」 d. 會使用「能」 e. 會使用「敢」 f. 會使用「應該」

（接下頁）

（承上頁）

	8.會使用被動式句型	a.會使用「把」 b.會使用「被」 c.會使用「給」 d.會使用「讓」
	9.會使用表示位置的簡單句	a.會使用「在」於句子表示位置（如：我住在台北市……） b.會使用「在裡面」 c.會使用「在外面」 d.會使用「在上面」 e.會使用「在下面」 f.會使用「在這裡」、「在那邊」、「在中間」、「在旁邊」的句型（如：小玩偶在裡面）
	10.會使用表示時間的簡單句	a.會使用「的時候」（如：吃飯的時候……） b.會使用「以後」 c.會使用「以前」 d.會使用「之前」 e.會使用「之後」 f.會使用「正在」 g.會使用「不久」 h.會使用「現在」 i.會使用「從前」 j.會使用「很快」（如：媽媽很快就回來）
	11.會使用代名詞於簡單句中	會使用「你」、「他」、「我」、「他們」、「我們」……
	12.會使用含比較性語意的簡單句	a.會使用「比」（如：我比較高） b.會使用「更多」、「更少」

（接下頁）

（承上頁）

	13.會使用上述「一、詞彙結合」所列之語意關係於簡單句中	會使用「像」（如：好像枕頭一樣軟）
	14.會使用比喻性的語言於句子中	
會使用複句	1.會使用聯合複句 　a.會使用並列複句	ㄅ.會使用「又……又」於句子中 ㄆ.會使用「既……又」於句子中 ㄇ.會使用「一則……二則」於句子中 ㄈ.會使用「既……也」於句子中 ㄉ.會使用「一邊……一邊」於句子中 ㄊ.會使用「不……也不」於句子中
	b.會使用遞進複句	ㄅ.會使用「不但……而且」於句子中 ㄆ.會使用「並且」於句子中 ㄇ.會使用「何況」於句子中 ㄈ.會使用「甚至」於句子中 ㄉ.會使用「甚至於」於句子中 ㄊ.會使用「尚且……何況」於句子中 ㄋ.會使用「不但不……反而」於句子中 ㄌ.會使用「不僅僅……也會」於句子中
	c.會使用選擇複句（或者A或者B或者C）	ㄅ.會使用「不是……就是」於句子中 ㄆ.會使用「是……還是」於句子中 ㄇ.會使用「要麼……要麼」於句子中
	d.會使用承接複句（A-B-C）	ㄅ.會使用「……於是」於句子中 ㄆ.會使用「……然後」於句子中 ㄇ.會使用「……接著」於句子中 ㄈ.會使用「……就」於句子中 ㄉ.會使用「……還要」於句子中（如：他這麼小，還要上課）

（接下頁）

（承上頁）

	e.會使用總分複句	他有兩個背包，一個是米老鼠，一個是唐老鴨
	2.會使用偏正複句 　a.會使用轉折複句	ㄅ.會使用「雖然……卻」於句子中 ㄆ.會使用「儘管……卻」於句子中 ㄇ.會使用「……然而」於句子中 ㄈ.會使用「固然……也」於句子中
	b.會使用假設複句	ㄅ.會使用「如果……那麼」於句子中 ㄆ.會使用「假如……就」於句子中 ㄇ.會使用「要是」於句子中
	c.會使用因果複句	ㄅ.會使用「只……才」於句子中 ㄆ.會使用「除非……才」於句子中 ㄇ.會使用「不管……都」於句子中 ㄈ.會使用「儘管……也」於句子中
	d.會使用目的複句	ㄅ.會使用「為了……以便」於句子中 ㄆ.會使用「……以免」於句子中 ㄇ.會使用「……免得」於句子中

❖ 參考文獻

林寶貴（1997）。語言障礙與矯治。台北：五南。

林寶貴、錡寶香（1999）。兒童口語理解測驗。台北：教育部。

林寶貴、錡寶香（2000）。語言障礙學生的教育。台北：教育部。

林寶貴、錡寶香、黃玉枝、蘇芳柳（1996）。聽語復健編序教材之發展。國科會專題研究報告。NSC 85-2331-B-003-002。

張蓓莉、曹秀美（1992）。句型理解測驗。台北：國立台灣師範大學特殊教育中心。

曾怡惇（1993）。台北市國小啟智班中度智能不足兒童與普通兒童口語表達能力之比較。特殊教育研究學刊，9，151-176。

楊坤堂、張世慧、黃貞子、林美玉（1992）。西北語句構成測驗。台北：台北市立師範學院特殊教育中心。

錡寶香（1999）。語言的評量。載於王亦榮等著，特殊兒童鑑定與評量（頁167-188）。台北：師大書苑。

錡寶香（2001）。國小低閱讀成就學生的口語述說能力：語言層面的分析。特殊教育學報，15，1-40。

錡寶香（2002）。嬰幼兒溝通能力之發展：家長的長期追蹤記錄。特殊教育學報，16，23-64。

羅肇錦（1992）。國語學。台北：五南。

Bernstein, D. K. & Tiegerman-Farber, E. (2002). *Language and communication disorders in children* (5th ed.). Boston, MA: Allyn & Bacon.

Cleave, P. & Fey, M. (1997). Two approaches to the facilitation of grammar in children with language impairments: Rationale and description. *American Journal of Speech-Language, 6*, 23-32.

Donahue, M., Pearl, R., & Bryan, T. (1982). Learning disabled children's syntactic proficiency during a communicative task. *Journal of Speech and Hearing Disorders, 47*, 397-403.

Fey, M. E., Long, S. H., & Finestack, L. H. (2003). Ten principles of grammar facilitation for children with specific language impairments. *American Journal of Speech-Language Pathology, 12* (1), 3-15.

Gerber, A. & Bryen, D. (1981). *Language and learning disabilities.* Baltimore, MD: University Park Press.

Hodson, B. & Paden, E. (1991). *Targeting intelligible speech: A phonological approach to remediation* (2nd ed.). Austin, TX: Pro-Ed.

Hoff, E. (2001). *Language development.* Belmont, CA: Wadsworth/Thomson Learning.

Johnston, J. (1985). Specific language disorders in the child, In N. Lass, L. McReynolds, J. Northern, & D. Yoder (Eds.), *Handbook of speech-language pathology and audiology* (pp. 685-715). Toronto, Canada: Decker.

Kirchner, D. (1991). Using verbal scaffolding to facilitate conversational participation and language acquisition in children with pervasive developmental disorders. *Journal of Childhood Communication Disorders, 14*, 81-98.

Kuder, S. J. (1997). *Teaching students with language and communication disabilities.* Boston, MA: Allyn & Bacon.

Leonard, L. B., Miller, C. A., Deevy, P., & Rauf, L. (2002). Production operations and the use of nonfinite verbs by children with specific language impairment. *Journal of Speech and Hearing Research, 45* (4), 744-758.

Owens, R. E. (1999). *Language disorders: A functional approach to assessment and intervention* (3rd ed.). Boston, MA: Allyn & Bacon.

Paul, R. (2001). *Language disorders from infancy through adolescence: Assessment & intervention.* New York: Mosby.

Sawyer, D. (1985). Language problems observed in poor readers. IN C. Simon (Ed.), *Communication skills and classroom success.* Eau Claire, WI: Thinking Publication.

Siegel, L. S. & Ryan, E. B. (1984). Reading disability as a language disorder. *Remedial and Special Education (RASE), 5*, 28-33.

Snyder, L. S. & Downey, D. M. (1991). The language-reading relationship in normal and reading-disabled children. *Journal of Speech and Hearing Research, 34,* 129-140.

Tomasello, M. & Merriman, W. (1995). *Beyond name for things: Young children's acquisition of verbs*. Hillsdale, NJ: Erlbaum.

Wiig, E. (1990). Linguistic transitions and learning disabilities: A strategic learning perspective. *Learning Disabilities Quarterly, 13,* 128-140.

第7章

提昇語用能力
的教學

資源班中，老師問二年級的小朋友：「有沒有人要去廁所？」

小真：「江老師，我媽媽開車載我來學校。」……

資源班裡三位小朋友在交談

祥祥：「妳那個盒子裡是什麼東西？」

平平：「我早上吃漢堡和奶茶。」

明明：「在下雨。我的鞋子掉了。」

喜憨兒在餐廳裡當服務生，非常認真盡責，深得老闆、顧客欣賞。但是他們也偶爾會上演一些凸槌的小插曲。譬如說：當太多顧客排隊等位時，他們會去跟正在用餐的顧客說：「你們趕快吃，有很多人在等你們的位置。」另外，他們也會隨時注意客人的杯中是否還有水，適時加水。可是有時候他們幫客人加水之後卻不離開，一直站在用餐者旁邊，原來是他認為：要等到客人說謝謝之後，代表服務完成，他才能離開。（Yahoo 網路新聞）

剛上大一的林××某天未出現在某教授的課堂中，剛巧被點名記曠課一次。隔天他便氣沖沖地來到老師的研究室，對著老師說：「我來的時候妳不點名，我沒來的時候妳就點名。」……老師：「這位同學，千錯萬錯都是老師的錯，下次我要點名時，會事先用雙掛號向您報告，不知道這樣可以不可以？」

壹、前言

　　日常生活中我們常常會聽到或說出「哇！又說錯話了」、「他這個人真不會說話」、「王××最不會看場合和時間說話了」等話語。這些話語反映出我們對人際溝通本質、規範的理解才會做出這樣的評論。上面所舉的幾個例子即說明溝通時所說的話語會因溝通對象、地點、時間而有所規限，而如果逾越某些界限，則可能變成說話不得體、溝通不良，造成誤會，甚或成為性騷擾、毀謗、辱罵等。但如果能把握因時、因地、因人的不同而適當表達自己與回應他人，則可視為說話得體、溝通意圖傳達清楚，甚至溝通能力優異。另外，睿智、幽默的談話，也一定會使溝通效能更為提高。

　　一般人在人際溝通中偶爾都會出現凸槌、不適當的現象，更不用提語言能力不足的身心障礙者。過去的研究已發現，發展出語言的自閉症兒童較不會主動表達自己的需求、意見，無法依聽者的需求或是特徵狀況，調整表達方式或溝通訊息；在交談時也無法區辨已談論過或是新的訊息，並遵循禮貌規則，提出相關的看法、評論，或是注意聽說的輪替，維持話題的持續（Lord & Paul, 1997）。而學障／特定型語言障礙／語言學習障礙兒童在與他人交談時，則常常出現無法將話題維持下去、提供適當與足夠的訊息、開啟話題、扮好適當聽者／說者輪替的角色等問題。而當溝通訊息不清楚時，他們則無法適當修補、重新敘說清楚。此外，他們在與人溝通時，其溝通或交談對象常常需要不斷重複交談的內容，才能一起將溝通互動維持下去。也因為他們的語用能力較差，常常造成同儕接受度較低的現象（Harris, 1994; McCormick et al., 1997; Owens, 1999）。另外，研究亦發現，ADHD 兒童無法掌控聽者說者角色的輪換、出現無法將話題維持下去的問題（Smiley & Goldstein, 1998）。最後，中重度智能障礙兒童則有下列語用方面的問題：話題維持有困難，常常離

題、不當的非口語溝通方式，如：觸摸（Smiley & Goldstein, 1998）。

　　綜合言之，溝通意圖、語用前設、主動溝通或話題的開啟、話題的維持或改變、結束話題、離題的反應、話題的相關性、聽者說者角色的輪換、說話內容的修正或補充、非口語溝通線索的理解等，常是身心障礙學童出現的語用問題。也因此在完整的語言療育計畫或實務教學上，都應該將語用能力的提昇含括在內。

貳、語用的評量

　　語用所關注的焦點主要是溝通的功能（如：要求、拒絕）、溝通的頻率、交談對話的技能、依不同溝通對象與溝通情境彈性調整溝通說話內容、方式等層面。另外，語用的理論則特別強調溝通意圖、言語行為、語用前設、交談組織、交談準則、自然的溝通情境等交互作用（Grice, 1975; Roth & Spekman, 1984）。據此，語用的評量即是在了解兒童使用語言與非語言在自然情境中與他人溝通的能力。而由於溝通會在日常生活中不同的社會互動情境產生，再加上談話表達的次數、開啟話題的次數、言談結構類型等語用相關的向度，都會因溝通情境的不同而有差異，因此發展量化及標準化的評量工具，建立可靠的常模也就顯得較為困難。即使美國的語言障礙研究與實務已發展至一定程度，但至今仍然只有少數幾個標準化語用評量工具可供實務教學者使用。其現有的評量工具是以說故事與話題討論的方式評量兒童的語用能力。例如：在 *Let's Talk*（Bray & Wiig, 1987）、*Test of Pragmatic Language*（Phelps-Terasaki & Phelps-Gunn, 1992）兩個測驗中，測試內容為不同的話題與社會互動情境，用以誘發兒童的口語回應或解釋說明。兒童需要根據測試內容回答問題、提供訊息、向人問候、道別、提供更詳細的訊息、提出要求、表達自己的感覺、開啟話題、結束話題等。

　　因為標準化語用評量工具有其限制，使用交談對話的語言樣本似乎

更能適切地評量兒童的語用能力。一般而言，研究者或教學者可使用檢核表，評量兒童在家庭、學校、同儕互動情境下的語用能力，決定兒童是否會使用不同的語用技能，如：語用前設、話題的維持、澄清、修補與適當性、提問與回答問題、人際交涉等。表 7-1 為筆者根據語用前設、溝通意圖、交談組織等向度所設計之語用檢核表，可用來了解兒童語用能力的發展狀況。

表 7-1　語用能力檢核表

出現的語用行為	很少	偶爾	經常
1. 在人際互動的情境中，不會主動與人溝通。	☐	☐	☐
2. 與人溝通互動時，無法接續話題。	☐	☐	☐
3. 與人交談時，提出來的看法與正在談論的主題無關。	☐	☐	☐
4. 與人交談時，出現無交集現象；自己說自己的，只將自己想傳達的訊息表達出來。	☐	☐	☐
5. 與人交談時，即使不清楚談話內容，也不會提問、要求澄清。	☐	☐	☐
6. 與人交談時，即使別人不清楚其欲傳達之訊息，也不會主動修補說話的內容。	☐	☐	☐
7. 與人交談時，不適當地結束談話互動（如：溝通對象還要繼續交談，就突然走開）。	☐	☐	☐
8. 因為誤解別人的話語，容易和別人起衝突。	☐	☐	☐
9. 容易說錯話，惹惱別人，影響人際關係。	☐	☐	☐
10. 錯誤解釋別人的話語。	☐	☐	☐
11. 無法理解別人的非口語暗示（一些動作、手勢）。如：某人和他說話時眼睛不斷看別人或看外面，但他卻仍然繼續說，不知別人想結束話題。	☐	☐	☐
12. 與人交談時，不讓別人有機會表達、回應，占住大部分的交談時間。	☐	☐	☐

（接下頁）

（承上頁）

出現的語用行為	很少	偶爾	經常
13. 與人交談時，提供的訊息不明確、清楚。	☐	☐	☐
14. 與人交談時，談話內容繁雜、重複，說得又長又囉唆。	☐	☐	☐
15. 逃避加入討論活動或團體遊戲。	☐	☐	☐
16. 缺乏朋友，常常一個人自己玩或到處晃晃。	☐	☐	☐
17. 很少與老師或同學說話，常常很沉默。	☐	☐	☐
18. 因為說話無厘頭，或常常摸不清狀況，可能是班上的小丑。	☐	☐	☐
19. 不會依社會互動情境的不同而調整說話內容、方式。	☐	☐	☐
20. 不會依溝通對象的不同而調整說話內容、方式。	☐	☐	☐

參、語用能力的提昇

　　語言的使用是為了溝通與達成社會互動的功能，有效的溝通除了需要使用正確的音韻、語意及語法知識表達與理解溝通之意，更需要依溝通對象、話題、場合的不同，說出適當的話語，這就是語用的知識或技能。語用與交談對話能力有密切之相關，因此溝通的意圖（如：尋求注意、要求、抗議、問候、回應、提供訊息）、交談對話的進行（即：開啟話題、聽者與說者的角色輪換、話題的維持、溝通訊息不清楚時的澄清、修補，以及話題的結束）、言語行為（即：每個人在使用語言與別人溝通時，都會抱持著某種的意向、目的、信念，以及期望等，也因此涉及人際之間的承諾、要求、指稱、描述、爭取、命令、警告、道歉等）常是語用能力訓練的重點。下面將就相關的語用介入目標、教學設計、教學活動做進一步之介紹。

一、語用層面的教學目標

交談技能是人際溝通互動非常重要的一項能力，不管是重度或輕度障礙兒童的溝通療育目標，都是期望這些兒童可以發展出適當的人際溝通互動能力。茲將相關的語用教學目標介紹如下。

(一)改編自 Johnson-Martin、Attermeier 與 Hacker（1990）的語用能力教學目標

1. 可以使用詞彙或手勢動作要求物品或做活動。

2. 可以使用詞彙或手勢與熟人打招呼。

3. 會問簡單的「去哪裡」、「做什麼」、「吃什麼」的問題。

4. 會問「是不是」、「要不要」、「會不會」、「可以不可以」的問題。

5. 對物品消失或出現的狀況會表達意見。

6. 會要求人協助。

7. 可維持話題。

8. 接聽電話時知道何時該回答，何時該問問題。

9. 當別人說的話不完整時，會補足完整的話語或句子。

10. 可以描述發生的事情或他看到的事物。

11. 別人問他「你在做什麼？」「你昨天去哪裡？」等問題時，可以適當地回答。

12. 與別人談話時會使用「後來呢」、「怎麼會這樣」、「為什麼」等用語，幫助話題的維持。

13. 可以引起聽話者的興趣，讓人想與其溝通。

14. 將自己知道的訊息說給他人聽。

(二)根據交談技能的向度，本章亦將一些教學目標條列如下

1. 能夠引起聽者的注意。
2. 能夠主動與他人打招呼。
3. 離開某個地方時會與人道別。
4. 能夠介紹自己。
5. 能夠將家人或朋友介紹給老師或同學等。
6. 能夠主動問問題，如：要求提供訊息、允許做某些事。
7. 能夠選擇交談的主題。
8. 會在對話中引進新的話題。
9. 能夠談論與自身相關的事情、經驗。
10. 能夠談論熟悉的人的事情或經驗。
11. 能夠談論過去所接觸的人、事、物。
12. 能夠談論未來的計畫。
13. 能夠談論目前／當下的人、事、物。
14. 交談時，可以回應別人的問話，正確地回答他人的問題。
15. 交談時，可以表現出注意聽，並想將話題／交談維持下去的樣子（如：說出ㄜ、ㄏㄣ或點頭）。
16. 交談時，可以適時地提供相關的訊息。
17. 交談時，可以適時地提出問題。
18. 交談時，不清楚或不懂時會問「什麼意思」。
19. 交談時，如果無法理解談話內容，會請說話者澄清。
20. 交談時，會注意聽者是否理解談論的話題。
21. 交談時，會補充或更正說明自己或他人講過的話。
22. 交談時，如果無法同意別人的看法／意見，能夠適當地表達自己的看法與立場。
23. 交談時，如果贊同別人的看法／意見，能夠適當地表達支持與欣賞。

24.交談時，會依對話進行的情況，扮好聽者或說者的輪替角色。

25.交談時，不會出現下面的現象：不斷地打斷別人的談話、替他人回話、輪到自己說話時，占用太長的時間。

26.交談時，會注意一些非語言的線索（如：溝通對象是否心不在焉、覺得無聊）。

27.交談時，如果需要打斷別人的談話時，會先道歉，引起別人注意。

28.可以說一個故事。

29.可以說一個笑話。

30.可以說一個謎語。

二、交談能力的訓練

交談／對話是人際互動中非常重要的一部分，訊息的分享、情感的交流、個人權利的伸張、意見／立場的表達，都需要經由與他人的言語溝通而達成。但如同前述，很多重度或輕度障礙學生，常常都無法與他人進行適當的交談／對話，因此提昇語用能力的相關教學活動乃因應而生。這些教學活動包括：語用前設能力的發展、開啟話題、維持話題、扮好交談時說者與聽者的角色、溝通訊息的修補與澄清。茲將參考自 Paul（2001）、Simon（1991）、Smiley 與 Goldstein（1998）等文章而改編或重新設計的語用教學活動介紹如下：

(一)提昇語用前設能力的教學

語用前設乃指在人際溝通互動過程中，參與溝通交談者在敘說時，會考慮聽者在理解說話者談論的內容，所需要的先備知識或是已知的訊息，而提供或調整特定的訊息，此即是溝通／語用的前設。茲舉下列教學建議例子，說明如何幫助學童建立語用前設能力。

1. 我的圖怎麼不一樣

此項教學活動為圖畫描述。教學者在教學時，先拿出一張圖片，描

述其內容。完畢之後，則請學童複述一遍。這時候，教師故意讓學童移動位置，或是彎身撿東西，同時迅速換上另一張相同圖片但塗掉／去掉一些重要／顯著的部分，當兒童要描述時，就沒有立即的視覺線索支撐，因此就必須應用語用前設，斟酌特定訊息的提供是否充足。例如：龜兔賽跑的故事圖卡中原來有狐狸哥哥做裁判，教師在敘說時，也有提到此部分。但請學童複述時，則給他去掉狐狸的圖片。這時候，學童就必須去思考教師是否知道狐狸當裁判的訊息，而在敘說的話語中斟酌應否介紹狐狸，即使圖片中並未出現。

2. 參照性溝通遊戲或障礙遊戲（referential communication game or barrier game）

此項活動可設計一屏風，將其放置在桌上，隔開分坐兩邊之教師與學童。教師與學童的桌上都有一模一樣的教材，兩者可以隔著屏風交談，由一方提供解釋、說明或指示，另一方則聽從指示做出一些回應、動作。一般而言，教師會先敘述其隔著屏風正在做的事情，並要求學童需跟著做。而由於學童與教師之間的溝通缺乏立即的視覺線索支撐，因此更需要考慮所提供的訊息在量與質上面是否恰當。據此，語用前設的能力乃能適度發展。此外，因學童與教師之間有很多對話，因此也可同時發展相關的交談技能。茲將一些參照性溝通遊戲或障礙遊戲介紹如下：

(1)我描述→你找出

教師可以將大賣場、百貨公司、郵購等商品目錄拿來做為語言教學的教材。教學時，讓學童與教師各自拿一份相同的目錄，隔著屏風或障礙物進行「我描述→你找出」的遊戲。由於每一頁目錄上都印有很多不同的商品，因此教學時教師需要先說明「請翻到第＿頁」，然後選取其中的一樣物品，描述其特徵、功能等。然後請學童說出教師所描述的是哪一樣物品。由於兒童常常都很喜歡扮演具有「權力」的一方，因此等兒童熟悉教學活動之後，可改由學童描述物品，教師尋找。而為了讓兒童覺得有成就感，增強學習動機，教師有時候可以故意選錯，或是不斷

問問題，如此也可讓兒童學習如何澄清訊息。另外，教師也可剪下廣告傳單上之圖片貼在紙卡上（製做兩份一樣的教材），教師與學生各拿一份有著相同圖卡的教材，教師說明某樣物品的特徵，學童則隔著障礙物高舉該圖卡。

(2)我是美美的娃娃

此項教學活動的教材為紙娃娃或洋娃娃，以及娃娃所穿戴的不同衣物、飾品。教學時，教師可以先和兒童一起玩為娃娃打扮的遊戲。之後，再將屏風架上隔開兩人，由一方主導娃娃今天要穿哪件上衣、外套、裙子、褲子，或是戴哪頂帽子，提哪個皮包，再由另一方依樣幫娃娃打扮。

(3)你說，我塗顏色

此項教學活動會使用的教材為：兩張一模一樣未著色的圖畫，以及兩盒有同樣顏色的彩色筆。教學時，教師與學生一樣隔著屏風溝通。由一方指示另一方在圖畫上塗上顏色，例如：「我要把小貓的身體塗上粉紅色，尾巴塗上綠色，腳塗上黃色」。教學活動結束後，教師與學生可比較兩人的圖畫所塗上的顏色是否一樣。

(4)請你跟我這樣走

此項教學活動所使用的教材為：兩張一模一樣的地圖，以及一輛玩具車。教師可以先與學童一起玩小玩具車在地圖上行走的遊戲。在遊戲過程中熟悉「前面」、「上面」、「右邊」、「左邊」、「旁邊」等方位詞，之後再隔著屏風進行此活動。教師或學童可以輪流主導車子行進的路線圖，例如，教師說：「我要把車子開到麥當勞旁邊的路上」、「現在我的車子已經開到玩具反斗城門口了」等。遊戲結束後，教師與學童可以核對小玩具車是否到達或停在相同的地方。

(5)走迷津

本項教學活動設計所需要的教材為迷津圖與玩具小老鼠。教師與學

童分坐屏風兩旁，由一方指示移動小老鼠走迷津。走完迷津後再比對結果。

(6)我們一起來拼樂高

本項教學活動所需的教具為樂高玩具。教學時，教師或學童隔著屏風說明自己使用什麼顏色、什麼形狀、什麼尺寸的樂高積木正在拼某個圖案。另一方需跟著指示拼出相同的模型或圖案。例如，教師說：「我拿了一個綠色的三角形放在紅色的長方形上面。」學童必須依樣拿相同的積木放在指示的位置上。

(7)字詞／語句配對

如果學童已能閱讀，則可使用字詞做為教材。教師與學童隔著屏風選擇字詞排成句子。另外，教師亦可使用字詞定義的方式，說出定義的內容，再請學童找出對應的字詞。

(8)神奇盒

此項教學活動所使用的教具為一個裝飾漂亮的盒子、一個黑色的盒子，以及一些實際的物品或模型縮小物。教學時，學童與老師先一起把玩放在漂亮盒子內的物品，讓兒童知道放在盒子內的物品。之後，教師請兒童閉上眼睛，然後從盒子裡抽出一樣東西，將它藏在一個黑色的盒子裡並蓋起來（在這過程中兒童都無法得知或觸摸被抽出的物品）。此外，教師需同時將漂亮的盒子蓋起來以免兒童得知少了哪樣東西。等教師將物品收好、藏好之後，再請兒童張開眼睛，開始問與被藏起來的東西有關的問題，然後再依據老師回應的答案猜測被藏起來的物品是什麼。

(9)尋寶去

此項活動與上述「神奇盒」一樣，也是要鼓勵學童提出適當問題的教學活動設計。教學時，教師請兒童先到教室外面等兩分鐘，再快速將學童要「尋寶的物品」藏在教室中的某個角落，每次可以藏一樣東西。被藏起來的東西可以是故事書、玩具、貼紙、手帕、圖畫紙、彩色紙、

水果、冰淇淋兌換券、鉛筆、零食等等。學童被叫進教室之後，需要開始問：「東西是藏在桌子底下嗎？」、「老師，你這一次把東西藏在靠近門旁邊嗎？」、「我要往前走，還是往後走，才會找到那樣東西」等問題。本教學活動所使用的教材，可以做為增強物。當兒童找到該物品時，就送給他。另外，也可將兒童的眼睛用手帕矇住，由他提出問題，讓老師指引去尋寶。

⑽小搬家

此項活動主要是藉由聽覺指示移動物品或圖卡。例如：教師與學童各拿一組辦家家酒的小玩具，教師說：「把草莓放在牛奶和魚的中間。」「把玉米和青椒放在小籃子裡面，但是把紅蘿蔔和香蕉放在籃子外面。」

另外，教師也可使用積木進行此項教學活動。例如：「請將藍色三角形的積木放在紅色四方形的圓圈的右邊」。

上述教學活動設計的最主要目的為讓學童可以學會在溝通互動時，如何提供適當、相關的訊息，了解溝通時需要顧及聽者的需求，發展語用前設能力。另外，因在訊息傳遞、接收的過程中，如果學童聽不清楚，則需請說者澄清訊息或補充說明，也因此亦可發展要求澄清訊息的交談能力。在執行上述教學活動時，教師有時可故意提供含糊的訊息、將一些必要的訊息省略或是故意說錯，創造機會讓學童不得不要求澄清訊息。例如：在「我們一起來拼樂高」的教學活動中，桌上沒有灰色的積木，教師可故意說成灰色的三角形，或是故意不說什麼顏色的積木，讓兒童搞不清楚。又例如：在「我描述→你找出」的教學活動中，教師在說明翻到第幾頁時，故意說出沒有列在上面的物品。此外，為了讓兒童積極參與教學活動或遊戲，也可讓學童下達指令，教師遵循指示做出對應的行為。最後，雖然上述教學活動常是用來提昇學童的語用能力，但亦可讓兒童發展積極傾聽、評鑑其所聽到訊息的能力。另外，語意、語法層面亦可在這些活動中加進去，如：發展方位詞、問句等。

(二)開啟話題與選擇話題的教學活動

對於語言能力較差，或是人格特質較退縮的學童而言，在人際互動時，如何先主動打開話題，常常是一件不容易的事情，因此教師可在正式教學時，或是平常的互動時，教導他們如何引起溝通對象的注意（如：與人打招呼，讚美別人的穿著、書包、玩具等），學會一些可開啟話題的語句（如：「我好喜歡麵包超人，你喜不喜歡？」「我媽媽幫我買了一個口罩，你有沒有口罩？」）。另外，教師亦可使用下列的教學活動，幫助學童熟悉與人交談時，開啟話題的方式。

1. 我的玩偶真害羞

本項教學活動的教材為：兩個手掌小玩偶、一些可誘發問句的圖卡（如：漢堡、冰淇淋、打電動玩具、唱歌、看卡通影片等）。教學時，教師將兩個小玩偶拿出來，告訴學童：「這個小玩偶給你，它叫做修修。」「這個小玩偶給老師，它叫做妞妞。」教師接著說：「你的修修看起來好像不敢和我的妞妞說話，但是老師知道它想要說什麼話喔！我把它要說的話說出來，你再躲在它後面來對我的妞妞說。」教師接著拿出一張圖卡，告訴兒童：「你看，像這邊有漢堡，你就可以幫修修問妞妞喜不喜歡吃漢堡？」教師可以趁機會誘發兒童問一些與漢堡有關的話語／問句，如：「那你有沒有去過麥當勞買漢堡？」「誰帶你去麥當勞吃漢堡？」等。

另外，本項教學活動亦可變化成圍繞在「是／不是」、「什麼」、「哪裡」、「誰」、「誰的」、「為什麼」、「多少個」、「怎麼玩／做」、「什麼時候」等問題，例如：「妞妞你住哪裡？」「你最喜歡和誰一起玩？」等。

2. 大富翁遊戲練習開啟話題、選擇話題

學生與教師輪流擲骰子，根據點數往前行進，並依據走到的目的定點上的指示，抽取牌子進行語用練習活動。例如：擲骰子得六點往前走

到某個格子，依據格子上的指示，需要拿起電話打給同學邀請其一起去看電影。或是擲骰子得八點往前走到某個格子，依據該格子上的指示，需要請求同學讓他加入籃球賽。

3.使用電話實際練習交談技能

電話與手機已成為現代人溝通必備的工具，因此在語用的教學上，也可實際教導較大的學生（如：國中、高中生），打電話至公家服務單位或是私人商家機構詢問訊息。例如：打電話至監理所，詢問如何考摩托車駕照。打電話至戶政事務所詢問遷移戶籍事宜。打電話到不同旅行社，比較到泰國旅遊的價錢與行程。

4.妳媽媽長得好像電視明星

此項教學活動為請學童將家中的家庭相本帶到學校，做為教學之教材。教學時安排與鼓勵學童問一些與相片有關的問題，並由此延伸話題，延續交談。例如：「哇！這是妳媽媽嗎？她長得好像孫燕姿喔！」「妳這張照片是什麼時候拍的啊？」「妳這張照片是在哪裡拍的啊？」「這張照片中的人是誰？」

5.請問老師

對於年紀較大的學生，可設計教學活動，讓他們去訪問不同科目的任課教師。教學時，可協助他們列出訪談大綱。訪談內容可包括教師本身的相關資料、經歷，或是與學習科目相關的議題，例如：如何學習數學、如何背歷史年代等等。

(三)幫助兒童與他人主動交談／互動的教學設計

國外過去的研究顯示很多特定型語言障礙、語言學習障礙兒童因溝通能力的不足，常常會變得退縮，成為班級中的局外人。因此為了幫助這些兒童能積極主動與其他同學或教師互動，教師可設計一些活動來增加其與同儕互動的機會，發展主動交談的能力。茲將參考與改編自 Learning

（1993）的教學活動介紹如下：

1. 我的另一半

在彩色硬紙卡上先畫出蘋果、腳踏車、房子、魚、眼鏡、衣服、裙子、小狗、鞋子、手、星星、太陽等可愛、簡單的圖案，再將其剪成兩半，隨意發給班上的同學。每個同學都會拿到一半的圖卡，大家都要去找自己的另一半。找到之後，兩個同學一天之中要一起做例行的活動，例如：一起去福利社、廁所、操場、一起玩等等。放學之前，兩個人要一起和老師分享他們當天的經驗。

2. 我要抱抱

設計可愛的「我要抱抱」優待券，並發給同學。告訴同學，如果他／她覺得需要老師擁抱一下，可以拿優待券來換一個擁抱喔！當兒童拿優待券來兌換時，可以引領他／她與教師交談。

3. 讚美你，讚美我

為了讓同學之間彼此可以更熟悉，教師可以使用同學的名字進行有趣的「名字大進擊」遊戲。教師先將全班同學的名字寫好或用電腦打好印出，放在可愛的小籃子中。請同學抽取一張，並針對名字，說出一些正向、讚美的話語。例如：抽到的人名是「潘若凡」，就可以說：「潘若凡很大方，很善良。」「陳宜真很可愛，很會做功課。」如果同學程度較好，也可要求他們使用姓氏的首音說出讚美的話。再以「潘若凡」為例，則可說：「潘若凡很會爬樹和跑步。」另外，也可變化此項活動進行的方式，增加敘說的難度與趣味。其方式為：當輪到某個同學抽取名字並讚美這位同學時，他需要將想出來的讚美話語說出來，並複述前一位同學讚美某位同學的話語。

4. 轉轉轉，我說你，你說我

請全班同學分成兩組，每組人數要一樣。如果全班人數為奇數，教

師可加入，使得兩組人數一致。請第一組同學圍成一個圈圈，再請第二組同學面向第一組同學一樣圍成一個圈圈。面對面的同學需要互相交談，問對方家中有幾個兄弟姊妹，排行第幾。同學交談一分鐘之後，開始向右走十步，這時候每個同學會面對另一個同學。一樣，他們需要交談一分鐘，問對方最喜歡吃的東西、顏色、歌手、玩的遊戲等等。交談完畢之後，同學們再往右走十五步。這時候每個同學又會面對另一個同學。與前述步驟一樣，他們也需要交談一分鐘，互相問對方在教室與在家裡面最快樂的事情是什麼。最後，全班同學圍成一個大圈圈，相互介紹對方的相關資料。

㈣溝通訊息的修補與澄清

在很多的溝通情境中，我們也常常會出現溝通不順暢，無法讓別人理解自己談話內容，或是對別人所提供的訊息無法完全了解的現象。而這時候，我們會請求別人再說一遍、解釋清楚、說得更具體或提供相關例子與細節等；或是我們會重新再說、修正訊息、補充說明、解釋等。如同前述，很多障礙的學童在與他人溝通時，常常無法覺察自己是否已提供適當與充足的訊息，以利溝通對象的理解。另外，他們也較無法監控自己是否理解交談對象的說話內容。因此教學時，可針對這些問題，幫助學童發展較好的覺知與監控能力。

1. 你有沒有在注意聽？

由於覺察與監控溝通訊息是否清楚呈現，首先即需要注意自己本身與他人談話的內容。因此教師應先教導、示範注意聽的行為，並請兒童指認注意聽與未注意聽的溝通行為。另外，為確定兒童是否已建立這樣的認知，可在教學活動中，討論某些話題、唸讀故事書，或是進行前述的教學活動時，請學童複述教師所說的話語。

2. 他們說得好不好？

教師預錄某兩位人士交談的錄音帶，請學童說明交談內容中的訊息

是否敘說清楚？說話者是否提供相關、真實、充足的訊息？等學生提供個人看法之後，再示範、說明正確的訊息提供方式。教師預錄的錄音帶中，也可故意提供不正確的交談方式，再請兒童指出其問題並更正。

3.你聽得懂嗎？

教師可以示範溝通訊息不完整、不清楚的類型，例如：故意用很小的音量說話、說話速度過快、背景過於吵雜、同時故意說得很小聲／很快／含糊不清、提供不正確／不完整／令人生氣／荒謬的訊息或指令、提供超出兒童可理解的訊息等等。示範之後，教師需進一步說明訊息不完整或不清楚之處，並示範發現訊息不足時應做出的適當回應方式（如：請溝通對象到較安靜的地方交談、說大聲一點、說慢一點、說簡單一點等）。此外，在進行此項教學活動時，可請其他教師或教師助理、義工媽媽協助，來與教師交談以示範如何監控自己的理解狀況，做出適當的回應。

(五)說者─聽者角色的輪替

溝通或交談的基本結構為訊息發送與接收時的一來一往輪替過程。嬰幼兒很早即可由與照顧者之間的互動過程中建立輪替的概念，而這也是溝通、交談進行形式的基礎。而由溝通功能的角度來看，輪替可說是訊息交換的工具。再由交談結構的角度來看，輪替是交談的時間順序組織。由於語言學習障礙、ADHD 與智能障礙學童在交談的過程中常常無法敏感地去注意溝通對象的談話，做出適當的回應，形成適當的輪替。因此教學活動首重於幫助他們建立輪替的概念。

1.你傳我接，我接你傳

此項教學活動的主要目的為幫助學童發展與建立互動時的輪替概念。教師可使用小皮球、汽球、書等物品，進行此項教學活動。教學時，教師可以故意拖延時間不將物品傳給學童，讓其建立等待的概念與習慣。

2.你唱一句，我唱一句

與上述教學活動一樣，教師可以使用兒歌、童謠，與學童一起歡唱。在激發其興趣與參與動機之後，開始改變歡唱方式，由教師與學童們分唱其中的不同歌詞。教師唱完一句、一段之後，再輪由學童唱出下一句或下一段。

3.我是小小警察

此項教學活動為角色扮演。教師與學童使用對講機或警用通訊設備，假扮警察在辦案，需要溝通辦案所需的訊息。而對講機或警用通訊設備因需要按下某個按鈕才能將話語傳輸出去，因此可幫助學童建立輪替與等待的概念。教學時，教師與學童可分隔在不同房間或是隔在屏風兩邊，使其更具趣味性。

4.教導輪替的非語言行為

交談時，一些非語言的行為也是說者、聽者角色輪替變化的線索。例如：停止點頭表示想要加入說話、停止手勢／動作表示已經說完了，音調或是聲量降低表示已結束個人的談話部分等。因此在教學時可以示範說明這些行為，並讓學童學習辨認這些線索。

(六)肢體語言的理解

人際溝通中有很多肢體語言的部分也會影響訊息的傳遞與解讀，而語言學習障礙兒童常常都無法適當地解釋肢體語言的線索，如：聲量、眼神、肢體動作等，因此教學時也需要將其括在語用介入的計畫中。

1.肢體語言大猜謎

教師做出某些非語言動作，請學童猜猜看是什麼溝通含義。例如：與人交談時不時點頭、不斷看錶、常常低頭等等。

2.肢體語言大進擊

教師可以與同學一起討論肢體語言對溝通的影響。例如：與人交談時不看別人的眼睛、不面對說話者的行為，會讓交談對象解讀成無溝通意願或動機。又如：交談時，說話的聲音太大聲，會讓別人覺得說話者在生氣。

(七)教導交談禮貌的教學活動

交談時維持禮貌的互動方式對人際間關係的建立，以及溝通目的的達成是相當重要的。也因此語用的介入亦會含括交談時如何維持禮貌的教學活動。而教師可採用的教學活動，最常使用角色扮演的方式，例如：(1)讓我們假裝妳是媽媽要請自己的小孩幫忙去倒垃圾；(2)假裝你是老師要問學生某些問題；(3)假裝你是青少年要邀請朋友一起去看電影；(4)假裝同學向你借了原子筆未還，現在你要請他歸還。由這些活動中，教師可觀察學童如何與他人溝通，是否客氣、有禮貌，而不是挑釁、不客氣。並據此示範正確的溝通方式，與學童一起發展有禮貌的溝通態度。

(八)教導有技巧的談話方式

在日常生活實際的溝通情境中，有些話語是無法單刀直入，斬釘截鐵地說出。這時候就需要一些有技巧的說話方式，例如：當我們很不能苟同某位朋友的暴躁脾氣，想要表達自己的不滿，但又不想傷害彼此的友誼，這時候說話就要有技巧，既不會讓人下不了台，也不會傷害到自己。茲舉下面兩個角色扮演的介入教學活動說明：(1)假裝你是一個醫生，現在要告訴病人，他的病症需要開刀；(2)假裝你已經擁有或已買了某本書，現在某個同學買了同樣的書做為你的生日禮物；你想要告訴他，是否可以將這本書退回，改買別本書做為你的生日禮物。

(九)解釋間接請求的溝通含義

很多的溝通情境中，人們所說的話語常常都是屬於非表意的言語行

為（illocutionary act），意即由字面所解釋的意義之外，尚需進一步思考說話者的溝通意圖，以及其所欲達到的溝通功能。而過去的研究或是教師實務的觀察即發現，特定型語言障礙／語言學習障礙學童在解釋溝通對象的非表意言語行為上有較大之困難。因此，教學時教師亦可舉例或使用情境圖卡，幫助他們發展適切解釋間接請求溝通含義的能力。

例如：使用一張情境圖卡，告訴學童：「這張圖是說：吃飽飯後，爸爸說這時候如果有一杯冰冰涼涼的可樂，不知道該有多好。請問爸爸說這句話的目的是什麼？」

又例如：星期天中午小明全家要出去外面吃飯之前，哥哥對媽媽說：「我們好久沒吃麻辣火鍋了，對不對？」請問哥哥說這句話的目的是什麼？

再例如：上課時，老師對全班同學說：「如果現在我的耳朵突然聽不見，一定很舒服。」請問老師說這句話的目的是什麼？

最後一個例子，媽媽告訴讀幼稚園的弟弟：「弟弟，你又把玩具放在沙發上，媽媽不小心坐在它上面。我的屁股很痛耶！很痛很痛耶！」請問媽媽說這句話的目的是什麼？

㈩教導「請你注意我」的說話方式

人際溝通情境中，除了需將訊息清楚地傳遞出去之外，也需要確認溝通對象是否注意聽。而語言學習障礙以及其他障礙兒童常常因語言能力的不足，再加上溝通挫敗的經驗，使其較為退縮，亦較無法引起溝通對象的完全注意，因此教學時亦需顧及此層面。教學時，教師可使用一些假設情境，示範使用非語言以及適當的語言表達方式，讓溝通對象能專心聽其說話。例如：⑴假裝你想告訴你朋友一些事情，他卻沒在注意聽，這時候你要怎麼做，才能讓他專心聽你說話？⑵假裝你妹妹在廚房裡不小心割到自己的手，你要趕快跟媽媽說。但媽媽卻正在電話中和同事談重要的事情。這時候，你要怎麼說話，才能讓媽媽專心聽你說話？

綜合上述，提昇交談能力的教學，主要是在幫助學童發展語用前設、開啟／選擇話題、維持話題、了解交談時的一些非語言行為之含義、適

當明確地表達自己等能力。而除了上述的教學活動建議之外，教師在教學時亦可使用一些誘發學童發展語用能力的技巧與說話方式，例如，告訴學童：「對了，你不是才剛買了一雙會發亮的球鞋嗎？ㄟ……你可以跟我說啊！」「我好喜歡吃炸雞喔……你喜不喜歡……。」而在維持話題方面，則可在誘發學童交談時，在他說出某些話語之後，要適當的回應，回應則需要符合語用要求，如：「是不是」、「真的啊」、「哇」、「什麼」、「那是什麼」、「我也好喜歡」、「不是喔！那是……」。另外，對一些無法遵循說話輪替規則，老是說不停的學童，則可將其話題設限（如：你們在玩具反斗城買了什麼？），或是打斷、明確告知兒童他已說過某些話（如：喂！你說過了，我背給你聽）。對於不愛說話者，則可告訴他「我覺得很有趣，你要不要再說」、「唉呀！我想那一定很無聊，你才不再說……，嗚！嗚！你都不理人」。

三、語用教學活動

　　上面所介紹的教學活動，主要是以發展交談技能為主。而其中有些活動則觸及多項交談的技能，例如：參照性溝通遊戲除了可發展語用、溝通前設的能力之外，也是可發展開啟／維持／結束話題、輪替等技能。事實上，因語用的教學是以溝通交談的方式進行，因此自然會涉及這些相關的技能。而除了上述的教學活動之外，下面的三項教學活動亦常常用來幫助障礙的學童發展適當的語用能力。

(一)問題解決活動

　　為了讓語言障礙學童可以適當的表達自己，說服別人，在教學活動中可安排問題解決的情境，讓學童需說明其主張，以及為何抱此想法的原因，並需想辦法讓同儕認同其意見。例如：(1)假設學童是小組會議的領導人，需要和同學討論做壁報的事情。他必須把自己的意見與別人的整合，並尊重別人的意見，做出最後的結論；(2)假設過幾天是老師的生日，班上同學或語言治療的小團體需要購買一樣禮物送給老師，到底要

選什麼禮物？在表達己見的過程中，教師可適時介入，示範如何開啟話題、與別人說話時保持目觸、輪到自己說話時才說、訊息傳達不清楚時，如何修正、補充等。同時，亦促請學童依樣做，以及創造另一情境讓其應用這些交談的技能。

(二)角色扮演

角色扮演常常是語用介入中所使用的教學活動，教學時教師可使用情境圖卡、錄影帶或是卡通影片，讓學童了解某一溝通情境，再請其假裝是該情境中的某個角色，說出他需要說出的話語。例如：(1)陌生人問路時，說明如何到達某個目的地；(2)朋友不知道中午要吃牛肉麵還是排骨便當時，要求其提供建議；(3)如何與三個同學分享一個蘋果、一個蛋餅、一包玉米片；(4)模仿取笑別人的行為，並說明其中的傷害之處；(5)謝謝同學或親戚送的生日禮物、壓歲錢、故事書，或是協助；(6)邀請同學到家中參加生日派對，或是一起看錄影帶、DVD、漫畫；(7)拒絕同儕不當的要求，如：一起拿水球丟低年級的學童、抽煙、翹課；(8)忘了帶錢到超商買東西；(9)打電話給同學詢問怎樣準備某個科目的功課；(10)打球時丟到某個同學；(11)下課時，在走廊跑得太快，撞到其他同學；(12)上課遲到；(13)上課說話被老師糾正；(14)不去倒垃圾被媽媽責罵；(15)想要買某樣價值一千元的東西，但身上只有六百元，希望阿姨補助不夠的金額；(16)要求到同學家玩電腦遊戲；(17)請同學吃點心、零食；(18)請老師幫忙說明如何寫某項作業；(19)和父母走在路上碰到同學的媽媽，要介紹彼此認識；(20)和同學一起進入一棟大樓，要幫同學開門；(21)在公寓門口碰到住在對門的老先生夫婦正在拿鑰匙開大門。

(三)談話秀或新聞訪問

談話秀或新聞訪問一樣是藉由活動讓學童練習正確的交談對話方式，並覺察、控制溝通互動的質與量。教學時，教師先以剛發生的新聞或事件為主題，與學童討論其中之細節、概念，等學童已較熟悉內容後，由教師扮演記者或主持人，訪問學童。待學童熟悉活動進行的方式後，改

由其扮演記者之角色。活動進行過程中，教師可故意創造一些溝通不良之狀況，讓學童有機會去應用語用知識。另外，談話或訪問的話題，可以採用學童感興趣的主題。

肆、促發語用技能發展的溝通情境安排與互動策略

溝通是離不開生活的環境，語用的發展並非憑空而生的。也因此善用日常生活中的不同溝通事件，誘發兒童發展語用或交談能力，是最有效的語言教學或療育方式。家長、教師可以刻意安排情境、事件誘發兒童表達，適時提供適當的溝通示範，或幫助兒童改正錯誤的語言／溝通使用方式。茲將 Ostrosky 與 Kaiser（1991）所建議的溝通情境安排方式說明如下：

(一) 有趣的物品、教材或活動都隨手可及

兒童的溝通能力是在社會互動情境中發展出來的，而能激發其溝通意圖的誘發事物，常常都是生活中與食衣住行育樂相關的物品或活動，因此家長、教師在家中可將一些兒童喜好的食物、飲料、玩具、故事書、錄音帶、錄影帶、拼圖、積木、小小三輪車、家家酒玩具等放在矮櫃、地板上、桌上，讓兒童可隨手拿起，而家長、教師則可伺機就其感興趣的物品或活動提供機會，與其進行溝通互動，幫助兒童發展出適當的溝通技能。

(二) 將兒童喜歡的物品放在無法取得之處

家長、教師可詳細觀察兒童喜歡的物品（如：食物、飲料、會發聲的玩具、一按就會唱歌的玩具等），放在他們看得到但卻摸不到的地方（如：較高的櫃子上、透明的玻璃罐中、透明的置物盒中但卻很難打開），激發其興趣與極想獲得之欲望，使其不得不要求家長、教師、同

儕協助。經由上述之安排，家長、教師可創造機會讓兒童必須要求物品或做活動。而要求行為本是幼兒溝通能力發展的基礎，也是為滿足本身需求，必須與他人互動的行為。

(三)故意讓兒童無法參與活動

與上述情境安排一樣，家長、教師可詳細觀察兒童喜歡參與或做的活動（如：騎腳踏車、玩拼圖、電腦遊戲、電動玩具），並伺機創造一種情境，讓其無法做他喜歡的活動。例如：他喜歡到院子裡騎腳踏車，故意把門關起來，讓其無法如願。又如：他喜歡玩電腦光碟遊戲，故意將電源插座拔起來。

(四)提供難以操作、組合的玩具或教材

有些玩具的設計是需要轉動、組合或是打開蓋子方能運作，因此家長、教師可故意將這些玩具拆開、將電池拿下，或是將蓋子轉緊，讓兒童必須尋求他人的協助，方能玩該玩具。

(五)提供與情境無關的物品

兒童從日常生活中已建立很多事件的腳本或例行程序（例如：刷牙、洗頭、吃點心的腳本），因此故意破壞其規則，顛倒事件或活動進行的程序，或是故意裝瘋賣傻，應該能引起兒童抗議、表達己見，溝通自然會在家長、教師故意創造的荒謬情境中產生。例如：放學時，故意拿別的同學的書包給兒童。要出門時，故意幫他穿上哥哥或妹妹的鞋子。刷牙時，故意拿肥皂而不是牙膏給兒童。掃地時，故意將網球拍拿給兒童。將兒童的美勞作品故意上下顛倒的貼在佈告欄上。

(六)只提供小量的物品

此項策略的運用，一樣是為了激發兒童要求或抗議的溝通行為。實施時，家長、教師可故意提供少量的物品，以誘發出兒童的溝通行為。例如：吃點心或午餐時，可故意只給兒童小部分的飲料、餅乾、水果、

炒飯等，讓兒童不得不向大人要求，以獲得更多的食物。

(七)故意忘記提供學童必要的物品

無論是在家中或學校，有很多活動都必須使用到一些必要的物品，因此家長、教師可故意裝傻，不提供必要的物品，以激發兒童溝通的意圖。例如：畫畫時，只給圖畫紙但故意忘掉給彩色筆。吃布丁時，只給布丁但不給湯匙。

(八)故意忘記將學童納入活動中

很多遊戲或競賽活動，都需要以團體方式進行，因此家長、教師可故意不將兒童含括在活動之中。例如：教師與幾個小朋友玩老鷹捉小雞時，故意讓兒童站在角落上，不讓他參與。又例如：老師安排每個小朋友排隊騎腳踏車，故意將兒童排除在隊伍之外，讓他只能眼巴巴看著其他同學輪流騎腳踏車。

(九)故意安排學童不喜歡的事情或活動

一般而言，家長、教師對兒童的喜好或厭惡之事、物，應有一定程度之認識，因此可伺機故意提供其不喜歡的事、物，創造讓其表達不滿或拒絕之溝通機會。例如：某個兒童不喜歡吃酸梅，當他指著餅乾盒子，表達想吃的欲望時，家長、教師可故意拿酸梅給他。

(十)呈現新奇的物品

家長、教師可蒐集兒童不曾接觸的物品，故意剪貼一些奇怪的圖案，或是將積木拼成新奇古怪的樣子，再伺機引起兒童的注意，激發其表達己意。

上述各項情境安排方式，主要是為了能讓兒童可主動與他人溝通互動，家長或教師可伺機應用上述的情境安排，創造機會讓兒童必須要求物品、協助、參與活動，或是提出抗議、表達自己的看法、不滿。而上

述的環境安排，基本上也正是如何善用延遲、故意破壞、忽視與介紹新奇事物的策略。這些策略的應用，可依情境變化，與上述的情境安排配合。然而，家長、教師必須注意的是，這些情境安排與策略應用，只是為了幫助兒童發展語言、溝通能力，而不是要讓其挫折，因此需隨時注意兒童的反應。如果發現兒童出現任何不適、焦慮、生氣反應，家長、教師應馬上終止對其需溝通的要求。另外，家長、教師在使用上述的方法時，應盡量讓其發生得愈自然愈好。

最後，提昇語用能力的教學活動設計，主要是著重在教師或家長可幫助學童發展言語行為，包括：引起互動對象的注意（如：請兒童將某項物品拿給其他大人、請兒童轉達訊息給他人、大人應立即對兒童回應，但對不當的行為則不回應，呼名、拍肩、移至聽者面前、目觸）、創造情境讓兒童需要求別人協助，以及要求提供訊息（如：使用兒童熟悉或不熟悉的作業，如：美勞活動、新遊戲、學習單等，故意漏掉一些相關的訊息；介紹新的物品、遊戲；問一些兒童不熟悉的人的事，再鼓勵／提示兒童去問）。

伍、如何提昇障礙兒童在普通班的語用能力

如同前述，語用能力的提昇是需要在實際的溝通情境中與他人溝通互動方能發展出來的，因此普通班教師可以根據下面的建議，幫助兒童發展較好的語用能力。

1.鼓勵同班同學與溝通／語用能力較差的兒童一起玩、做活動。

2.請溝通／語用能力較差的兒童去當其他同學的小老師。

3.幫溝通／語用能力較差的兒童安排，或是鼓勵其選擇同儕做工作夥伴。

4.碰到溝通／語用能力較差的兒童時要與他打招呼。

5.視情況讓溝通／語用能力較差的兒童當小組召集人或領導者。

6.請溝通／語用能力較差的兒童幫老師跑跑腿，做做小幫手。

7.與溝通／語用能力較差的兒童接近／互動時，先保持一定距離，再縮短距離。

8.教師可安排與溝通／語用能力較差的兒童一起進行一對一的活動，如：一起上網、唸讀故事書、一起到操場散步。

9.嘗試不同分組方式讓溝通／語用能力較差的兒童有機會與他人交談互動。

10.提供溝通／語用能力較差的兒童經歷社會互動、學業成功的機會。

11.請溝通／語用能力較差的兒童傳達訊息給其他老師／學校職員。

12.安排分享時間，讓溝通／語用能力較差的兒童有機會談談自己的經驗、有興趣的事物。

13.安排溝通／語用能力較差的兒童帶領來校拜訪的人／新同學參觀校園。

14.讓溝通／語用能力較差的兒童玩一些須與他人交談的遊戲。

15.找出學校中溝通／語用能力較差的兒童願意也喜歡一起溝通互動的人。

16.找出願意陪溝通／語用能力較差的兒童的小朋友。

17.每天安排一小段時間與溝通／語用能力較差的兒童談話。

18.將溝通／語用能力較差的兒童與活潑多話的同學配對，一起玩遊戲，成為固定玩伴。

19.教導一些基本互動問候語：如「妳好嗎！」、「嗨」、「妳最近都在忙什麼」、「妳昨天看什麼卡通影片」等等。

20.設計情境模擬活動，與溝通／語用能力較差的兒童練習交談對話。

21.適度給予溝通／語用能力較差的兒童增強、回饋。

22.安排年級較低的小弟弟／小妹妹與溝通／語用能力較差的兒童互動。

23.隨時注意溝通／語用能力較差兒童的非語言動作／臉部表情等，適時與其互動。

24.指定同儕坐在溝通／語用能力較差的兒童旁邊以增加互動機會。

25.提供溝通／語用能力較差的兒童同儕模仿學習的機會。

26.與溝通／語用能力較差兒童的家長聯繫，一起設計、安排一些可提昇語用發展的情境或教學設計，並在家中配合使用。

27.與溝通／語用能力較差的兒童簽下可愛／有趣的合約，鼓勵其積極與他人交談，並提供具體的增強物，以增加其與他人互動的行為。

陸、結語

語用能力（交談／溝通能力）的發展是非常重要的。兒童需要發展出能依情境、溝通對象、溝通時機的不同，而適當使用語言的能力，方能成為具有社會能力的個體（Goldman, 1987）。成功的溝通經驗不只可以幫助兒童發展健康的自尊與自我概念，也能促發其語意、語法能力的建立，因為語言的發展是來自真實的使用。然而，對語言學習障礙或其他障礙兒童來說，因為其溝通、語用能力的限制，使其在人際互動上產生較大的困難，也帶來潛在的社會情緒發展問題。而有限或缺乏的同儕互動經驗，則又進而限制其語用能力的發展。因此，一個適當、有趣的提昇語用能力的教學計畫絕對是有必要的。上述大部分教學活動建議，雖然無法直接在日常真實的溝通情境中進行，但應可讓學童發展與建立一些正確的語用概念及技能。此外，教師與家長在學校與家庭中則可根據上述建議，幫助學童將所習得的語用技能應用在實際的溝通場景中。

❋參考文獻

Bray, C. & Wiig, E. (1987). *Let's talk inventory for children*. San Antonio, TX: Psychological Corp.

Goldman, L. G. (1987). Social implications of language disorders. *Reading, Writing, and Learning Disabilities, 3*, 119-130.

Grice, H. (1975). Logic and conversation. In P. Cole & J. L. Morgan (Eds.), *Speech acts: Syntax and semantics* (Vol. 3, pp. 41-58). New York: Academic Press.

Harris, L. R. (1994). Specific language deficit. In V. L. Ratner & L. R. Harris (Eds.), *Understanding language disorders: The impact on learning* (pp. 159-182). Eau Claire, WI: Thinking Publications.

Johnson-Martin, N. M., Attermeier, S. M., & Hacker, B. (1990). *The Carolina curriculum for preschoolers with special needs*. Baltimore, MD: Paul H. Brookes.

Learning (1993). *September*, 70-71.

Lord, C. & Paul, R. (1997). Language and communication in autism. In D. Cohen & F. Volkmar (Eds.), *Handbook of autism and pervasive developmental disorders* (2nd ed.). (pp. 195-225). New York: John Wiley & Sons.

McCormick, L., Loeb, D. F., & Schiefelbusch, R. L. (1997). *Supporting children with communication difficulties in inclusive settings: School-based language intervention*. Boston, MA: Allyn & Bacon.

Ostrosky, M. M. & Kaiser, A. P. (1991). Preschool classroom environments to promote communication. *Teaching Exceptional Children, 23* (4), 6-10.

Owens, R. E. (1999). *Language disorders: A functional approach to assessment and intervention* (3rd ed.). Boston, MA: Allyn & Bacon.

Phelps-Terasaki, D. & Phelps-Gunn, T. (1992). *Test of pragmatic language*. Austin, TX: Pro-Ed.

Paul, R. (2001). *Language disorders from infancy through adolescence: Assessment and intervention*. St. Louis, MO: Mosby.

Roth, F. & Spekman, N. (1984). Assessing the pragmatic abilities of children: Part I. Organizational framework and assessment parameters. *Journal of Speech and Hearing Disorders, 49*, 2-11.

Simon, C. S. (1991). Functional flexibility: Developing communicative competence in the speaker and listener roles. In C. S. Simon (Ed.), *Communication skills and classroom success: Assessment and therapy methodologies for language and learning disabled students* (pp. 298-333). Eau Claire, WI: Thinking Publications.

Smiley, L. R. & Goldstein, P. A. (1998). *Language delays and disorders: From research to practice*. San Diego, CA: Singular.

第 **8** 章

提昇兒童後設語言或
語言覺識能力的教學

就讀小一的姪子有一天跑來問我：「阿姨，我問妳蜘蛛人是黑人、白人、紅人還是黃種人？」我回答：「我不知道耶！」他就很得意告訴我：「是白人啦，因為 Spiderman 就是白的人。」

小學學童互相笑鬧的話語：「祝你一路順風，半夜失蹤，遇到颱風，死在台中，無影無蹤。」「笑口常開，笑死活該，死了還笑，真不應該。」

壹、前言

　　雖然語言的最大功能是用於人際之間的溝通，但在使用的過程中卻不可避免地會涉及對所使用的音韻、語意、語法或語用層面的覺識。例如：在上面例子中，我們即可知道學童已可思考其所聽到詞彙的音韻特徵，並與其他詞彙做一比較。或是可將組成詞彙的音節或詞素切割並做為自創新詞的依據。這種將語言當作物品思考或表徵，並可談論它的能力即是後設語言或語言覺識能力。

　　而除了日常生活中對語言結構，或是使用規則及情境適當性做有意識地抽離思考或操弄之外，兒童在語言學習或是學校學習的過程中，亦常面對必須使用後設語言／語言覺識能力學習的要求，例如：定義詞彙之意、舉出相似／相反／同音異義詞、找出錯字、找出語法錯誤之句、選出多義詞在句子中所代表的恰當意義、上課時監控自己聽講的理解程度等等。事實上，很多學科的考試除了在考學童的記憶、知識、組織與整合能力之外，亦涉及後設語言／語言覺識能力的應用。也因此學齡階段兒童如果無法發展出適當的後設語言能力，常常都會面臨學習成就低

落的窘境。

貳、後設語言與閱讀

　　口語與閱讀之間的橋樑連結會涉及後設語言的認知處理。兒童在最初識字階段需要覺察字彙之間的界線、發展字母─語音對應的規則，並覺知文字的音韻形式與意義之間的關係。簡而言之，此種認知歷程即為音韻覺識，乃是學習閱讀的必要基礎（Larrivee & Catts, 1999; Lyon, 1999; Snowling & Stackhouse, 1996）。當兒童開始閱讀句子時則需要覺知語意、語法交互運作的關係；而到了閱讀篇章時，因文章中的訊息呈現並非鉅細靡遺，將每個相關細節都詳加細述，因此在理解文章中句子之間上下文的意義或關係時，常常就需要覺察前後文中的主詞、代名詞或是主詞省略之處，並思考其關係，如此方能理解整篇文章之義。

　　由上所述，可知不管是音韻覺識、語意、語法覺識或是前後文連貫的覺察，都與閱讀理解有密切之關係。然而對閱讀障礙或語言學習困難的學童而言，他們可能因語言能力的不足，或是較無法積極思考印刷文字與口語之間的關係，因此會出現後設語言的困難而影響閱讀。

　　國外過去二十幾年來閱讀障礙的研究即發現，很多閱讀障礙兒童都有嚴重的音韻覺識缺陷，音韻覺識技能已成為習拼音文字兒童閱讀發展的重要預測指標之一（Adams, 1990; Bradley & Bryant, 1983）。此外，研究亦發現語言學習障礙兒童可能無法將口語與文字及閱讀的文章做聯結（Tumner & Cole, 1991）。閱讀障礙兒童常常無法理解篇章中的語法結構，並進而建構文本意義（Denner, 1970）。而低閱讀能力學童則較無法知覺自己的理解問題，也較不會使用理解監控的策略（Wong & Jones, 1982）。綜合言之，兒童的閱讀表現與其語意、語法、語用關係的覺識有相當程度之關係（Chall, 1983; Flood & Menyuk, 1983; Vellutino, Scanlon, & Tanzman, 1990）。

參、語言學習障礙、閱讀障礙兒童的後設語言／語言覺識困難

國外過去多年的研究，已證實後設語言能力與兒童讀寫能力發展有密切之關係（Hakes, 1982; Kamhi & Koenig, 1985; Catts & Kamhi, 1999）。低閱讀能力兒童在需要有意識地操弄音韻單位的測試上表現較差（Mann & Liberman, 1984）。另外，研究亦發現低閱讀能力兒童在偵測詞素是否遺漏（如：正確使用應為played，但測試題目為play），或是句子是否少了必要詞彙的測試中，亦表現較差（Fletcher, Satz, & Scholes, 1981）。此外，他們也較無法有效偵測與矯正語法錯誤的句子（Bowey, 1986）。

而以語言障礙兒童為對象的研究，同樣發現這些兒童在下面所列的後設語言測試上表現較差：(1)語法結構正確與否的判斷；(2)將句子分解至詞彙單位；(3)句子結合；(4)說出同義詞、反義詞、同音異義詞（Kamhi & Catts, 1986; Kamhi & Koenig, 1985; Kamhi, Lee, & Nelson, 1985; Liles, Shulman, & Bartlett, 1977）。

低閱讀能力學童或是語言障礙學童的後設語言問題，可能源自於其音韻、構詞、語法、語意知識的不足。他們在語言學習的過程中，並未建立穩定的語言表徵，而當他們在提取使用時，也可能較無法使用有組織、有效能的策略觸接相關的訊息，也因此才會造成無法注意、區辨、操弄相關的語言結構或內容的問題。

另外，國外過去的研究也已發現，學習障礙學生並未發展出，或是無法發展出有效學習所需的後設認知技能（Kavale & Forness, 1986）。也因此，與學習障礙有密切關係的閱讀障礙、語言學習障礙學童的後設語言缺陷，也有可能只是其廣大後設技能缺陷的一部分。這也難怪語言障礙兒童常常在克服主要的語言缺陷之後，卻仍然持續出現學習的困難。缺乏後設語言／語言覺識，使其在讀寫發展與課業學習上都面臨發展危機。基於此，教導年幼的語言障礙兒童與小學階段的語言障礙兒童後設

語言技能，不僅能幫助其語言的發展，也能促進讀寫技能的進步與學業學習。

肆、後設語言的評量

後設語言／語言覺識乃指語言使用者能有意識地思考語言的組成單位、結構或規則的能力。在溝通過程中，個體是自動化地使用語言單位或規則傳達訊息，幾乎不會刻意去思考所使用的詞彙、句型為何。也因此後設語言的評量乃需要設計測試題目或情境觀察兒童有意識操弄語言單位、結構、規則的能力。一般而言，後設語言的評量包括：(1)音韻覺識；(2)詞彙覺識；(3)語法覺識；(4)語意覺識等四個層面。

一、音韻覺識的評量

音韻覺識乃指對語言中音韻結構的覺察，或是對音韻規則的後設認知（曾世杰，1996）。據此，了解兒童操弄語言中的語音、音節、押韻、聲調的能力，乃成為音韻覺識評量的重點。茲將國內外所使用的評量方式概略介紹如下：

㈠音素—字母對應規則：由於拼音文字的閱讀需要建立音素—字母對應表徵，因此國外的評量會使用聽音節找出字母的方式決定兒童是否已建立此種規則。例如：施測者說出 "ip"，兒童需要找出 "i" 與 "p" 的字母積木，並依照呈現的順序排出；而如果施測者說出 "pi"，兒童則需要將 "i" 與 "p" 兩個字母積木排成 "pi" 的順序。相對於國外的音素—字母連配對應，中文裡的評量方式則是使用注音符號，例如：施測者說出「ㄇㄚ」，學童則需要寫出「ㄇ」與「ㄚ」兩個注音符號（曾世杰，1999）。

㈡找出相同首音的詞彙：此項測試方式為提供給兒童一個詞彙（可以使用圖卡代表），再請兒童由另外兩個或三個選項的詞彙／圖卡，選

出相同首音者。例如："pen" → "pig, ball, goose"。而在中文部分，則可依兒童的年齡使用遊戲或玩偶誘發方式，讓兒童選出相同首音的詞彙／圖片。例如：拿出一個玩偶，告訴小朋友「這個小玩偶叫布布，他最喜歡和他名字的音一樣的東西，我們現在一起來找出他喜歡的東西，你看這是筆、這是包子、這是杯子，這些都是他喜歡的東西喔。現在你再找看看，還有哪些是他喜歡的東西（選項：蕃茄、橘子、餅乾、螃蟹、錶、報紙、鞋子、車子）」。

㈢語音切割：本項測試為提供一個詞彙或假詞，再請兒童將其組成的語音做分解，兒童的回應方式則為用手打拍子。例如：聽到"cat"打三下。

㈣刪音／刪音節：本項測試為提供詞彙或單一音節，再請兒童去掉其中第一個或最後一個語音或是第一個音節。例如："snail→nail"、"beef→eef"。又例如，施測者可以說：「我說ㄅㄢ，你要說ㄢ。」經過幾次練習後再呈現測試題目（如：ㄅㄧˉㄆㄨˇ），讓兒童說出最後一個語音。再例如：「鉛筆→筆」、「籃球→球」。

㈤舉異音測驗：本項測試為要求兒童選出發音不一樣的詞彙，例如："doll, ball, dog"。

㈥在短文中找出每個帶有某音的字：本項測試方式為提供兒童一短文，並告訴兒童讀到含有某個語音的字時要把它圈出來。例如：在下面短文中找出「ㄏ」的音。「爸爸昨天買了一桶炸雞和六個牛肉漢堡，我們一下子就統統吃完了，害得媽媽回來時沒有晚餐可以吃」。

二、詞彙覺識的評量

詞彙覺識的評量可採用下列幾種方式：

㈠句子分解至詞彙：提供句子，請兒童將組成句子的詞彙數目算出來。然而由於中文裡的詞彙界定有混淆之處（呂菁菁，1996），因此本項評量會出現較大之困難。

㈡真詞與假詞的辨識：本項測試方式為提供真正的詞彙與假詞，請

學生選出哪些詞彙是平常我們在說的，哪些不是。例如：「面紙、面尺、面使」。

㈢詞彙—意義的判斷：本項測試主要是在測試兒童分析詞彙意義的能力。測試方式為請兒童找出意義相近的詞彙。例如：請問哪個詞彙的意義與 "mat" 較相近，是 "cat"、"dog" 還是 "rug"。又例如：請問哪個詞彙的意義與「垃圾」較相近，是「綠色」、「藍色」還是「廢棄物」。

三、語法覺識

語法覺識的評量重點主要是在測試兒童分析其所建立的語法知識的能力。測試方式主要是偵測語句中不合乎語法的部分。例如：判斷詞序的正確性、詞類結合是否符合規則、連接詞的應用是否符合語法規則、句子結合等。

四、語意覺識

語意覺識測驗主要是在測試兒童是否能使用已建立的語意知識，判斷其所聽到的詞彙或語句的正確性，並更正成為正確、合乎語意的話語的能力。另外，由於語意尚涉及非字面意義，因此測試兒童象徵性語言（如：隱喻、成語、諺語等）的理解與應用，也可用來了解兒童的語意覺識能力。

綜合上述，後設語言的評量包括：音韻覺識、詞彙覺識、語意、語法覺識等部分。國內目前已發展出來的後設語言評量工具，主要是用在探討聲韻覺識在閱讀處理歷程中所扮演的角色，例如：曾世杰（1996）、張漢宜（1996）等。而評量語意、語法覺識的測驗工具則較少，但是少數幾個語言評量工具仍可用來了解兒童的後設語言能力。例如：「兒童口語理解測驗」中的「語意判斷」（林寶貴、錡寶香，1999）、「國小學童書寫語言測驗」中的「句子結合」（林寶貴、錡寶香，2000）。此

外，與其他語言要素的評量一樣，後設語言的評量仍以觀察兒童在自然的語言使用情境中自發性應用此技能的表現為最好的方式。例如：與兒童共讀一本故事書，談論故事書中的內容或是誘發兒童操弄與判斷故事中所使用的音韻、語意、語法等。例如：說到某個詞彙，則誘發兒童根據其對押韻的覺識而說出與目標詞彙同韻的詞彙，或是教師可示範分解詞彙、分解語音，讓兒童在同一故事書的情境中表現出其後設語言能力。另外，故事內容也可能含括：成語、諺語、隱喻、多義詞，教師可適時問學童其意義，以了解他們是否能理解象徵性語言。另外，教師也可假裝小小孩說出不合語法、語意的話語，請學童偵測錯誤之處。

伍、不同階段的後設語言介入

van Kleeck（1994）建議教師、語言治療師可根據不同學習階段，擬定提昇兒童後設語言技能的教學重點：

(一)學前階段：介紹／培養後設語言技能

由於很多語言發展遲緩的學前兒童在語言學習上已有較大困難，因此在教學時應以語言的內容、形式與溝通使用為主，但可在自然的溝通互動中將後設語言帶入教學活動中。例如：玩語音遊戲、為物品重新命名、改變熟悉的兒歌／童謠的歌詞、評論／比較哪些詞彙比較好說、做完某些活動之後再談論該活動、唸讀故事書、創造讀寫環境、培養文字／印刷品覺知等。

(二)幼稚園至小一階段：強調音韻覺識

由於初學閱讀階段需要覺知文字與口語的關係，而習拼音文字兒童更需要建立字母—語音對應關係，因此此階段的教學特別強調音韻覺識的訓練。另外，唸讀故事書，創造讀寫環境，亦可幫助兒童發展文字覺

識、書本覺識等技能。

(三)小一以上階段：提昇較晚出現的後設語言技能

小學階段的語言發展重點包括：多義詞、象徵性／比喻性語言、複句結構的理解與使用，以及篇章的理解。因此，此階段的教學目標著重在與這些語言層面的覺識有關技能的發展。

陸、提昇音韻覺識技能的教學

音韻覺識乃指對語言中的音韻形式覺察與操弄的能力（Blachman, 1994; Torgesen, 1996），亦即可以將書面或口說語言中的音韻表徵，當作一種類似具體的物品去思考與操弄的能力。例如：知覺「Allen愛吃黑輪（台語發音）」、「Jeff是姐夫」例子中英文與中文或台語音韻特徵的相似性。過去二十幾年來，英美的研究者在探討閱讀障礙議題時，非常強調音韻覺識能力在習拼音文字兒童的識字／閱讀處理歷程的影響作用（Catts & Kamhi, 1999）。研究者（Stanovich, 1991; Torgesen, Wagner, & Rshotte, 1994）認為，音韻覺識能力與閱讀之間的相關，乃在於閱讀拼音文字時需要將文字解碼成音韻形式以觸接字義。據此，當兒童在建立字母—語音連配關係時，他們需要在心智表徵系統中操弄音韻結構。而很多研究亦證實，音韻覺識能力較佳的兒童，較能正確與快速地建立字母—語音的對應知識，並使用此知識解碼識字（Torgesen, Wagner, Rashotte, Burgess, & Hecht, 1997）。另外，很多研究亦發現閱讀障礙兒童都有音韻覺識缺陷（Bradley & Bryant, 1983; Olson, Wise, Conners, Rack, & Fulker, 1989）。音韻覺識的問題似乎是造成閱讀障礙兒童閱讀困難的因素之一（Morais, 1991; Torgesen, 1996）。有鑑於此，研究者乃探討系統化的音韻覺識訓練，是否能改善閱讀障礙兒童的問題，而研究結果亦顯示適當的介入可大大改善閱讀障礙兒童的識字／閱讀能力（Blachman, 1994; O'Conor,

Jenkins, Leicester, & Slocum, 1993）。另外，構音—音韻障礙兒童的音韻覺識能力，也是國外語言治療領域所關心的議題。近幾年來，亦有很多書籍或研究提出音韻覺識訓練，可以幫助音韻障礙兒童更有效地掌控音韻結構，進而提高構音清晰度（Major & Bernhardt, 1998; Smith, Downs, & Mogford-Bevan, 1998）。因此下面所介紹的一些教學活動可做為閱讀障礙以及構音／音韻障礙教學之參考。

根據 Goldsworthy（1996）的建議，音韻覺識的訓練計畫應包括三個層次：(1)增加詞彙覺知，將句子分解至詞彙；(2)增加音節覺知，將詞彙分解至音節；(3)增加語音覺知，將音節分解至語音。茲將 Goldsworthy 所整理的教學建議介紹如下：

(一)增加詞彙覺知：將句子分解至詞彙

在閱讀的發展初始階段，兒童需要覺察其所閱讀的句子是由詞彙所組成，而詞彙是其所說的話語中的組成單位。然而，此種覺察或思考對於某些兒童卻不是容易達到的（Bowey & Tunmer, 1984）。因此，此階段的教學強調由口語的聽覺訓練發展詞彙覺知能力，以及操弄句子中的詞彙。這些教學活動包括：(1)大聲唸讀活動；(2)說故事；(3)唱歌；(4)問與答；(5)詞彙遊戲；(6)指認消失遺漏的詞彙；(7)區辨音調、音量、音長；(8)指認句子中的詞彙；(9)解釋詞彙與句子；(10)計數聽到的話語中的詞彙數；(11)重新造句。

(二)增加音節覺知：將詞彙分解至音節

當學童已能覺知其所聽到的話語或閱讀的句子、短文是由不同的詞彙所組成，並且也知道書面文字與其所說、所聽的話語意義是一樣時，訓練層次可以再往下將詞彙分解成音節。Goldsworthy 所建議的教學活動與上述相似，包括：(1)大聲唸讀活動；(2)說故事；(3)拍打音節數；(4)區辨真假複合詞；(5)指認消失的音節；(6)刪除音節；(7)增加音節；(8)替換音節；(9)前後音節調換。

(三)增加語音覺知：將音節分解至語音

由於習拼音文字兒童的閱讀與拼字發展，需要建立字母—語音連配對應關係。因此，很多研究都發現語音分解技能是閱讀與拼字的最有力預測因素（Lundberg, 1988）。在增強兒童語音分解技能的教學，包括：(1)大聲唸讀活動；(2)說故事；(3)聽覺轟炸或本日／本週語音；(4)唱歌；(5)語音操弄、語音遊戲，例如：新詞創造（如：用 b 音替代詞彙中的首音，/chair→bair/、/desk→besk/）、添加尾音（如：在每個詞彙後面加上 y 音，/desk→desky/、/lamp→lampy/）、歌詞押韻（如：/Humpty Dumpty sat on a wall/→/Humpty Dumpty had a big ball/）、押韻配對（如：說出與 /cat/押韻的詞彙——/hat/）、找出不同韻的詞彙（如：/cat、hat、mat、bat、tea/）、說出某個首音的詞彙（如：說出四個以/p/開頭的詞彙，/pig、pen、pet、pin/）、語音結合（如：將/s/、/i/、/t/合起來說）、刪音（如：將/slip/的/s/去掉→/lip/）、替換語音（如：將/cat/中的/k/換成/s/並說出來→/sat/）等。

茲將筆者根據上述 Goldsworthy（1996）所建議的訓練課程，以及參考 Jenkins 與 Bowen（1998）、van Kleeck、Gillam 與 McFadden（1998）所發展的音韻覺識教學活動，所改編以符合中文音韻特徵的教學活動設計介紹如下：

一、發展同音、同韻覺識技能

(一)押韻大哥，小弟來了

本項教學活動所使用的教材為代表不同訓練語音的多組詞彙（以圖卡呈現）。每組教材共有五個詞彙，教學時，教師先呈現其中的一張圖卡，再請兒童由另外四張圖卡中找出與該圖卡所代表的詞彙押韻的詞彙（圖卡）。例如：教師拿出「電話」的圖片，再請兒童由「鴨子、短襪、西瓜、鉛筆」找出與電話押韻的詞彙。

(二)首音相同或不相同，你看呢？

本項教學活動一樣是設計詞彙，並發展代表該詞彙的圖卡。教學時，教師呈現兩個詞彙，並請問兒童這兩個詞彙的首音是否相同。例如：「蕃茄、房子」、「乳牛、汽球」。

(三)想想同音的詞彙

本項教學活動為教師先說出幾個含有某個目標語音的詞彙，再請兒童說出其他含有該語音的詞彙。例如：教師說出「梳子、故事書、小豬、老鼠、兔子」，兒童則需要說出含有「ㄨ」音的詞彙（如：樹木、老虎、肚子、拼圖、竹子、滷肉……）。此項教學活動亦可含括無意義的非詞，例如，教師說：「我們現在要來說有ㄇ音的詞彙，我說貓咪、螞蟻、ㄇㄨ子、牧場、ㄇㄧㄚ子」，兒童則可說：「馬、麵包、帽子、棉花、ㄇㄨㄚ子、ㄇㄨㄟ子……」。

(四)同音、同韻故事一起說說說

此項教學活動的教學步驟為：(1)教師與學童一起先想出含有某個目標語音的真詞與假詞，並據此發展出一張詞彙單；(2)教師與學童再根據詞彙單中的真詞與假詞創造出一個有趣的故事。例如：在Jenkins與Bowen（1998）文章中所舉的例子為："Gus got on the bus with us. He made a big fuss. The bus driver put us off the bus."。而以上面「ㄇ」音為例：「馬先生騎著ㄇㄧㄚ子去牧場。他把麵包放在帽子裡，拿給ㄇㄨㄟ子吃。ㄇㄨㄟ子不吃麵包要吃貓咪。貓咪嚇得壓死螞蟻。ㄇㄨㄚ子看了很生氣，就拿棉花丟貓咪。」(3)請兒童將創造出來的故事畫出來，再使用看圖說故事的方式，將圖畫內容說給其他教師、同學或家長聽。

(五)食譜編寫

此項教學活動的安排方式，是讓每個學童選擇一樣食物，並想出與該食物押韻或有相同音節／字的詞彙，例如：「牛排—羊排、豬排」。

又如：「海帶—白菜、蛋白」、「西瓜—雞爪、金針花、絲瓜、龍蝦」。

二、發展音節覺識能力

(一)聽聽聽，打節拍

本項教學活動為教師說出詞彙，再請兒童根據詞彙中的音節數打節拍。例如：「筆」（拍手一下）、「鉛筆」（拍手二下）、「原子筆」（拍手三下）、「油性麥克筆」（拍手五下）。

(二)1、2、3，音節選選選

本項教學活動為教師說出詞彙，再請兒童由「1」、「2」、「3」、「4」、「5」等數目牌子中，選出符合該詞彙音節數的牌子。例如：「麵」（舉1的牌子）、「泡麵」（舉2的牌子）、「牛肉麵」（舉3的牌子）、「牛肉湯麵」（舉4的牌子）、「紅燒牛肉麵」（舉5的牌子）。另外，教師亦可將很多圖卡（代表詞彙）排在桌上，由教師舉出「1」、「2」等牌子，請學童找出一個音節或兩個音節的所有詞彙。

(三)音節調換大變裝

如果將中文裡有些詞彙的前後音節對調，常常會變成另一個詞彙，例如：「蜜蜂→蜂蜜」、「天上→上天」、「牛乳→乳牛」等。因此教學時，可善用這些詞彙做為教材。而除了發展兒童的音節覺識能力之外，也可同時幫助兒童知覺中文的構詞特徵。另外，本項教學也可使用一般的詞彙，而在請兒童調換前後音節時，也可請其解釋音節調換後假詞之意。例如：「熱狗→狗熱」、「蛋黃→黃蛋」、「長褲→褲長」、「汽水→水氣」等。

三、發展音韻切割能力

(一) 找音大偵探

將教材（圖卡）置放在桌上，或是安放在電腦檔案中，請兒童找出含有某個語音的圖片。例如：請兒童找出與「蘋果」中「ㄆ」音一樣的詞彙。

(二) 找圖配音

本項教學活動可使用超市、百貨公司、大賣場、郵購目錄等商品廣告單作為教材。教學時，請兒童找出含有某語音的商品，用彩色筆圈起來，或剪下來貼在白紙上。另外，本項教學活動也可以與注音符號的學習搭配，亦即請兒童找出含有某個語音的圖片時，在其旁邊寫上該注音符號。例如：目標語音為「ㄅ」，兒童可以找出「餅乾、菠菜、蘿蔔、棒棒糖、冰淇淋……」。

(三) 你音我音比比比

此項教學活動為請學童唸讀兩張圖卡所代表的詞彙，並說明這兩個詞彙的首音是否相同。例如：「雞蛋、煎餃」、「嘴巴、桌子」。

(四) 小玩偶名字語音配對

此項教學活動需要使用手指玩偶誘發兒童的反應。教學時，教師先為玩偶取一個名字，並告訴兒童小玩偶最喜歡聽和他的名字有一樣聲音的話。例如：教師說：「這個小玩偶叫慢沒慢，他最喜歡『ㄇ』的聲音，所以我們現在來說出他最喜歡聽的話，我說『饅頭、妹妹』，那你要說……。」另外，本項教學活動也可以變化成請兒童在很多圖片中找出小玩偶最喜歡聽的詞彙。

(五)唸讀故事找語音

本項教學活動可使用有趣的故事書做為教材。教學時，教師先示範在聽到故事中的某個詞彙（即：含某個目標語音）時，需要拍拍手、舉起大拇指或是丟小積木到盒子內等有趣的回應方式。等到兒童已熟悉活動方式，則可擴展至注意含有與練習詞彙中相同首音或尾音的詞彙。另外，如果兒童已有注音符號基礎，或是基本識字能力，則可引導兒童去注意印在書本上之文字，讓兒童建立文字與讀音之連配關係。例如：「有一個小朋友叫旦旦，他有個哥哥叫潘潘。有一天，他們兄弟倆去山上買雞蛋，一共買了三十三擔。潘潘想要用毛毯蓋住雞蛋，但是旦旦卻想用白飯蓋雞蛋。兩個吵了一番，雞蛋全部後空翻，掉到地板上」（教學時，可請學童聽到ㄉㄢˋ時要拍手，或是聽到有ㄢ音時拍一下桌子）。

(六)怪怪詞大放送

本項教學活動的重點為讓兒童隨意組合語言中的語音，創造出一些假詞。等兒童創造出一些假詞之後，教師可使用注音符號寫下其發明的拼音。如果兒童已學會注音符號，則可請其寫出創造出來的假詞音節結構。之後，可請兒童用畫畫表達這些假詞之意，並製成個人的「怪怪詞」手本。

(七)說出詞首的語音

本項教學活動所使用的教材為含有不同語音的詞彙（以圖卡代表）。教學時，教師一次拿出五張圖片，請兒童說出每個詞彙的首音。同樣的，也可請兒童說出每個詞彙的尾音。

四、發展音韻整合（加加看）技能

(一)聲母＋韻母或結合韻母

國外的教學方式為先找出詞根或音節家族（如：am、tive），再請兒童加上不同的聲母（如：Sam、lam、dam）。而衡量中文的特徵，教學時可找出中文一些具有意義的單音節詞彙或字彙，做為音節結合的教材。例如：「筆→鉛筆、畫筆、鋼筆、彩色筆……」、「琴→鋼琴、風琴、口琴、小提琴、大提琴……」。另外，也可使用某個中文裡的結合韻母，做為與聲母結合的教材。而中文裡的疊詞特徵則可應用在練習活動中。例如：「ㄧㄚ→蝦蝦、家家、恰恰、嗲嗲、……」、「ㄨㄟ→推推、龜龜、盔盔、灰灰、追追、吹吹、睡睡……」。

(二)你說，我找

如果兒童已學會注音符號，則可將上述「聲母＋韻母」活動延伸成為使用注音符號拼音之教學活動。例如：當教師說出「蝦蝦」時，兒童需要找出「ㄒ」與「ㄧㄚ」的注音符號卡。另外，為了讓兒童更有動機參與教學活動，也可改由兒童說，教師找的活動類型。

柒、語意、語法覺識的教學

如同前述，語言學習困難兒童因語法、語意知識的不足，以及詞彙提取的問題，使得他們除了在語言的理解與表達產生較大的困難之外，也同時影響其後設語言能力的發展（Kamhi & Koenig, 1985）。也因此，除了教導音韻覺識技巧之外，教師亦可在語言教學活動中加入語意與語法覺識的部分。

一、語意、語法誤用的判斷與更正

(一)這是頭腦凸槌的小玩偶

教師準備一個小玩偶，並在其頭上綁上多層的繃帶，告訴兒童小玩偶不小心從床上摔下來撞傷了頭，所以現在常常會說出和我們不一樣的話。他現在要開始說出奇怪、不一樣的話，如果聽了奇怪的話，要指出來，並教他說得和我們一樣。例如：教師可說：「你看，小玩偶現在說：『吃喜歡炸雞我。』」（教師故意用誇張可笑的方式說出這句話）聽起來有沒有怪怪的？如果怪怪的，那要怎樣說呢？」另外，本項教學活動，亦可變化成小玩偶在其話語中使用錯誤的詞彙，讓學童偵測與更正。例如：「小玩偶說：眼鏡是戴在手指上，戒指是戴在耳朵上。我們用手錶寫字。」

(二)我就是要說得（寫得）不一樣

提供語句、段落，請學童在不改變意義的狀況下改寫或改說。

(三)我是小小找碴專家

提供一些故意寫錯的詞彙、語句，或是邏輯不通的語句、段落文章讓學童來找出錯誤之處。另外，也可讓學童故意寫出錯誤的語句，改由教師來更正。

(四)因果關係大逆轉

本項教學活動是上面「這是頭腦凸槌的小玩偶」的延伸變化。教學時可設計一個外星人娃娃，使用圖畫或是布偶皆可。告訴學童：「這是ㄅㄚ ㄉㄚ ㄎㄨ ㄏㄨ，他是外星寶寶，正在學習我們說的話，可是因為他像小寶寶一樣，所以有時候會說錯話，他說錯時，我們要趕快發現，再教他說出正確的話語。」本項教學活動，主要是以複句或複合句語法

的因果關係為主，因此教材會用到「因為……所以」、「不管……都」等語句結構。例如：告訴學童某個情境（以圖片或是錄影帶呈現），再說出外星寶寶看到之後，所說出的話語，並請學童判斷是否正確。如：「某個小朋友騎腳踏車，撞倒石頭，跌到地上，大腿不斷在流血」，小玩偶就說：「因為他流血了，所以就跌倒」，或是「因為他跌倒了，所以就騎腳踏車，撞到石頭。」

二、詞彙覺識的教學

(一)我是語言學家

本項教學活動是將一些例行活動或事件中所使用的用語，以不同的語言說出來，讓兒童覺識同樣意義可用不同詞彙表達。例如：「再見」（good bye、adios、ciao、sayoonara）、「謝謝」（thanks、gracias、ariga-too）等。教學時，可以設計一些與上述語言使用民族的特徵有關的面具或是服飾用品，讓兒童在拿到該物品時就需要說出該國的用語。經由這樣的教學活動，讓兒童發展出詞彙覺識技能。

(二)是太陽還是月亮

本項教學活動的理念是來自Piaget（1929）的實驗設計（引自Bowey & Tunmer, 1984）。而教學活動的設計，則與上述「因果關係大逆轉」一樣，介紹一個外星寶寶，並說明在他的國家裡，很多詞彙都是和我們說得不一樣的。例如：「白天在天空中亮亮、熱熱、很刺眼的東西，外星寶寶說那是月亮。晚上在天空中黃黃、亮亮的東西，外星寶寶說那是太陽」。教學時，教師可以設計一個與月亮及太陽有關的小故事，唸讀給學童聽。之後，再問一些與太陽或月亮有關的問題。又例如：在另外的教學活動中，則可故意將「貓、狗的名稱顛倒過來」，並設計一個故事，包含很多貓狗特性的描述，讓學童覺識詞彙其實是獨立在物品本質之外。

三、語法覺識的教學

(一)我的詞和你的詞

本項教學活動主要是在發展學童對詞類結合關係的覺識。教學時，教師可先發展某些名詞、動詞、形容詞的詞彙單。例如：「吃、喝、穿、看、買、打、洗」（動詞）、「冰淇淋、果汁、故事書、鞋子、電腦、牛排、籃球、裙子」（名詞）、「厚厚的、酸酸的、髒髒的、有趣的、美味的、可愛的、閃亮的、破舊的」（形容詞）。教學時，教師與學童由三種或兩種詞類中各抽取一個詞彙，並唸讀出來。由學童判斷聽起來是否怪怪的，以及要如何變化其說出來的順序。對於年幼尚未識字的兒童，則可使用圖片替代文字。

(二)語句減肥

本項教學活動的設計與前述「提昇學童語法能力」中語句結合的教學活動一樣。教學時，教師故意將一個簡單的句子，以很多句子說出來。例如：「哥哥在浴室。哥哥在洗頭。哥哥在洗澡。哥哥是帥帥的」→「帥帥的哥哥在浴室洗頭和洗澡」。

四、語意覺識的教學

(一)什麼是「ㄅㄧㄚㄊㄨㄚˋ」

本項教學活動是將一些非詞（如：ㄅㄧㄚㄊㄨㄚˋ）放入語句或故事中，讓學童由語境中去抽取其意義。例如：「ㄅㄧㄚㄊㄨㄚˋ在空中飛呀飛呀，後來就停在樹枝上唱歌」、「媽媽和阿姨去ㄇㄨㄟㄅㄨㄚ買東西，她們買了牛肉、牛排、牛肉乾、牛奶、奶油、乳酪和冰淇淋」。教學時，可先設計一些能明確地由語境中抽取意義的語句，以及非詞做

為教材。而活動的安排，則可使用遊戲或競賽的方式，以提高學習的動機與樂趣。

(二)同義詞、反義詞說說說

本項教學活動的目的是幫助學童覺識詞彙之間意義的相比或對應關係。教學時，教師先設計詞彙單。例如：「乾淨、漂亮、辛苦、瘋狂、吵鬧、粗魯、奇怪」。教學時，可採用競賽的方式說出同義或反義詞，最後說出來或說不出來的人要做出奇怪、有趣的動作，並說明他做的動作、行為是什麼，如此亦可同時訓練兒童口語表達的能力。如：把餅乾放在鼻子上，左右移動，再吃下該餅乾。

(三)詞義覺識

筆者的姪子在四歲多時，曾經告訴我：「我知道妳為什麼叫老師，因為妳很老。」之後，亦曾告訴我：「哈哈！妳是教授，就是會叫的野獸。」從兒童這種詞彙覺識的發展，可知道他們能覺察語言中的詞彙結構與語意之間的關係。據此，教師可以將一些中文裡特有的詞彙結構或是詞根，做為教材的設計依據，以幫助兒童去覺察中文的特有詞彙結構。例如：使用「瓜」、「琴」、「菜」、「鞋」、「筆」等音節，與假詞音節結合，形成新的詞彙，如：「ㄅㄧㄚ瓜」、「ㄇㄨㄤˋ筆」。再設計古怪的圖片（如：左邊是西瓜，右邊是南瓜的圖片、手機＋鉛筆的圖片），請學童將詞彙與圖片連配。

捌、發展後設理解能力的教學

無論是在日常活中的溝通或是教室中的聽課、討論與學習，除了自動化的處理語言訊息之外，在不理解聽到或讀到的訊息時，學童也必須覺知、偵測自己的理解狀況，做出適當的反應（如：發現、比較老師上

課時前後說明解釋混淆不一致之處、要求老師解釋或重說一遍、自己重讀不理解的部分等），如此方能達成溝通與學習成效。

過去的研究即發現，在教室中的學習涉及很多口語聽覺理解的歷程，小學階段學童在教室中的學習時間約有一半左右是聽教師授課，國、高中階段學生的聽講時間則高達 90%（Griffin & Hannah, 1960）。此外，在教師或是家長與兒童的溝通互動中，亦常要求兒童需要遵循指示，這些一樣涉及聽覺理解。然而過去的研究卻發現很多有語言學習困難的學生（Language Related Learning Disability, LLD）在聽講或與人交談時，較不會監控自己的理解狀況（Dollaghan & Kaston, 1986）、注意重要訊息（Wiig, 1984）或要求澄清他覺得混淆不清的訊息（Meline & Brackin, 1987）。因此，有些研究者乃主張應訓練其傾聽（listening）及要求訊息澄清的技能。

Dollaghan（1987）建議採用下列教學活動：(1)提供訊息不清楚，如：故意說得模糊不清、聲音過小、速度過快，或是邊說邊用筆或積木等敲打桌上造成背景噪音、故意請學生拼出或寫出假字；(2)增加訊息的複雜度或是提供曖昧不明的訊息，如：「如果你去過日本和韓國，但沒有去過台灣，就把書本放在不要」。茲將相關教學活動設計介紹如下：

一、傾聽技能的訓練

Buttrill等人（1989）發展一訓練學習障礙學生傾聽技能的訓練策略，共包括三部分：

(一)專心聽（prelistening）

本部分主要是訓練學生專注聽講，盡量不要想分心的事情。訓練的方式包括：提供上課要談論的主題，請學生閉上眼睛在心中想與該主題有關的事、物、活動。或是教師將要講的每句話分成幾段，如：「因為下雨……郊遊……要延到……下禮拜六」。使用這些方式以提昇學生監控自己是否專心聽的能力。

(二)直接或字面語意之傾聽（literal listening）

本部分主要是訓練學生認明及理解教師授課教材的組織及內容。訓練的方式包括：認明教師上課時使用的詞彙線索，如：「第一點」、「重要的一點」、「綜合言之」、「三個主要的領域是」等。也可訓練學生注意教師說話的特徵（如：速度、音量、停頓等）。

(三)評鑑自己傾聽的狀況（evaluative listening）

為訓練學生可監控自己口語理解的狀況，教師可採取下面幾種訓練方式：

1. 讓學生聽一段簡短但不完整的故事，再請學生說出結局。

2. 說出兩句話再請學生判斷其意思是否相同。

3. 讓學生分辨其所聽到的話語是事實或誇張的宣傳、建議（如：廣告內容）。

4. 讓學生認明聽到的訊息是否合理（如：提供荒謬或不真實的訊息）。

二、要求澄清訊息技能之訓練
（make requests for clarification）

Dollaghan 與 Kaston（1986）讓有語言學習問題的兒童聽一些訊息模糊不清、不足或過長、複雜的話語，然後訓練他們：⑴找出不清楚的訊息；⑵要求說話者澄清其所談的內容，如：「你可不可以說慢一點？」「你說的是什麼意思？」、「你可不可以用別的話告訴我？」、「你說的話太長了，我聽不懂」、「我不知道那個字的意思」等。研究者發現接受訓練的學生都學會了要求說話者澄清訊息的技能，而且也可將這些技能類化至教室及家中的溝通情境中。

玖、口語表達的自我監控

　　口語表達不只涉及口腔、聲帶的神經肌肉協調，將語音、聲音以適當的速度產生出來，它還涉及將同時產生的意念、詞彙、語法在瞬息之間作次序排列，組合的歷程（曾志朗，1991）。因此，對於在語言學習上有較大困難的學童而言，如何在溝通的情境中，針對話題自動化地組織意念、提取詞彙並按照符合語法規則的順序，依次說出表達意念的詞彙，自然是一件極具挑戰的工作。試想我們在使用不熟悉的英文與美國人溝通的情況，即非常類似語言學習困難學童的溝通困境。因此，以後設語言的角度來設計教學，可讓學童在練習的過程中，習得如何監控自己的口語表達。茲將教學的內涵介紹如下：

(一)教導學童發展意念形成的策略

　　有效的溝通需要依賴交談者將不同的話題維持下去。而語言學習障礙學童，即使熟悉溝通的話題，也有很多意見／想法、訊息可表達或分享，但卻常因語言能力的不足，又有需要立即說話或回應的壓力，而陷於混亂、緊張中。因此教學時，可教導學生在溝通情境中，自問自答下面問題：(1)我對現在大家正在談論的主題是否了解？我知道哪些相關之訊息？(2)我對這主題的感覺是什麼？(3)我有沒有與這主題有關之個人經驗？(4)好！我已想到一些大家正在談論的話語，現在我要如何解釋、呈現、說明我的想法？

(二)監控口語表達訊息的正確、清晰度

　　當我們將已形成的意念以口語表達出來時，偶爾也會出現詞不達意、話語組織凌亂的現象，但是我們會馬上做適當的修正（如：放棄已說一半的話語，重新再說；或是以別的話語補充說明）。然而，很多語言學

習困難學童,卻較無法覺察自己所傳達出來的訊息是否正確與清楚。因此教學重點亦應包括幫忙兒童發展出自我監控的能力。在前面所介紹的「提昇語用能力的教學」中,「溝通訊息的修補與澄清」的教學活動,即可用來發展兒童監控自己口語表達的技能。

拾、結語

語言學習障礙兒童因語言能力的缺陷,使其除了在語言學習、發展上有較大的困難之外,也會影響其後設語言／語言覺識技能的發展。而很多學科的學習或是教室中的教學活動皆涉及後設語言能力,因此後設語言能力的不足,乃進而影響這些學童的讀寫發展與學業成就。有鑑於此,在障礙學童的語言療育計畫中,也應視需要而將後設語言或語言覺識的教學活動含括進去,以幫助兒童發現、思考、談論語言。教學時,教師或家長可根據兒童的年齡與發展階段,使用有趣的圖畫、故事書、玩偶、遊戲、競賽活動等,幫助其發展音韻、詞彙、語意、語法覺識能力。

❀參考文獻

呂菁菁（1996）。中文的字、詞、詞素與詞組。聽語會刊，12，19-24。

林寶貴、錡寶香（1999）。兒童口語理解測驗之編製。教育部專題研究報告。

林寶貴、錡寶香（2000）。國小學童書寫語言測驗之編製。教育部專題研究報告。

張漢宜（1996）。兒童音韻，聲調覺識，識覺技巧，短期記憶與閱讀能力之關係。國立台南師範學院國民教育研究所碩士論文。

曾志朗（1991）。華語文的心理學研究：本土化的沉思。載於楊中芳與高尚仁主編，中國人、中國心——發展與教學篇。台北：遠流。

曾世杰（1996）。國語文低成就學童及一般學童的閱讀歷程成份分析研究。國科會專題研究計畫成果報告（NSC 84-0301-H-024-001）。

曾世杰（1999）。聲韻覺識測驗。未出版。

Adams, M. (1990). *Beginning to read*. Cambridge, MA: MIT Press.

Blachman, B. A. (1994). Early literacy acquisition: The role of phonological awareness. In G. P. Wallach & K. G. Butler (Eds.), *Language learning disabilities in school-age children and adolescents* (pp. 253-274). New York: Macmillan.

Bowey, J. A. (1986). Syntactic awareness and verbal performance from pre-school to fifth grade. *Journal of Psycholinguistic Research, 15*, 285-308.

Bowey, J. A. & Tunmer, W. E. (1984). Word awareness in children. In W. E. Tunmer, C. Pratt, & M. L. Herriman (Eds.), *Metalinguistic awareness in children: Theory, research, and implications* (pp. 73-91). New York: Springer-Verlag.

Bradley, L. & Bryant, P. (1983). Categorizing sounds and learning to read: A causal connection. *Nature, 301*, 419-421.

Buttrill, J., Niizawa, J., Biwmer, C., Takahashi, C., & Hearn, S. (1989). Serving the language learning disabled adolescents: A strategies-based model. *Language, Speech, and Hearing Services in Schools, 20*, 185-204.

Catts, H. W. & Kamhi, A. G. (1999). Causes of reading disabilities. In H. W. Catts & A. G. Kamhi (Eds.), *Language and reading disabilitie*s (pp. 95-127). Boston, MA: Allyn & Bacon.

Chall, J. S. (1983). *Stages of reading development*. New York: McGraw-Hill.

Denner, F. (1970). Representational and syntactic competence of problem readers. *Child Development, 41*, 881-887.

Dollaghan, C. (1987). Comprehension monitoring in normal and language impaired children. *Topics in Language Disorders, 7*, 45-60.

Dollaghan, C. A. & Kaston, N. (1986). A comprehension monitoring program for language-impaired children. *Journal of Speech and Hearing Disorders, 51*, 264-271.

Fletcher, J. M., Satz, P., & Scholes, R. (1981). Developmental changes in the linguistic performance correlates of reading achievement. *Brain and Language, 13*, 78-90.

Flood, J. & Menyuk, P. (1983). The development of metalinguistic awareness and its relation to reading achievement. *Journal of Applied Developmental Psychology, 4*, 65-80.

Goldsworthy, C. (1996). *Developmental reading disabilities: A language based treatment approach*. San Diego, CA: Singular.

Griffin, K. & Hannah, L. (1960). A study of the results of an extremely short instructional unit in listening. *Journal of Communication, 10*, 135-139.

Hakes, D. (1982). The development of metalinguistic abilities: What develops? In S. Kuczaj (Ed.), *Language, cognition, and culture* (pp. 163-210). Hillsdale, NJ: Erlbaum.

Hallahan, D. P., Lloyd, J. W., & Stoller, L. (1982). *Improving attention with self-monitoring: A manual for teachers*. Charlottesville, VA: University of Virginia Institute for Learning Disabilities.

Jenkins, R. & Bowen, L.(1998). Facilitating development of preliterate children's phonological abilities. *Topics in Language Disorders, 14*, 26-39.

Kamhi, A. & Catts, H. (1986). Toward an understanding of developmental language and reading disorders. *Journal of Speech and Hearing Disorders, 51*, 337-347.

Kamhi, A. & Koenig, L. (1985). Metalinguistic awareness in normal and language-disordered children. *Language, Speech, and Hearing Services in Schools, 16*, 199-210.

Kamhi, A., Lee, R., & Nelson, L. (1985). Word, syllable, and sound awareness in language-disordered children. *Journal of Speech and Hearing Disorders, 50*, 207-212.

Kavale, K. A. & Forness, S. R. (1986). School learning, time and learning disabilities: The disassociated learner. *Journal of Learning Disabilities, 19*, 130-138.

Larrivee, L. & Catts, H. (1999). Early reading achievement in children with expressive phonological disorders. *American Journal of Speech-Language Pathology, 8*, 118-128.

Liles, B. Z., Shulman, M. D., & Bartlett, S. (1977). Judgments of grammaticality by normal and language-disordered children. *Journal of Speech and Hearing Disorders, 42*, 199-209.

Lyon, R. (1999). Reading development, reading disorders, and reading instruction. *Language, Learning, and Education Newsletter, 6* (1), 8-17.

Lundberg, I. (1988). Preschool prevention of reading failure: Does training in phonological awareness work? In R. L. Masland & M. W. Masland (Eds.), *Preschool prevention of reading failure* (pp. 163-176). Parkton, MD: York Press.

Major, E. M. & Bernhardt, B. H. (1998). Metaphonological skills of children with phonological disorders before and after phonological and metaphonological intervention. *International Journal of Language & Communication Disorders, 3* (4), 413-444.

Mann, V. & Liberman, I. (1984). Phonological awareness and verbal short-term memory. *Journal of Learning Disabilities, 17*, 592-599.

Meline, T. & Brackin, S. (1987). Language-impaired children's awareness of inadequate messages. *Journal of Speech and Hearing Disorders, 52*, 263-270.

Morais, J. (1991). Phonological awareness: A bridge between language and literacy.

In D. Sawyer & B. Fox (Eds.), *Phonological awareness and reading acquisition* (pp. 31-71). New York: Springer-Verlag.

O'Conor, R. E., Jenkins, J. R., Leicester, N., & Slocum, T. A. (1993). Teaching phonological awareness to young children with learning disabilities. *Exceptional Children, 59*, 532-546.

Olson, R. K., Wise, B., Conners, F., Rack, J., & Fulker, D. (1989). Specific deficits in component reading and language skills: Genetic and environmental influences. *Journal of Learning Disabilities, 22*, 339-348.

Smith, J., Downs, M., & Mogford-Bevan, K. (1998). Can phonological awareness training facilitate minimal pair therapy. *International Journal of Language & Communication Disorders, 33 (supplement)*, 463-468.

Snowling, M. & Stackhouse, J. (1996). *Dyslexia, speech, and language: A practitioner's handbook*. London: Whurr Publishers.

Stanovich, K. E. (1991). Changing models of reading and reading acquisition. In L. Rieben & C. A. Perfetti (Eds.), *Learning to read: Basic research and its implications* (pp. 19-32). Hillsdale, NJ: Lawrence Erlbaum.

Torgesen, J. K. (1996). *Phonological awareness: A critical factor in dyslexia*. Baltimore, MD: Orton Dyslexia Society.

Torgesen, J. K., Wagner, R. K., & Rashotte, C. A. (1994). Longitudinal studies of phonological processing and reading. *Journal of Learning Disabilities, 27*, 276-286.

Torgesen, J. K., Wagner, R. K., Rashotte, C. A., Burgess, S., & Hecht, S. (1997). Contributions of phonological awareness and rapid naming to the growth of word-reading skills in second- and fifth-grade children. *Scientific Studies in Reading, 1*, 161-185.

Tumner, W. & Cole, P. (1991). Learning to read: A metalinguistic act. In C. Simon (Ed.), *Communication skills and classroom success: Assessment and therapy methodologies for language and learning disabled students* (pp. 386-402). Eau Claire, WI: Thinking Publications.

van Kleeck, A. (1994). Metalinguistic development. In G. P. Wallach & K. G. Butler

(Eds.), *Language learning disabilities in school-age children and adolescents* (pp. 53-98). New York: Macmillan.

van Kleeck, A., Gillam, R., & McFadden, T. (1998). A study of classroom-based phonological awareness training for preschoolers with speech and/or language disorders. *American Journal of Speech-Language Pathology, 7* (3), 65-76.

Vellutino, F., Scanlon, D., & Tanzman, M. (1990). differential sensitivity to the meaning and structural attributes of printed words in poor and normal readers. *Learning and Individual Differences, 2*, 19-43.

Wiig, E. H. (1984). Language disabilities in adolescents: A question of cognitive strategies. *Topics in Language Disorders, 4*, 41-58.

Wong, B. Y. L. & Jones, W. (1982). Increasing metacomprehension in learning disabled and normally achieving students through self-questioning training. *Learning Disability Quarterly, 5*, 228-246.

第 9 章

提昇聽覺記憶能力的教學

壹、前言

　　語言的學習與個體的記憶能力有極密切之關係。試回想你在國中、高中階段背英文單字或片語的經歷，其目的即是在增加詞彙或字彙能力，以做為理解與使用更複雜語言之基礎。雖然國、高中的英文學習經驗違反了語言是在自然溝通情境中發展出來的定律，但在缺乏自然溝通情境學習語言的狀況下，為了能發展讀寫能力，記憶單字實有其必要性。而這些例子也說明了語言的學習有賴記憶運作處理。例如：一個一歲三個月的幼兒看到桌上的pizza，說出「沒」的音節，家長一開始搞不清楚其意，再細想才知道原來是幼兒將pizza電視廣告中的台詞「28825252，打了沒」解釋為pizza之義。這個例子說明了詞彙的學習乃需要將音韻形式記憶在大腦中並與意義做聯結。對大部分兒童而言，正常的認知運作歷程讓他們輕易地習得語言，但是很多特殊需求兒童可能因聽覺記憶方面的問題，而影響其語言的學習。他們在記憶以口語呈現的訊息有較大之困難，例如：(1)常常只能記住口語指示、課程內容中的一部分；(2)易忘記曾學過之詞彙或訊息；(3)注意力較不集中；(4)學前階段對兒歌、童謠的學習有較大之困難；(5)學齡階段開始無法跟上班級的授課進度、參與班級學習活動（薛梅、薛映，2000）。因此，在完整的語言治療計畫中，也應該考量聽覺記憶缺陷對語言學習的影響作用，並提供必要的介入。

貳、口語工作記憶與語言學習

　　在兒童語言習得的過程中，他們會將在有意義的情境中所聽到的口語訊息，以音韻的形式與意義聯結，儲存在其內在語言表徵系統中。例

如：將聽到的詞彙與情境中相對應的物品、事件、動作、人物等聯結；或是將聽到的句子中之詞彙、詞組（片語）、出現的前後順序表徵在此系統中。而當兒童開始學習使用口語表達其意念時，即會將其儲存在內在表徵系統中的音韻形式、意義，以神經、肌肉動作協調的方式再現出來。隨著年紀的增長，兒童所儲存或表徵的詞彙、慣用語、語法結構等也愈來愈多、愈複雜，而且其口語表達的能力也愈來愈順暢，愈來愈自動化，這些即構成其語言知識與語言技能。在其持續的語言學習過程中，兒童會應用已建立的語言知識處理其所聽到的口語訊息，學習新的詞彙、成語的意義或語法結構（如：固然……但是），而新習得的語言知識則會儲存於內在語言表徵系統中。因此，不斷的抽取（retrieve）與意義的分類再分類、組織再組織、聯結再聯結，也使得學童的語言知識愈來愈豐富。輸入（口語的接收）與輸出（口語的表達）的循環再循環過程（即：聽與說反覆循環），讓語言學習者的語言知識建立得更堅固，語意、語法技能也愈來愈精熟。

此外，隨著年齡的上升，兒童也會由累積的溝通經驗中，慢慢建立符合社會規範的語言互動規則，儲存於其內在表徵系統中，用以解釋口語訊息中語用層面的含義，或是能恰如其分的應用語言與他人溝通。因此，在兒童的語言學習過程中或實際應用時，會在語言接收歷程中解碼（decoding）、使用語言知識解釋口語訊息之意，並在語言表達過程中將所欲表達的話語以語言符號編碼，這些認知處理歷程都與個體的記憶功能有密切之關係。

根據上述，可看出記憶功能的運作在兒童語言習得的過程中是非常重要的。他們選擇性地注意語言、非語言的訊息，在工作記憶系統中將這些訊息編碼、快速連配意義、假設推論、建構語法規則，將其儲存在長期記憶系統中，當需應用時則由長期記憶系統中提取。語言發展與記憶之間的關係也就成為交互運作，雙向之關係。語言能力精熟，發展得愈好，愈能降低工作記憶有限容量的負荷；同樣的，長期記憶中所儲存的語言知識建立得愈堅固，也可以幫助個體更快速與更自動化地提取詞彙，以利語言的理解與表達。也因此，記憶的問題可能會影響語言符號

的認知處理與學習。

　　而由認知的觀點來看，語言處理的歷程包括：(1)在知覺層面上的語音辨認、辨識及暫存；(2)在概念層面上的意義聯結、符號運作；及(3)在語言輸出層面上的動作反應之計畫（Lahey, 1988）。因此，很多研究者乃建議：短期記憶能力或工作記憶能力（working memory）在暫存聽覺語言訊息並加以處理，以利長期記憶裡語言知識建立的過程中扮演著重要的角色。據此，在口語理解處理歷程中，聽覺訊息暫存於工作記憶系統時，個體的內在表徵系統中的相關語言知識會立即被抽取出來，執行符號的運作與意義的連結，而同時語言覺知運作亦可立即對各項語言要素的正確性與否進行辨認、判定。另外，根據Baddeley（1986）的理論：工作記憶主要負責訊息的暫存（即短期記憶之功能）與訊息立即處理之工作。據此，訊息儲存的記憶廣度與音韻、構音特徵會有一特定之關係。例如：人們可以複述較長的短音節詞彙而非多音節詞彙（Baddeley, 1986; Hulme, Thomson, Muir, & Lawrence, 1984）。而工作記憶效能則會隨年齡之增長而增加。例如：年齡較大的兒童的詞彙記憶廣度較廣（Case, 1985; Huttenlocher & Burke, 1976），指物命名的速度比較快（Cirrin, 1983; German, 1994; Lahey & Edwards, 1991），判斷詞彙類別、詞彙應用的正確性之速度較快（Edwards & Lahey, 1996）。因此，語言發展與工作記憶效能有極高的相關（Lahey & Bloom, 1994）。

參、聽覺記憶能力的評量

　　如上所述，口語的理解是植基於聽覺功能的運作。口語訊息由聽覺感官進入我們的大腦之後，相關的語言區域會分析話語中的頻率、強度、語音時間性的特徵。而當輸入聲音訊息經過分析之後，就會與儲存在記憶系統中的語言知識比對，如果比對相配，口語的理解即產生；如果比對結果失敗，自然無法理解語言訊息。另外，由口語的學習來看，比對

不正確也可促發個體經過多次的學習建立某項語言知識。而在這樣的處理歷程中,會涉及語音知覺、語音的區辨、音韻記憶、聽覺序列、聽覺記憶、聽覺聯結、聽覺理解等運作。其中在聽覺記憶的評量,最常應用的方式包括:

一、句子複述:本項測試方式也可用來評量兒童的語法能力。為了能完整地將句子複述出來,學童除了需要依賴其語意—語法能力之外,當然也需要有正常的聽覺記憶能力。陳美芳(1997)所發展的「聽覺記憶測驗」即屬於此種測試方式。

二、口語指示:本項施測方式也可用來評量學童之聽覺記憶能力,學童在作答測試題目時,需記住口語訊息中所提到的訊息單位,例如:「請指第二排最小的三角形和第一排最左邊的蘋果」,共提及六個訊息單位。林寶貴、錡寶香(1999)所發展的「兒童口語理解測驗」中的「聽覺記憶」分測驗,即屬於此種測試方式。

三、音韻工作記憶:將不熟悉的音韻表徵暫存在工作記憶系統中的效能,會影響詞彙進入長期記憶系統中的儲存與意義的組織聯結,而這也正是詞彙學習的基本歷程。為了能真正測試音韻工作記憶,在測試材料的選取一般都會考慮不受長期記憶系統中詞彙知識的影響,如此方能直接測試到真正的音韻工作記憶,而假詞是屬於不熟悉的音韻類型,可將詞彙知識的影響因素控制住(Gathercole et al., 1997)。因此音韻工作記憶的測試方式為設計一些假詞,請兒童在聽完之後立即複述。例如:「ㄊㄟ ㄌㄣ」、「ㄆㄤ ㄆㄧㄥ」。

肆、特殊需求學生的聽覺記憶能力

國外過去多年來的研究指出,很多特殊需求學童都有工作記憶或聽覺記憶方面的問題。這些研究發現語言學習困難學生(language-learning disabled students)的工作記憶運作效能較差,他們常有音韻處理缺陷

（Mann, Cowin, & Schoenheimer, 1989），而且無法有效地將聽到的語言訊息暫存在工作記憶中做進一步之處理（Baddeley, 1986; Mann & Brady, 1988; Torgesen, 1988）。而如果其陳述的語言中句子結構愈來愈複雜時，則常會有篇章凝聚性之問題（如：無法適當的使用代名詞）（Kemper, 1990; Lahey, 1984）。究其原因，語言學習困難學生，可能因工作記憶運作較不自動化，無法有效的分散認知資源，同時將語言訊息暫存於構音迴路中（articulatory loop）並加以處理、建構意義，導致其在處理語言訊息時常有詞彙提取、語法解析及理解之問題產生。

事實上，Ellis Weismer（1996）以及 Ellis Weismer、Evans 與 Hesketh（1999）的研究，即進一步驗證此問題。她們的研究探討特定型語言障礙兒童在不同口語呈現方式的測試情境中（研究者快速說出、緩慢說出新物品的名稱——如：*tifsut* 指稱怪異的玩具），新詞學習能力與口語工作記憶之關係，結果發現特定型語言障礙兒童在新詞快速呈現的實驗情境中的學習效果最差。研究者指出因為特定型語言障礙兒童的音韻工作記憶缺陷，使其無法同時負荷儲存音韻訊息並將其與指稱物連結之認知處理要求。

而在唐氏症者工作記憶方面的研究則發現，唐氏症者的數字廣度記憶較窄（Seung & Chapman, 2000）、聽覺短期記憶能力較差（Marcell & Weeks, 1988; Wang & Bellugi, 1994）、記憶依序列呈現訊息的能力較差（Das, 1985）、儲存與提取聽覺訊息的能力有問題（McDade & Adler, 1980）、出現音韻工作記憶缺陷（Broadley, MacDonald, & Buckley, 1985）。

綜合上述，工作記憶在兒童的語言學習過程中扮演著非常重要的角色。過去的研究已發現工作記憶會影響個體對詞彙庫中詞彙的儲存與提取的效能。另外，語言障礙兒童的工作記憶問題亦會造成他們在記憶音韻訊息、學習新詞彙之意義時出現較大之困難。

伍、提昇聽覺記憶能力的教學

在口語接收、聽取與理解的過程中，個體除了需要選擇注意輸入的音韻訊息之外，也需要將稍縱即逝的音韻訊息暫存在工作記憶系統中，等待進一步的解碼與解釋，以建構出合理的意義表徵。因此如何將音韻類型依其出現順序有組織的排列（即聽覺序列）及記憶的能力，自然也會影響語言障礙學童的口語理解。據此，為能提昇語言障礙學童這方面的技能，在教學或介入方面可安排有趣的活動，以及使用適當的溝通互動策略。

一、增強聽覺記憶或口語工作記憶能力的教學活動

(一)我是小小通訊員

本項教學策略主要是安排學童在生活情境中練習聽覺記憶技能。教師可以讓學童擔任教室通訊員，請他幫老師傳遞訊息。例如：轉告訊息給某位同學、到辦公室轉告事情給某位老師、工友阿姨等知道。而經由這樣的設計，學童亦可從中發展語言表達能力。

(二)你記得今天做了什麼嗎？

本項教學活動設計一樣是使用日常生活中自然溝通的事件幫助兒童發展記憶或是組織訊息的能力。活動的安排為：每天放學之前與兒童一起回想今天做的事情、活動，並練習依照事件發生的順序一樣一樣說出。教師並可根據其所說出的內容，提供回饋、看法。

(三)撲克牌記憶大競賽

本項教學活動所使用的教材為兩套一樣的撲克牌，教學活動程序：
(1)教師由其中拿出十至十五張撲克牌，並請學生也拿出同樣的撲克牌。
(2)教師快速將其中的幾張撲克牌拿出放在桌上，經過幾秒鐘後馬上收下。
(3)請學生立即由自己的撲克牌中選出剛剛所呈現的那幾張。

(四)故事記憶

教師與學童一起唸讀故事書，之後再請學童說出故事中的主角特徵、
事件發生的順序、故事的結局等。

(五)我是錄音帶轉寫員

教師可錄下一小段話，請學童聽取，並寫下內容。

(六)人名、數字複述

本項教學活動所使用的教材為人名、日期或數字。教學時，教師唸
出一連串的人名、日期或是數字，再請學童聽完之後立即複述。

(七)短語／語句聽寫

本項教學為聽寫活動，教材可先由四個字的成語開始，再慢慢增至
完整的句子。教學時教師唸出每個句子，並請學童寫出。

(八)物品特徵回憶

本項教學活動的進行方式為：提供一樣物品或圖片，讓學童先觀看
幾秒鐘，再請學童說出該物品的一些特徵（如：形狀、顏色、大小等）。

(九)記憶大配對

本項教學為使用顏色與聲音的配對活動，例如：將黃色與「ㄨㄛㄨ
ㄛ……」的連續音節配對，綠色與「ㄍㄧㄍㄧ……」的連續音節配對，

紅色與「ㄅㄚㄅㄚ……」的連續音節配對，練習之後，由錄音帶中放出這些語音，再請學童指出相對應的顏色。

(十)我是餐廳小小老闆

本項教學是使用角色扮演活動，讓兒童練習當餐廳老闆，記下顧客點的東西。教學時，教師或是其他同學可扮演顧客，負責點菜。另外，再由其他同學扮演大廚，由老闆告知客人點什麼菜。

(十一)教導記憶集組策略

本項教學活動可使用電話號碼、身分證號碼做為材料，教導學童如何將八或九個號碼分成兩組或三組記憶。

(十二)超級聽專家

本項教學活動的安排如下：教師唸讀故事書給學童聽，但同時打開CD製造音樂背景。請學童注意聽故事內容，之後再問學童一些故事中提到的相關問題。誰答對最多題就是超級聽專家。

(十三)符號轉換聽聽聽

本項教學活動也是記憶聯結的遊戲。教學時，教師告訴兒童藍色代表拍手，紅色代表呆呆臉，黃色代表小狗叫，綠色要單腳跳二下。教師說出顏色名稱，兒童要跟著立即做出動作。開始時可以分次說出不同顏色，等學童熟悉之後，可以連續說不同顏色，讓兒童做出連續動作。例如：「黃色、綠色、紅色」。

(十四)學校中形形色色的聲音

教師用錄音機錄下學校中不同活動中產生的聲音，例如：打開書本的聲音、午餐時的聲音、下課時同學追趕跑跳碰的聲音、削鉛筆的聲音、教師講課的聲音、下課鐘響的聲音等。教學時，教師讓兒童聽這些預錄的聲音，並請兒童指出是什麼聲音。

(圭)小詞，小詞你在哪裡

本項教學活動可訓練學童聽覺注意、辨識與記憶的能力。教學時，教師告訴兒童：「老師要唸出一連串的詞彙，如果聽到某個音、或某個音節（字）就要拍拍手。」例如，教師說：「你們聽到『果』時就要拍手喔！好，現在注意聽：水果、荔枝、蕃茄、蘋果、奇異果、蔬果、葡萄、橘子、火龍果、香蕉、堅果、西瓜。」

(共)聽覺抓漏大隊

本項教學活動的安排方式為：小組同學一起聽老師唸讀小段落故事（由一百個左右的詞彙組成），當老師唸第三遍時，可以故意遺漏其中重要的詞彙，並請學童將被漏掉的三至五個詞彙寫下或說出。此外，同學亦可互相練習。

(七)噓！安靜……聽

本項教學活動的安排為：請學童閉上眼睛、放鬆，聽周遭世界的聲音（五分鐘）。之後大家一起討論聽到哪些聲音。

(六)荒謬，荒謬，太荒謬了

本項教學活動為設計瘋狂句子問學童，讓他回答「真的」、「假的」。例如：「小魚會吃老鼠嗎？蘋果會打電腦嗎？漢堡是用喝的嗎？鉛筆會吹口哨嗎？汽車會唱歌嗎？杯子可以裝牛奶嗎？小狗會孵蛋嗎？雨傘會洗碗嗎？」

(九)句子弄混了嗎？

教師可以說出詞序故意弄混的句子，讓兒童更正，以幫助其發展聽覺序列技能。

(廿)瘋狂食譜大放送

本項教學活動的教材為怪異、瘋狂的食譜。教師可設計瘋狂的食譜，並畫上插圖配合食譜，於教學時說出食譜的內容（即做出某樣菜的順序），再請學童複述。例如，麻辣豆腐布丁的食譜：

1. 將十包的辣椒粉倒入大臉盆中。
2. 加進去五杯的牛奶。
3. 把辣椒粉和牛奶一起攪和五分鐘。
4. 再加進去十塊豆腐。
5. 把豆腐絞碎和辣椒牛奶一起打成泡沫。
6. 再加進去十杯珍珠奶茶。
7. 放在冰箱冰十小時。
8. 將香腸切片鋪在布丁上。

(廿一)往東或往西

此項教學活動是屬於遵循口語指示。教材為一張地圖及一部玩具車。教學時，請兒童聽老師的指示，讓車子在地圖上移動。

(廿二)遙控器傳傳傳

教師和學童一起看錄影帶（卡通影片、教學錄影帶或是新聞），同時將遙控器傳下，拿到遙控器的學童需將遙控器傳給下個同學。傳過幾個同學之後，老師會喊「停」，拿到遙控器的同學要以遙控器控制開關將錄影機關掉，並說明剛剛錄影帶的內容。

(廿三)小小記者別亂報

本項教學活動的安排方式為：請學童兩兩配對，互相訪問對方，內容包括生日、喜歡的顏色、食物、卡通人物、遊戲、運動等等。互訪之後，再向老師報告，另一同學在旁邊監控描述是否正確。

㈢複述最後一個語音、詞彙、句子

本項教學活動的目的為增進學童的口語注意、聽取與記憶能力。教師可先設計符合學童語言程度的詞彙單、不同句型的簡單句與複句，或是小段落故事、物品或事件的描述。教學時，教師說一個詞彙、一句話、一小段話，請學童聽完後立即複述最後一個語音、音節、詞彙或句子。教學活動可依學童的年齡、認知能力而定，時而互換角色，時而嬉笑遊戲，或是配合寫字，將聽到的內容寫下。

㈣依序複述聽到的內容

教學時，教師說出一系列的詞彙，請學童依其出現順序，依序說出。或是，教師依序說出第一點、第二點、第三點等，請學童依其出現的順序，重點說出內容。

㈤遵循指示

教師可安排聽話後做動作、畫畫、做美勞等活動。例如，教師說：「請你先拍頭，再跳兩下。」學童聽完後依序做出動作。又例如：教師可使用我說、你畫的活動，讓學童在聽完教師的指示後，於圖樣上塗顏色或剪下圖形。最後，教師亦可使用圖卡排列的活動，讓學童在聽完小故事後，用自己的話複述一遍，再將相對應的圖片依故事呈現的順序排列。

最後，前面「提昇語用能力的教學」的章節中所提到的參照性溝通遊戲的教學活動一樣可用來發展學童的聽覺記憶能力。

二、幫助聽覺記憶缺陷兒童的溝通互動策略

如上所述，特殊需求兒童在記憶口語呈現的訊息有較大的困難，他們可能在：(1)記憶、複述以口語呈現的訊息上有困難；(2)難以記住指令、聽過的上課內容細節；(3)難以做出有多重步驟指令的行為或活動；(4)難以記住電話號碼、地址、歌詞、童謠或九九乘法表；(5)與人交談時，常

常無法記住別人所談論的訊息，影響人際互動。這些都在在顯示他們可能有聽覺記憶方面的問題，因此在平常溝通互動中，教師與家長可使用下列策略，幫助他們記憶口語訊息：(1)與兒童談話時或是上課時，應注意兒童是否專心聽，以及是否注視說話者；(2)盡量安排安靜的情境讓兒童可以有效地聽取口語訊息；(3)與聽覺記憶缺陷兒童說話時，盡量使用明確、簡短、不複雜的話語；(4)在與聽覺記憶缺陷兒童交談時，放慢說話速度，但在關鍵詞彙或概念時，可先停頓或增強語氣；(5)提供聽覺記憶缺陷兒童口語指示或指令時，應該一次只給一個指令；(6)為了幫助聽覺記憶缺陷兒童可以更清楚的聽取與理解口語訊息，教學或交談時可以善用視覺線索。

陸、結語

語言的學習或認知處理歷程與口語工作記憶或聽覺記憶有極密切之關係，語言學習者需將口語訊息暫存在工作記憶，並同時進行運作處理（如：詞彙庫中詞義之提取、比較、後設語言覺知之運作等），也因此聽覺記憶缺陷會影響語言的發展、人際溝通與學業學習。有鑑於此，教師在面對兒童語言學習的困難時，也應當考慮聽覺記憶的影響因素，提供必要的介入教學。本章所介紹的教學活動乃是針對短期或工作記憶或是聽覺記憶能力缺陷的問題所設計，其中亦涉及語意、語法、語用的理解，以及口語表達的訓練，因此教學時當然也可以與前面章節所提到的提昇這些能力的教學活動整合運用，並盡量以遊戲、競賽、溝通互動的方式進行。

❈ 參考文獻

林寶貴、錡寶香（1999）。兒童口語理解測驗。台北：教育部。

陳美芳（1997）。國小學童聽覺理解與聽覺記憶能力之研究——不同國語文程度學生的比較。特殊教育研究學刊，15，293-305。

薛梅、薛映（2000）。兒童語言發展遲緩問題：如何辨識聽說能力的發展障礙並尋求協助。台北：遠流。翻譯自 McAleer Hamaguchi, P. (1995). *Childhood speech, language & listening problems*. New York: John Wiley & Sons.

Baddeley, A. (1986). Working memory and comprehension. In D. Broadbent, J. McGaugh, M. Kosslyn, N. Mackintosh, E. Tulving, & L. Weiskrantz (Eds.), *Working memory* (pp. 75-108).

Broadley, I., MacDonald, J., & Buckley, S. (1985). Working memory in children with Down's syndrome. *Down's Syndrome: Research and Praceice, 3* (1), 3-8.

Case, R. (1985). *Intellectual development: Birth to adulthood*. New York: Academic Press.

Cirrin, F. M. (1983). Lexical access in children and adults. *Developmental Psychology, 19* (3), 452-460.

Das, J. P. (1985). Aspects of digit-span performance: Naming time and order memory. *American Journal of Mental Deficiency, 89* (6), 627-634.

Edwards, J. & Lahey, M. (1996). Auditory lexical decisions in children and adults: An examination of response factors. *Journal of Speech and Hearing Research, 39* (6), 1263-1273.

Ellis Weismer, S. (1996). Capacity limitations in working memory: The impact on lexical and morphological learning by children with language impairment. *Topics in Language Disorders, 17*, 33-44.

Ellis Weismer, S., Evans, J., & Hesketh, L. (1999). An examination of verbal working memory capacity in children with specific language impairment. *Journal of Speech and Hearing Research, 42* (5), 1249-1260.

Gathercole, S., Hitch, G. J., Service, E., & Martin, A. J. (1997). Phonological short-term memory and new word learning in children. *Developmental Psychology, 33*, 966-979.

German, D. J. (1994). Word finding difficulties in children and adolescents. In G. P. Wallach & K. G. Butler (Eds.), *Language learning disabilities in school-age children and adolescents* (pp. 373-392). New York: Macmillan.

Hulme, C., Thomson, N., Muir, C., & Lawrence, A. (1984). Speech rate and the development of short-term memory span. *Journal of Experimental Child Psychology, 38*, 241-253.

Huttenlocher, J. & Burke, D. (1976). Why does memory span increase with age? *Cognitive Psychology, 8*, 1-31.

Kemper, S. (1990). Adult's diaries: Changes made to written narratives across the life span. *Discourse Processes, 13*, 207-223.

Lahey, M. (1984). The dissolution of text in written language: Evidence toward a continuum of complexity. *Discourse Processes, 7*, 419-445.

Lahey, M. (1988). *Language disorders and language development*. New York: Macmillan.

Lahey, M. & Bloom, L. (1994). Variability and language learning disabilities. In G. P. Wallach & K. G. Butler (Eds.), *Language learning disabilities in school-age children and adolescents* (pp. 354-372). New York: Macmillan.

Lahey, M. & Edwards, J. (1991). Response factors in confrontation naming of children and adults. *Paper presented at the annual meeting of the American Speech-Language-Hearing Association.* Atlanta, Georgia.

Marcell, M. M. & Weeks, S. L. (1988). Short-term memory difficulties and Down's syndrome. *Journal of Mental Deficiency Research, 32*, 153-162.

Mann, V. & Brady, S. (1988). Reading disability: The role of language deficiencies. *Journal of Consulting and Clinical Psychology, 56*, 811-816.

Mann, V., Cowin, E., & Schoenheimer, J. (1989). Phonological processing, language comprehension and reading disability. *Journal of Learning Disabilities, 22*,

76-89.

McDade, H. L. & Adler, S. (1980). Down syndrome and short-term memory impairment: A storage or retrieval deficit? *American Journal of Mental Deficiency, 84*, 561-567.

Seung, H. & Chapman, R. (2000). Digit span in individuals with Down syndrome and in typically developing children: Temporal aspects. *Journal of Speech, Language, & Hearing Research, 43* (3), 609-620.

Torgesen, J. (1988). Studies of learning disabled children who perform poorly on memory span tasks. *Journal of Learning Disabilities, 21*, 605-612.

Wang, P. P. & Bellugi, U. (1994). Evidence from two genetic syndromes for a dissociation between verbal and visual-spatial short-term memory. *Journal of Clinical and Experimental Neuropsychology, 16* (2), 317-322.

第 10 章

兒童的詞彙尋取
困難與介入

「阿嬤，你等一下去菜市場，可以不可以買裡面黑黑的，外面綠綠的水果給我吃」阿嬤回答：「那是什麼東西，是西瓜嗎？」小孫子：「不是啦，就是裡面黑黑的甜甜的啦！」阿嬤：「啊！是釋迦啦。」

「媽媽，我好想吃那種裡面綠綠的，外面白白的，包東西的東西。」
媽媽「？？？」
（原來說的是割包）

壹、前言

　　詞彙的學習是兒童口語與書面語言發展的基礎。在口語的理解與表達過程中都涉及詞彙的解碼與編碼或是詞彙尋取的認知處理歷程。而在閱讀或書寫表達的認知處理歷程中，詞義觸接或提取一樣也是最基本的認知運作歷程。對大部分兒童而言，由心理詞彙庫中提取適當的詞彙、形成句子表達己意是一種自動化的歷程，再自然不過的事情。然而，過去的研究卻發現很多特定型語言障礙兒童、學障兒童、閱讀障礙兒童以及腦傷兒童（Traumatic Brain Injury, TBI）卻常被發現有詞彙尋取的困難（word finding difficulties）（German, 1994; Owens, 1999）。研究指出有些語言障礙兒童除了出現語意缺陷之外，亦同時並存詞彙尋取的困難，他們在立即快速唸名（confrontation naming）的表現比同儕差，而且在與人交談或敘事時也常出現迷走語（maze）或是詞彙尋取的問題（錡寶香，2001；German, 1987; German & Simon, 1991）。詞彙尋取困難不但影響這些兒童的學業學習，也對其人際溝通造成負面之影響，因此教師與語言治療師如果能發現兒童的詞彙尋取困難，並提供適當的教學與協助，應

可減輕其在學科學習與社會情緒發展的問題。

貳、兒童詞彙的學習

　　在兒童的語言發展過程中，口語是其最早接觸及精熟的語言形式。從出生開始，嬰幼兒即可在不同的情境中聽取、接收語言刺激，而敏銳的聽覺能力，使其在嬰幼兒時期即能區辨母語中的不同語音，並在語言認知表徵系統中儲存這些不同音韻的表徵形式。聽覺刺激的分析也就成為兒童口語學習與理解的最基本技能。也因此，先天性聽障兒童乃會因聽覺感官的缺陷而造成語言學習上的困難。此外，語言意義的習得，除了必須具備最基本的口語語音區辨、分析能力之外，尚需依賴高層次的認知處理，亦即兒童需由語境及情境中去抽取、推論、連結語彙的意義，並將其儲存在語言—認知系統中，或是心理詞彙庫（mental lexicon）中。而儲存於詞彙庫中的音韻形式語言即成為個體口語表達中詞彙尋取的資料庫。在兒童語言習得的過程中，詞彙的建立即是他們將在有意義的情境中所聽到的口語訊息，以語音的形式與意義連結，儲存在其內在心理詞彙庫中之結果。例如：將聽到的詞彙與情境中相對應的物品、事件、動作、人物等連結；或是將聽到的句子中之詞彙、詞組（片語）表徵在此系統中。在兒童持續的語言學習過程中，他們會應用已建立的語言知識處理其所聽到的口語訊息，學習新的詞彙、成語的意義，而新習得的語言則會儲存於心理詞彙庫表徵系統中。因此，不斷的輸入（即：口語的接收）再加上認知運作會使其語言發展得愈來愈好。也因此，在兒童語言發展的里程碑中，第一個詞彙、前五十個詞彙的出現都象徵著不同階段的語言習得的基礎。兒童由詞彙的發展，可慢慢發展更複雜的口語語言結構，以及更精緻、更整合的語意系統，再進而學習書面語言，並據此由聽說讀寫的交互運作而發展出完整的大人語言系統。

參、心理詞彙庫

　　大部分語言處理模式的理論都會假設，在我們的語言／認知系統中存有一個長期記憶系統，讓詞彙可進入其中並儲存於該記憶體中，而這也正是心理詞彙庫（mental lexicon）或詞彙長期儲存（lexical long term store, LLTS）之意，亦即詞彙在記憶系統中的儲存器（Dollaghan, 1992）。由平行擴散（parallel distribution）或是自動激發的理論或觀點來看，詞彙庫可視為一種訊息單位或連結點（nodes）交互相連的複雜網路，而連結點彼此之間的線路連結即反映出眾多連結點所表徵的訊息之間的關係，其關係可能是主題關聯，也有可能是類別關聯，例如：由「月亮」這個詞彙所延伸的連結點可能包括：「太陽、星星、星座」（類別關係），以及「中秋節、月餅、八月／十五日、黃色、天空」（主題關聯關係）。而太陽／星星與月亮之間的連結線路一定比較短，或是它們彼此之間的連結線路會比較多。相反的，月亮與雷電或端午節之間的連結線路一定會比較長，或是它們中間的連結線路會比較少。另外，詞彙庫中訊息之間的連結，除了語意之外，尚可能包括語法、音韻、書寫文字形式。

　　Dollaghan（1992）根據 Bresnan（1982）、Butterworth（1989）、Marslen-Wilson（1987）等研究者的理論，將詞彙庫的表徵與連結分成兩種模式：(1)單一連結點（unified node）模式，主要是認為每一個詞彙的入口點，包括：語意、音韻訊息、文字字型、語法特徵。而某些詞彙因常與其他詞彙放在一起使用（如：門—開門、香煙—抽香煙、電話—打電話），則使其具有語法特徵。又例如：當三歲的幼兒與父母一起在車上經過一處工廠時，媽媽說：「這家工廠不知道在製造什麼？」幼兒馬上答：「是製造垃圾。」反映出幼兒詞彙庫中的聯結包括語法特徵；(2)多層連結點（stratified node）模式，主要是認為聲音—音韻、語意、文字形式、語法、拼字訊息都儲存在不同階層的連結點上。據此，音韻相似

的詞彙（如：首音或押韻一樣的詞彙——國泰／中泰、茄子／鞋子）、概念相似的詞彙（如：手錶／時鐘、玫瑰／薔薇、葡萄／藍莓）自然會有更多、更緊密的連結（詳如圖 10-1）。

而由詞彙激發的理論來看，一個刺激可以激發與該刺激有線路連結的相關連結點，而最先被激發的連結點自然是與該刺激常同時使用或出現的物品、事件、功能等。例如：在詞彙聯結測試中，提供「狗」這個詞彙，最常得出的答案是「貓」。又例如：有時候我們會將「中泰賓館」說成「國泰賓館」，是因「泰」這個字或音節，較常出現在「國泰」的名稱中，也因此「泰」會激發連結最近的連接點「國」，而讓人說出「國泰賓館」。另外，有時候我們也可能不小心將「布袋戲」說成「卡通影片」，也是因為這兩個詞彙在心理詞彙庫中可能是因類別、特徵等而有較近路線的連結，或是有較多、密集的連結。前述這些例子，即是很多激發線索（priming effects）研究最常使用的測試方式。例如：英文中的 "robber" 會激發 "bank" 為「銀行」而不是「河岸」的解釋，因為「搶匪」會激發「銀行」的連接點。

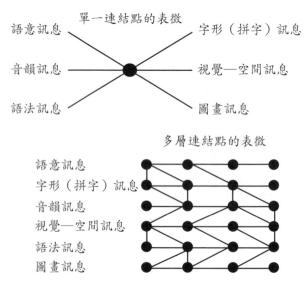

圖 10-1　詞彙庫表徵架構圖（取自 Dollaghan, 1992）

肆、詞彙尋取困難的定義

詞彙尋取困難主要是指在語言處理的歷程中，無法依情境、刺激或是語意情境需求而激發或連結某個詞彙，將其說出來、寫出來或是解釋其義的問題。根據Lahey（1988）的說明，詞彙尋取的認知處理歷程，涉及將儲存在語意記憶體中的詞彙之音韻形式激發或復原之認知歷程。而由於從詞彙庫中提取某個詞彙不只涉及記憶儲存，也涉及觸接的認知處理，因此，兒童的詞彙尋取困難可能反映出詞彙或語言學習、記憶與提取歷程的問題。

伍、特定型語言障礙、語言學習障礙、學習障礙兒童詞彙尋取困難的特徵

國外過去的研究已不斷發現語言學習障礙、特定型語言障礙（children with specific language impairment）、學習障礙學童常被發現有詞彙尋取或提取的困難。如同前述，詞彙尋取困難的評量或診斷常常是以直接立即唸名（confrontation naming）與分析自發性語言樣本兩種方式評量之。直接立即唸名的測試方式包括：說出顏色、物品、數目、字母等，或是以填充題或語句完成方式請學童說出空格中的詞彙。研究顯示，語言障礙兒童在這些測驗上的表現比同儕出現更多的錯誤，而且唸名或回應的速度比較慢（Gerberg, 1993）。

Wiig等人（1975, 1977）使用說出反義詞、詞彙定義，以及圖片直接立即唸名的測試方式評量學習障礙兒童的口語表達能力，發現他們比同儕出現更多的錯誤而且回應速度亦較慢。

然而，研究所使用的測試材料是高頻詞或低頻詞，卻可能會影響學

障或語言障礙學童的表現。German（1979）即發現在其研究中，八至九歲的學障兒童在低頻詞的測試材料中較易出現詞彙尋取困難，但在高頻詞的唸名表現則與一般學童無異。事實上，詞頻效應不只發生在學障／語障兒童身上，一般兒童的唸名正確率亦會受物品或圖畫名稱的熟悉度或是出現頻率等因素所影響。Leonard 等（1983）的研究即發現一般兒童與學障／語障兒童在低頻詞彙的唸名速度都較慢，可是障礙兒童的唸名時間還是比一般學童慢。

除了使用唸名作業方式評量學童的詞彙尋取困難（唸名正確性與速度）之外，研究者亦深入分析兒童詞彙尋取困難的錯誤類型。German（1982）使用圖卡唸名、事／物描述之後的唸名、開放式句子的唸名測試八至十一歲的學障兒童，發現學障兒童比同儕較常出現替代的錯誤類型，亦即他們會使用語意相關或視覺相關的物品名稱替代目標詞彙。這些替代類型，包括：(1)學障與一般兒童都較常使用語意相關的詞彙去替代正確的詞彙，如：「叉子」替代「刀子」（fork/knife）；(2)學障兒童使用較多的視覺相關物品的詞彙替代正確的詞彙，如：「線」替代「韁繩」、「被單」替代「斗篷」、「躲避球或籃球」替代「足球」；(3)學障兒童使用較多功能性特徵的詞彙替代正確的詞彙，如：bookholder 替代 shelf；此種替代顯示兒童了解該詞彙的功能但卻無法提取該詞彙；(4)說出詞彙中的某個語音但馬上放棄，再重新說出正確的詞彙，例如：先說 "br br" 再說出 "comb"。

另外，German（1987）使用說故事的評量方式蒐集二十八位七至十二歲兒童的自發性語言樣本，並分析其詞彙尋取困難特徵。研究結果顯示：(1)在直接立即唸名作業出現詞彙尋取困難的兒童，在自發性口語敘說時也一樣出現更多的詞彙尋取困難；(2)口語表達量較少的兒童反而較不會出現詞彙尋取困難，研究者認為可能是因這些兒童為避免詞彙尋取困難就省略很多敘說的內容；(3)而那些說出來的故事內容長度與一般學童沒有顯著差異的障礙兒童，反而會出現更多的重複、放棄之後再重新說、與替代等現象。German 與 Simon（1991）複製 German（1987）的研究，一樣發現在 "Test of Word Finding"（German, 1987）測驗中出現嚴重

詞彙尋取困難的兒童，同樣地在自發性口語表達中也出現嚴重的詞彙尋取困難缺陷。

綜上所述，研究發現有些學障或語言障礙兒童比同儕更容易出現詞彙尋取困難的問題。他們的詞彙尋取問題包括：(1)唸名速度較慢，或是在詞彙測驗上回應速度較慢；(2)以語意上有相近類別關係之詞彙替代，如：以「老虎」替代「獅子」；以「蘋果」替代「橘子」；以「草顏色」替代「綠色」；(3)使用與目標詞彙所指稱的物品在視覺上有相似性的詞彙替代，如：「被單」替代「斗篷」；「網子」替代「屏風」；(4)以同義詞替代，如：「偷溜」替代「逃避」；「手機」替代「電話」；(5)以音韻形式接近的詞彙替代，如："sing"替代"sting"；「報紙」替代「包子」；(6)以構詞形式接近的詞彙替代，如：「掏開」替代「拆開」；「危樓」替代「騎樓」；(7)說出目標詞彙中的一部分音節或首音，如：「ㄅㄨㄅㄨ……布拉格」；「ㄚㄚ……滑鼠」；(8)無法說出某個詞彙，以繞著說的方式來說明該詞彙，如：「就是放線的——針」；「就是在上面洗東西的——水槽」；「手放在腳踏車的左邊和右邊——手把」；(9)過度使用「那個」、「就是」、「阿ㄏㄟ」、「UM」；(10)常常說了一半就放棄，如：「我媽媽的……我媽媽的腳沒有那個爪子。他就……他用麵粉……用在……然後他看見好像沒有爪子就那個開門」；(11)因為無法提取詞彙，就說「我不知道。」；(12)說的句子不完整；(13)說話時會有不當的延長停頓；(14)話語說出來之後還一直重複；(15)成語音節對換，如：「坐山吃空」（正確為坐吃山空）、「不喻而言」（正確為不言而喻）、「不自由主」（正確為不由自主）。

陸、詞彙尋取困難的成因

一般而言，研究者對造成詞彙尋取困難的原因，常常都是由儲存及提取的認知處理歷程之觀點來解釋。Smith（1991）即指出：「詞彙尋取

問題可能源自於個體對詞彙知識的儲存不完整，或是在提取這些知識時出現問題。」Fried-Oken（1987）以及 Wiig 與 Semel（1984）皆認為認知歷程中提取技能的不足是導致詞彙尋取困難的主因。然而，Leonard 與其研究群（Kail, Hale, Leonard, & Nippold, 1984; Leonard, Nippold, Kail, & Hale, 1983）則認為詞彙儲存的限制才是導致詞彙尋取困難的主因。另外，亦有研究者認為詞彙尋取困難是兒童整體語言缺陷的一部分（German, 1994; McGregor & Leonard, 1995）。茲將相關論點介紹如下：

一、詞彙尋取困難反映出認知歷程中提取技能的缺陷

　　根據提取技能缺陷的論點，語言障礙兒童的詞彙知識基本上與一般兒童一樣是沒問題的，但是這些兒童卻使用較無效率的互除法（將不相關詞彙排除只留需應用之詞彙）方式提取詞彙，也因此當情境需要他們由記憶產生或提取詞彙時會出現問題（Kail et al., 1984）。如同 Fried-Oken（1987）所指出，語言障礙、學障兒童的唸名錯誤（如：使用視覺相似物品替代——「刀子／叉子」），就是因他們無法立即提取正確的詞彙，所以才會使用相似／混淆的詞彙替代，以符合立即溝通情境的表達要求。此外，有的研究（如：German, 1979, 1982, 1984, 1987）顯示雖然學習障礙學生出現詞彙尋取問題，但其接收性詞彙（以畢保德圖畫測驗測試）則與一般兒童無異，也因此可推論其詞彙尋取問題應該不是來自詞彙能力的不足。

二、詞彙儲存與深入整合的問題

　　詞彙儲存與深入整合（storage-elaboration）缺陷的假設，主要是指語言障礙、學障兒童因詞彙學習的缺陷，使其所儲存或表徵的詞彙意義、形式較不穩定或不足，也因此在需要時，觸接這些詞彙可能會有困難（Leonard et al., 1983）。Kail 等（1984）的研究結果可支撐詞彙儲存與整

合缺陷的假設。這些研究者比較語言障礙兒童與一般兒童在自由回憶與線索引導回憶作業的表現，試圖將儲存與提取歷程分開。其設計的基本假設為：如果語言障礙、學障兒童的詞彙尋取問題是因詞彙儲存與整合缺陷所引起，那他們不管是在自由回憶或線索引導回憶的表現都會比一般兒童回憶較少的詞彙。而如果提取缺陷才是這些兒童詞彙尋取困難的主因，那麼他們在自由回憶作業的表現會比一般兒童差，但是在線索引導的回憶作業應會表現得較好，因他們若已儲存這些詞彙，由於實驗情境會促發其使用原先不會自發性使用的線索導引策略，應能幫助他們回憶更多的詞彙。而 Kail 等（1984）的研究結果顯示語言障礙兒童不管是在自由回憶或線索引導回憶的作業中都比同儕回憶說出較少的詞彙，也支持了儲存與整合缺陷的假說。

另外，若由詞彙學習或記憶的觀點來看，語言障礙、學障兒童也有可能是因較不會使用整合、組織策略，或是音韻記憶有缺陷，而使其詞彙庫較無組織或是較貧乏，自然造成提取時因資源庫不足或混亂而出現詞彙尋取困難的現象。Kail 等（1984）的研究發現，即使在提供線索以幫助回憶的狀況下，語言障礙兒童仍然提取較少的詞彙，因為他們較不會使用整合編碼策略。事實上，Wiig 與 Semel（1984）的研究即發現語言學習障礙學生較不會使用分門別類策略以幫助回憶或記憶事物，相反的他們常常會沒有系統地東說一個西說一個物品名稱。例如：他們不會依水果、蔬菜、飲料、麵食等類別依序說出被要求記憶的詞彙。

此外，Dollaghan（1987）的研究則發現四、五歲的學前語言障礙兒童可以理解新詞之意，但無法像一般兒童一樣的說出來。研究者認為他們可能在將音韻訊息儲存進入記憶系統中有困難。Gathercole 與 Baddeley（1990）使用非詞複述與序列回憶的作業，探討語言障礙兒童的音韻記憶技能，結果顯示這些兒童在立即記憶非詞方面有較大困難，可能是音韻儲存出問題，其聽覺知覺處理、構音速度，以及使用音韻符號編碼的能力似乎無礙。

三、詞彙尋取困難是兒童整體語言缺陷的一部分

　　如同前述，詞彙庫中所表徵的內涵，包括音韻、語意、語法等層面，所以詞彙尋取的認知處理歷程其實就是整個語言理解、語言表達處理歷程的一部分，也因此詞彙尋取困難自然會與個體的語言能力有一定程度的關係。

　　事實上，過去的研究已發現，詞彙尋取困難常常與語言障礙並存，例如：研究發現腦傷（Campbell & Dollaghan, 1990; Dennis & Barnes, 1990; Hough, DeMarco, & Pabst, 1992）、學習障礙（German, 1984; Wiig & Semel, 1984）、閱讀障礙（Wolf & Segal, 1992）、特定型語言障礙（Fried-Oken, 1984; Leonard et al., 1983）兒童或多或少都會出現詞彙尋取困難的缺陷。這些兒童在描述物品或事件、敘事、象徵性語言的理解都有較大的困難。McGregor 與 Leonard（1995）甚至還進一步指出，臨床上很少發現詞彙尋取困難兒童能同時擁有完好無礙語言能力的例子。

　　German（1992）將詞彙尋取困難分成三種類型，即提取困難、語言理解困難，以及理解＋提取困難。其中提取困難者符合上述第一種論點，而語言理解困難者與理解＋提取困難者，則非常符合本論點。根據 German 的解釋，語言理解困難者對不熟悉或未知的詞彙之意或是多義詞之某個意義之理解有困難，因此其詞彙尋取困難是整體的語意能力缺陷。而理解＋提取困難者在詞彙意義的學習及提取都有問題，他們在詞彙理解與詞彙尋取的作業表現都較差，他們對已知的詞彙尋取有困難，表示其詞彙的記憶或表徵並未建立得很好，是學習與儲存的問題。

柒、詞彙尋取的評量

　　一般而言，詞彙尋取能力的評量，最常使用的方式包括：唸名測驗、

詞彙聯結測驗、在限制的時間內（如：一分鐘）能說出的所有詞彙，或是在限制的時間內說出含有某個音的詞彙（如：ㄅ音）、在敘事樣本或語言樣本中找出迷走語（maze）出現的次數或頻率。雖然這些測試方法可以發現學生的唸名缺陷，但卻無法得悉其缺陷的本質。

有鑑於此，Fried-Oken（1987）乃設計雙重唸名的測試方式（double naming technique），亦即讓受試者在標準化的唸名測驗上接受兩次測試，再進一步分析出現兩次錯誤的詞彙。評量者再針對出現兩次錯誤的詞彙，提出相關問題來問學童以了解其詞彙尋取困難的類型：

㈠一般性的問題：語言治療師針對兒童無法說出的詞彙，提出一般性、開放式的問題，如：「你可以不可以想出其他的詞彙？」「你再說一遍，這是什麼？」

㈡語意、音韻線索的提供：針對兒童無法唸名的物品，施測者會提供相關的語意線索，包括：物品的功能、類別、地點等。例如：如果兒童無法將「沙發」圖片的詞彙唸出，語言治療師可說：「這是你可以坐在上面的東西。」「這是一樣傢俱喔！」「這是放在客廳裡面的東西。」語言治療師需記錄兒童是對哪個提示反應。而音韻提示，則是提供該詞彙的第一個語音，如：「ㄕ……」（目標詞彙是沙發）。

㈢確認兒童是否理解該詞彙：如果兒童仍然無法說出該詞彙或說錯該詞彙，語言治療師可以提供正確的詞彙名稱，但必須問兒童是否看過該物品，以了解該詞彙是否在兒童的詞彙庫中。

根據上述的測試方式，Fried-Oken（1987）列出一些兒童唸名所使用的策略，或是錯誤的唸名所反映出來的錯誤類型，包括：⑴音韻錯誤（如：以 foon 代替 spoon）；⑵知覺相似（如：以 lampshade 代替 skirt）；⑶語意替代（如：以烏龜代替章魚）；⑷語意＋知覺（如：以掃把代替抹布，以襯衫代替夾克）；⑸以部分替代整體（如：以鞋帶替代鞋）；⑹在功能上繞圈子（如：以彈歌代替鋼琴）；⑺迂迴描述（如：以有數字和手代替時鐘）；⑻在相關情境上繞圈子（如：以「就是在樂隊裡的」代替「小手鼓」──tambourine）；⑼以頂層類別替代（如：以「食物」代替「粽子」）；⑽以底層類別替代（如：以「牧羊犬」代替「狗」）；

⑾以手勢動作替代目標詞彙（如：以彈的動作代替「吉他」）；⑿說出的詞彙完全無關（如：以「香菇」代替「大砲」）；⒀無回應或說「我不知道」。

最後，過去的研究發現，高頻詞、屬於典範類別（prototype）的詞彙、抽象程度較低的詞彙較易提取（Snyder & Godley, 1992）。因此，在評量時應了解兒童對出現詞彙尋取困難詞彙的理解，詞彙是屬於高頻或低頻詞（亦即其難易度），其語意類別為何。此外，探究兒童在自發性語言中所出現的詞彙尋取困難時，也應該將其詞彙尋取困難的類型或出現頻率與一般兒童做比較。

捌、詞彙尋取的介入

如同前述，詞彙尋取困難的可能原因包括：⑴詞彙庫中的詞彙表徵不夠完整，詞彙縱向、橫向的整合不足，或是詞彙知識不足；⑵提取時的效能較差；⑶記憶儲存問題與提取問題同時並存。因此其介入乃需考慮兒童的問題是出在哪裡，再針對出問題的處理歷程提供必要的介入。過去的研究也已發現詞彙或語意組織、整合的介入，或是提昇詞彙尋取歷程自動化程度的介入，皆可幫助兒童減輕詞彙尋取的問題（McGregor, 1994; McGregor & Leonard, 1989, 1995）。而由於近幾年來語言介入的趨勢是與課程結合，教師亦可使用課程所用到的詞彙做為介入的教材。茲將介入的原則、策略概略介紹如下：

一、詞彙尋取困難的介入原則

German（1993）提出五項介入原則，包括：

㈠先找出造成兒童詞彙尋取困難的原因（如：詞彙儲存問題、提取問題或兩者同時存在）。

㈡根據評量資料，描述兒童在唸讀詞彙，以及在長句、篇章敘述時的詞彙表達狀況。此外，亦需描述其在提取、使用詞彙時的正確性與速度。

㈢根據上述資料，設計適合兒童需求的介入計畫。

㈣使用適當的教學方法，包括：直接教學、實際應用、共同教學、認知調整或改變、合作。

㈤善用各種不同情境，幫助兒童克服詞彙尋取困難的問題，例如：語言治療室、特殊教育資源教室、普通班教室、家庭。

二、詞彙尋取困難介入的策略

一般而言，詞彙尋取困難的介入重點大都放在：(1)詞彙知識、詞彙記憶、詞彙組織的加強或深入整合；(2)提取策略的學習與練習；(3)自我覺知與監控等三個層面上；(4)使用交談、述說的自然溝通情境減輕詞彙尋取困難問題。茲將此四種介入取向介紹如下：

㈠詞彙知識、詞彙記憶、詞彙組織的加強或深入整合

由訊息認知處理的觀點來看，記憶儲存會受處理的深度所影響，而將記憶中的項目再現或說出的能力會受當初該項目被處理的深度影響。也因此個體最容易或是能立即提取說出的詞彙，常常是那些已經過最深層處理或深入整合的項目（Lockhart & Crait, 1990）。一般而言，聲音、音韻的處理（如押韻）是表面處理，類別歸屬是中層處理，而語意、語法則是深層處理（Owens, 1999）。據此，詞彙尋取困難介入的目標即是在增強詞彙知識與儲存的強度，以及詞彙知識的深入整合。也因此，教師在幫助兒童發展詞彙知識、增強詞彙記憶、提高詞彙組織的系統化程度或深入整合，可參考前面第五章「語意能力提昇的介入與教學」所建議之教學活動。

(二)改善詞彙尋取的效能

我們都曾經面對過想說出或寫出某個詞彙、成語，也確知自己的記憶或詞彙庫系統中已儲存該詞彙、成語，但彷彿失神或當機一樣，就是無法說出或寫出該詞彙或片語的窘境，這種困難即是詞彙尋取困難兒童常出現的語言認知處理問題。也因此，在教學時可以使用一些提示策略，或是增加提取速度與自動化運作的活動，幫助兒童改善此種缺陷。根據McGregor（1994）、German（1992）的建議，詞彙尋取策略的訓練可使用以下教學方式：

1.屬性、特質提示

(1)音素提示：使用第一個語音、音節導出詞彙，例如：目標詞彙是「水槽」，就教導兒童先想到「ㄕ」，或「ㄕㄨㄟ」。此項訓練目的為降低使用音韻近似的詞彙替代目標詞彙的問題（McGregor, 1994）。

(2)語意提示：使用目標詞彙所屬的類別或功能，導出欲提取的詞彙。例如：目標詞彙是「水槽」，就教導兒童先想到「廚房用具」或「清洗」。

(3)意象提示：教導兒童碰到詞彙尋取困難時，先在心中努力想目標詞彙的視覺圖像，進而導出該詞彙。例如：目標詞彙是「水槽」，就教導兒童在心中想水槽的形狀、樣子、顏色等，再進而導出該目標詞彙。

(4)手勢／動作提示：教導兒童碰到詞彙尋取困難時，先在心中努力想與該目標詞彙有關的手勢／動作，進而導出該詞彙。例如：目標詞彙是「水槽」，就教導兒童在心中想清洗的動作等，再進而導出該目標詞彙。

2.連結提示

本項策略是使用中介詞彙導出目標詞彙或無法提取之詞彙。例如：目標詞彙是「水槽」，就教導兒童先想到「水龍頭」，或是以水開始的詞彙（如：水桶、水管、水溝），再進而導出該目標詞彙。

3.語意替代

本項策略是使用同義詞或指稱所屬類別的詞彙，替代目標詞彙。例如：目標詞彙是「洪水」，就教導兒童先由相似意義切入（語意），想想相關的詞彙，如：「大雨」、「豪雨」，先用這個詞彙表達己意，再慢慢導出該目標詞彙。

4.故意停頓

本項策略是教導兒童在出現詞彙尋取困難時，可先停下來想一下，以免因立即情境要求的壓力，而說出不正確的詞彙。

5.增強詞彙尋取歷程自動化的教學

為了能幫助兒童發展快速或是較有效能的詞彙提取技能，教師可以使用下列的教學活動：

⑴重複練習：說出或寫出五次目標詞彙並造五個句子。

⑵快速唸名：重複快速說出目標詞彙，或是含有該目標詞彙的句子，直至反應時間變快為止。

⑶在短時間內說出很多詞彙。

⑷複誦練習：訓練兒童大聲複誦訊息，或是默聲練習。

⑸快速說出同義詞或反義詞。

㈢訓練學童自我監控詞彙尋取困難

教師可以與兒童一起記錄詞彙尋取困難產生的說話情境，或是最常出現詞彙尋取困難的詞彙、語句，或是談話內容。之後再教導學生使用上述各種提示策略或停頓等策略，以克服或減輕詞彙尋取困難的問題。

㈣使用交談、述說的情境減輕詞彙尋取困難問題

因為熟悉故事結構（故事文法結構）可以降低敘事時的認知負荷，

讓兒童將認知資源集中在語言的認知處理上，因此教學時可教導學童應用背景、主角、事件發生序列做為述說的線索，有系統地說出敘事的內容，減緩詞彙尋取問題的干擾作用。而在說故事的教學活動中，可遵循下面幾樣程序：(1)引領兒童去注意插畫部分；(2)談談插畫的內容；(3)問一些 5W 問題，幫助兒童建立故事文法概念；(4)引領兒童去注意文字；(5)請兒童依據故事文法結構複述內容；(6)摘要重點；(7)當故事比較長時，可請兒童預測後面的情節或結局；(8)引領兒童表達個人的看法；(9)評鑑整個故事。

而在教學的過程中，開始時可使用選擇題式的回應，幫助兒童建立時間、背景、主角、事件、反應、行動等故事結構的概念。另外，亦可使用不完整句子要求學童補上遺漏部分。

三、教師與家長的協助

有詞彙尋取困難的兒童在日常溝通中，常常無法清楚的描述事件、經驗。另外，當教師在課堂上問其問題時，雖然他能理解課程內容，也知道答案，但卻無法提取適當的詞彙回答該問題，因而讓老師誤解其不認真學習或不夠專心。有鑑於此，German（1992）乃建議教師在教學或評量時可使用下列方式：

㈠考試時使用選擇題、連連看或配合題，而不要使用填空或是開放式的問答題。

㈡當學童舉手自願回答時才問他問題。

㈢當兒童無法立即回答時，可提供目標詞彙線索，例如：第一個音、第一個音節，或是語意線索（如：同義詞、頂層類別），幫助其提取目標詞彙。

㈣只問是或非的問題。

㈤給予更多時間思考、回答，也可告訴兒童你先想一下，等下想到再說。

㈥教學時不要一次要求兒童記住太多的人名、地名、事件或新詞彙。

㈦教導新的課程內容時，可使用大綱、組織表，幫助兒童理解與記憶。

㈧針對兒童有詞彙尋取困難的詞彙，與他一起分析可供替代使用的詞彙，並請他練習，下次要用時或許就能較快找到。

另外，Hamaguchi（1995）則提出下列一些建議，以供父母參考：

㈠對兒童的詞彙尋取困難問題要有耐性，給予更多的時間提取詞彙。

㈡當兒童無法提取詞彙表達己意時，可給予選擇性的提醒（如：你們是去大賣場還是百貨公司）。

㈢告知老師自己子女的詞彙尋取困難問題，要求使用是非、選擇或配合題的考試作答方式。

㈣將詞彙或語句編入歌曲中，應用唱歌的活動記住詞彙。因歌曲會刺激大腦的其他部位，可讓右腦幫助左腦。

㈤當兒童出現詞彙尋取困難時，給予適當的提示。

綜上所述，教師與家長在日常生活情境與教室中的學習，應隨時注意兒童的詞彙尋取問題，並在溝通與教學上提供必要的協助與介入。此外，教師與家長亦要認清這種問題不可能在短期內消失，因此要接受兒童的現況與特質，耐心地面對這個問題，並適時提供必要的提示。而在日常生活中則可使用上述介入策略，幫助兒童增強詞彙知識與儲存的強度，詞彙知識的深入整合，以及改進提取處理歷程。

玖、結語

詞彙尋取是語文認知處理中一項很重要的處理歷程，聽、說、讀、寫都涉及詞彙的解碼與編碼或是詞彙尋取的認知歷程。對大部分兒童而言，由心理詞彙庫中提取適當的詞彙、形成句子表達己意，或是提取詞彙之意解釋所聽到與讀到的內容，是一種自動化的歷程。然而，很多語言障礙兒童卻都會出現詞彙尋取困難之缺陷，因此如何提供適當的介入

與教學，也是家長、教師、語言治療師應關注之問題。而由於詞彙尋取困難可能肇因於認知歷程中提取技能的缺陷、詞彙儲存與深入整合的問題，或是反映出整體語言缺陷的一部分；因此，教學時應將介入重點放在幫助兒童加深與加廣詞彙或語意的組織及整合，或是提昇詞彙尋取歷程的自動化程度。另外，語言的使用是離不開溝通的情境，所以教師、家長在日常生活情境中，亦可將上述之介入技巧或原則應用在與兒童的溝通上。

✖ 參 考 文 獻

錡寶香（2001）。國小低閱讀成就學生的口語述說能力：語言層面的分析。
　　特殊教育學報，15，129-175。

Bresnan, J. (1982). *The mental representation of grammatical relations*. Cambridge,
　　MA: MIT Press.

Butterworth, B. (1989). Lexical access in speech production. In W. Marslen-Wilson
　　(Ed.), *Lexical representation and process* (pp. 108-135). Cambridge, MA: MIT
　　Press.

Casby, M. (1992). An intervention approach for naming problems in children. *Ameri-
　　can Journal of Speech-Language Pathology, 1* (3), 35-42.

Campbell, T. F. & Dollaghan, C. A. (1990). Expressive language recovery in severely
　　brain-injured children and adolescents. *Journal of Speech and Hearing Disor-
　　ders, 55*, 567-581.

Dennis, M. & Barnes, M. A. (1990). Knowing the meaning, getting the point, bridging
　　the gap, and carrying the message: Aspects of discourse following closed head
　　injury in childhood and adolescence. *Brain and Language, 39*, 428-446.

Dollaghan, C. A. (1987). Fast mapping in normal and language-impaired children.
　　Journal of Speech and Hearing Disorders, 52, 218-222.

Dollaghan, C. A. (1992). Adult-based models of the lexical long-term store: Issues for
　　language acquisition and disorders. In R. S. Chapman (Ed.), *Processes in lan-
　　guage acquisition and disorders* (pp. 141-158). St. Louis, MO: Mosby Year
　　Book.

Fried-Oken, M. (1984). *The development of naming skills in normal and language de-
　　ficient children*. Unpublished doctoral dissertation. Boston, MA: Boston Univer-
　　sity.

Fried-Oken, M. (1987). Qualitative examination of children's naming skills through
　　test adaptations. *Language, Speech, and Hearing Services in Schools, 18*,

206-216.

Gathercole, S. E. & Baddeley, A. D. (1990). Phonological memory deficits in language disordered children: Is there a causal connection? *Journal of Memory and Language, 29*, 336-360.

Gerberg, A. (1993). *Language-related learning disabilities: Their nature and treatment.* Baltimore, MA: Paul H. Brookes.

German, D. J. (1979). Word-finding skills in children with learning disabilities. *Journal of Learning Disabilities, 12*, 43-48.

German, D. J. (1982). Word-finding substitutions in children with learning disabilities. *Language, Speech, and Hearing Services in Schools, 13*, 223-230.

German, D. J. (1984). Diagnosis of word-finding disorders in children with learning disabilities. *Journal of Learning Disabilities, 17*, 353-358.

German, D. J. (1987). Spontaneous language profiles of children with word finding problems. *Language, Speech, and Hearing Services in Schools, 18*, 217-230.

German, D. J. (1992). Word finding intervention in children and adolescents. *Topics in Language Disorders, 13* (1), 33-50.

German, D. J. (1993). *Word finding intervention program (WFIP)*. Tucson, AZ: Communication Skill Builders.

German, D. J. (1994). Word finding difficulties in children and adolescents. In G. P. Wallach & K. G. Butler (Eds.), *Language learning disabilities in school-age children and adolescents* (pp. 323-347). New York: Macmillan.

German, D. J. & Simon, E. (1991). Analysis of children's word finding skills in discourse. *Journal of Speech and Hearing Research, 34*, 309-316.

Hamaguchi, P. M. (1995). *Childhood speech, language & listening problems*. New York: John Wiley & Sons. 薛梅、薛映譯（2000）。兒童語言發展遲緩問題：如何辨識聽說能力的發展障礙並尋求協助。台北：遠流。

Hough, M. S., DeMarco, S., & Pabst, M. J. (1992, November). *Word finding in adults and children with right hemisphere dysfunction*. Paper presented at the American Speech-Language-Hearing Association annual convention, San Antonio, TX.

Kail, R., Hale, C. A., Leonard, L. B., & Nippold, M. A. (1984). Lexical storage and retrieval in language-impaired children. *Applied Psycholinguistics, 5*, 37-49.

Lahey, M. (1988). *Language disorders and language development.* New York: Macmillan.

Leonard, L., Nippold, M., Kail, R., & Hale, C. (1983). Picture naming in language impaired children. *Journal of Speech and Hearing Research, 26*, 609-615.

Lockhart, R. & Craik, F. (1990). Levels of processing: A retrospective commentary on a framework for memory research. *Canadian Journal of Psychology, 44*, 87-112.

Marslen-Wilson, W. (1987). Functional parallelism in spoken word recognition. *Cognition, 25*, 71-102.

McGregor, K. K. (1994). Use of phonological information in a word-finding treatment for children. *Journal of Speech and Hearing Research, 37*, 1381-1393.

McGregor, K. K. & Leonard, L. B. (1989). Facilitating word-finding skills of language-impaired children. *Journal of Speech and Hearing Disorders, 54*, 141-147.

McGregor, K. K. & Leonard, L. B. (1995). Intervention for word-finding deficits in children. In M. E. Fey, J. Windsor, & S. F. Warren (Eds.), *Language intervention: Preschool through the elementary years* (pp. 85-105). Baltimore, MD: Paul H. Brookes.

Owens, R. E. (1999). *Language disorders: A functional approach to assessment and intervention* (3rd ed.). Boston, MA: Allyn & Bacon.

Parente, R. & Hermann, D. (1996). Retraining memory strategies. *Topics in Language Disorders, 17* (1), 45-57.

Smith, C. R. (1991). *Learning disabilities: The interaction of learner, task, and setting.* Boston, MA: Allyn & Bacon.

Snyder, L. S. & Godley, D. (1992). Assessment of word-finding disorders in children and adolescents. *Topics in Language Disorders, 13* (1), 15-32.

Wiig, E. H. & Semel, E. M. (1975). Productive language abilities in learning disabled adolescents. *Journal of Learning Disabilities, 8*, 578-586.

Wiig, E. H. & Semel, E. M. (1984). *Language assessment and intervention for the learning disabled.* New York: Merrill & Macmillan.

Wiig, E. H., Lapointe, C. M., & Semel, E. M. (1977). Relationship among language processing and production abilities of learning disabled adolescents. *Journal of Learning Disabilities, 10*, 292-299.

Wolf, M. & Segal, D. (1992). Word finding and reading in the developmental dyslexias. *Topics in Language Disorders, 13* (1), 51-65.

第11章

提昇兒童閱讀能力
的教學

壹、前言

　　閱讀是現代人必備的重要基本技能之一。在日常生活中，舉凡食、衣、住、行、娛樂等各層面，無不依賴人們使用其閱讀能力，方能適當運作。而在人際溝通方面，除口語之外，書面語言的接收、理解，也是人類用以了解他人所傳達訊息的一種方式。此外，書面語言亦是人類用以記錄、組織及呈現知識的主要工具。因此，閱讀乃成為個體的主要學習管道。人們需使用閱讀技能，獲取知識，學習新知。從學前階段開始，兒童就有機會接觸各種印刷品，以及在電視、電影或電腦等媒體上所呈現的書面語言。到了小學階段，除語文課直接教導閱讀技能之外，其他科目的學習，也均與閱讀有直接的關係。因此，閱讀能力的優劣也就成為決定學生學習成果的關鍵要素之一。然而，對絕大部分身心障礙學生（如：智能障礙、聽障、自閉症、閱讀障礙）而言，閱讀困難卻常是他們所必須面對的一項問題。無法適當發展出符合年齡預期的閱讀水準，使得這些學童在課業學習、人際互動與生涯發展皆大受影響。因此，在特殊教育的教學中乃非常重視閱讀能力的提昇，不同的教學方法、策略都常被用來致力於提昇這些學生的閱讀技能。

貳、閱讀的評量

　　閱讀的評量是提昇特殊需求兒童閱讀能力的教學過程中不可或缺的一部分。閱讀的評量除了可以篩選、鑑定閱讀障礙或閱讀困難學童之外，也可以與教學配合，於教學過程中持續進行有系統之評量，進行閱讀的診療教學。茲將林寶貴、錡寶香（2000）所整理的閱讀評量方式及內容

介紹如下：

一、朗讀年級字彙表

　　年級字彙表（graded word）係用來測試學童的識字能力，以決定其適合閱讀之短文的水平，或是了解其字彙能力。一般而言，每一份年級字彙表約有十至二十五個字彙，包括各種不同詞類之字彙、功能詞（如：the、將），以及多音節之字彙。施測時，學童看著字彙表唸讀出該字彙，施測者則記錄其唸讀正確與錯誤之字彙，再進一步做分析。

二、朗讀短文

　　在很多非正式的閱讀評量中，如：非正式閱讀量表（Informal Reading Inventories, IRIs），在年級字彙表之外，尚包括年級短文閱讀的施測。這些短文是由二十五至三百五十個字彙所組成，而且會依學童的識字及認知發展水平安排短文的難易度及測試問題。施測時，學童先朗讀短文，施測者仔細聆聽並記錄其朗讀錯誤之字彙，待學生朗讀完畢之後，施測者會提出三至十個問題，以檢核學生之閱讀理解情形。這些問題的內容包括：主要概念、相關細節、字彙之義、事件發生的順序、因果關係、推論等（Lipson & Wixson, 1997）。而在朗讀的錯誤分析方面，施測者將其分類為省略字彙、添加字彙、使用其他字彙替代、重複、停頓不前、未依標點符號標示唸讀、需要施測者提示或是替其唸出該字、字句顛倒等。而在唸讀錯誤分析（Reading Miscue Analysis）方面，Goodman、Watson 與 Barke（1987）則列出六種錯誤類型：(1)字型相似：錯唸之字與正確字之間在字形上具有某種程度的相似性；(2)音韻相似：錯唸之字與正確字之間在音韻上具有某種程度的相似性；(3)語法的關聯性：錯唸是否會造成語法結構上的錯誤；(4)語意的關聯性：錯唸是否會造成語意上的改變；(5)意義改變：錯唸使得文義改變；(6)矯正：在錯唸之後是否會自我矯正。

由於一般人在朗讀時或多或少都會有錯誤的情形出現，因此有的研究者（如：Goodman & Goodman, 1994）乃建議在朗讀的正確性之外，尚應考慮朗讀的流暢性。而流暢性則可依朗讀時是以單一字彙為單位逐一唸讀，以兩個字彙一組的單位唸讀，以三個字彙為單位的短語形式唸讀，或是以短句為單位唸讀等類型來評量。

三、故事複述

　　以口語或書寫語言表達的內容，也可用來測試學童的文本表徵或理解狀況，畢竟我們所說的必須是來自我們所知道或所了解的。因此，讓學童閱讀完一短文之後，再請其複述或自由回憶（即：使用自己的話而非死背）文本內容，也就成為一種極佳的閱讀理解評量方式（Morrow, 1989）。而受試自由回憶或複述的內容則可進一步以命題數、命題的正確性加以評分、分析（蔡銘津，1997；Kintsch, 1974），或是評論其內容是否觸及重要概念、大意。

四、克漏字或填空測驗

　　無論是在標準化的閱讀測驗或非正式的閱讀量表中，「克漏字」（cloze test）常常被用來檢核學童的閱讀理解能力或狀況。根據Baumann（1988）的建議，「克漏字」的設計程序為：(1)選擇一篇大約三百個字彙長度的文章；(2)將該文的第一個句子保留不動；(3)從第二個句子開始，將第五個字彙擦掉，留下空白，依此去掉五十個字彙；(4)在被擦掉的第五十個字彙的下一個句子則保留不動。

　　施測時請受試學生將文章中的空白之處填上正確之字彙。而為了能正確的補上缺失的字彙，讀者需整合整篇的文章，思考前後語境脈絡，應用相關的語言知識，也因此更能模擬「線上」（on-line）閱讀理解歷程，並深入了解受試的閱讀理解策略（DeSanti, Casbergue, & Sullivan, 1986）。

另外，由於「克漏字」的作答方式難度較高，因此，有的研究者乃以選擇題方式（maze test）將被去掉的字彙呈現供受試學童選擇。

五、選擇題式的閱讀或語文能力測驗

在標準化的閱讀理解或語文能力測驗中最常使用的測驗設計，即是以選擇題的方式評量學童的音韻處理、識字、文意理解等能力。茲將其所測試的內容概述如下：

㈠音韻處理能力：由於閱讀的基本歷程涉及音韻轉錄，因此很多測驗中皆有「字音辨別」、「注音測驗」或拼字等測驗，如：「國語文能力測驗」（吳武典、張正芬，1984）、「國語文成就測驗」（周台傑，1992）、*Wide Range Achievement Test*（Jastak & Wilkinson, 1984）、*Woodcock Reading Mastery Test-Revised*（Woodcock, 1987）。

㈡字形辨別能力：閱讀的基本歷程亦涉及視覺分析，因此相關的測驗常設計字形辨別測驗或字母辨識測驗〔如：「國語文能力測驗」、「國語文成就測驗」、「中華國語文成就測驗」（林寶貴等，1995）、*Woodcock Reading Mastery Test*等〕。

㈢字義理解測驗：閱讀是使用語言的高層次認知活動，因此字彙能力常常也是評量的重點。有的測驗會要求受試者選出同義詞、反義詞、指稱同類別的字彙，有的測驗則是以克漏字形式選出句子中被去掉的字彙或短語、成語，如：「中華國語文能力測驗」（林寶貴等，1995）、*Woodcock Reading Mastery Test*或 *Stanford Diagnostic Reading Test*（Karlsen & Gardner, 1995）。

㈣語法理解：在閱讀處理歷程中，另外一項要素為句子結構或語法結構的解析，因此相關的測驗亦常設計「語法理解」、「重組」等分測驗，用以評量學童使用語法知識理解閱讀內容之能力，如：「國語文能力測驗」、「國語文成就測驗」、「中華國語文能力測驗」、*The Test of Reading Comprehension, 3rd ed.*（Brown, Hammill, & Wiederholt, 1995）。

㈤句子層面文義的理解：前述幾項的測驗內容皆著重在「由下而上」

的基本閱讀歷程之技能，或是較強調語言知識的應用。而句子層面的文義理解則需整合上述各項技能解釋句子所傳達之字面或更深入的非字面意義（non-literal meaning）。例如：在 *Peabody Individual Achievement Test*（Dunn & Markwardt, 1988）中即是要求受試學童在讀完一個句子之後由四張圖片中選出代表該句話之義的相對應圖片。而在「中華國語文能力測驗」中的「文意測驗」則是由受試學生閱讀一句話之後再由四個選項中選出該句話所表達的意思。

㈥文本理解（text base comprehension）：閱讀不只是在文字或句子層面上運作，讀者還需將不同句子之意串聯形成一前後連貫之文本表徵，因此對整體文章所提到的相關細節、重要概念、主要大意、因果關係、事件前後順序排列之理解或推論能力，也常常是閱讀理解測驗的主要內容。

綜合上述，閱讀理解的評量方式是相當多元的。然而，不管是標準化常模測驗，或是非正式的閱讀評量表所使用的測試方式或著重的測試內容，不外乎是上面所列之類型。而為了能篩選、鑑定出有閱讀問題的學童，教育工作者還是有必要使用標準化的閱讀評量工具，了解學生的閱讀困難與性質所在，如此方能使評量與教學密切配合，造福有此需求的學童。另外，目前台灣已發展出來的閱讀評量工具計有：「中文年級認字量表」（黃秀霜，2001）用以篩選認字困難學生；「閱讀困難篩選測驗」（柯華葳，1999）用以篩選閱讀理解困難學童；「中文閱讀理解測驗」（林寶貴、錡寶香，1999）用以評量學童的閱讀能力。此外，上述語文評量工具，如：「國語文能力測驗」、「國語文成就測驗」、「中華國語文成就測驗」以及「國民小學國語成就測驗」（邱上真、洪碧霞，1997）等也都可用以評量學童的識字、語言、閱讀理解能力。

參、身心障礙學生的閱讀教學重點

　　閱讀是一種非常複雜、動態的心智活動，包含幾個相互關聯、交互運作的認知歷程，即知覺、語言、認知及動作協調；而且會受自動化、注意力、記憶力以及文章的語法結構、語意關聯度或清晰度所影響（Dickinson et al., 1989）。另外，閱讀常被區分成識字（word recognition）與理解（comprehension）兩個主要的部分。識字涉及將書面文字解碼，以口語唸讀出來觸接詞義，或是直接以字型觸接意義的認知處理歷程（Catts & Kamhi, 1999）。理解則是了解閱讀的素材，並可根據所建立的意義表徵做適當的解釋、推論、應用與評鑑。據此，閱讀的教學目標乃在幫助學童發展出適當的識字技能，以及使用語言自動化進行理解思考的能力。由於拼音文字的閱讀非常強調音韻轉錄（phonological recoding）的認知處理歷程，因此英美國家的識字教學非常重視音韻覺識技能的提昇。至於中文的識字教學，則除了教導字音的連結、善用形聲義部首線索理解字義之外，亦可教導學童應用中文的構詞特徵學習字彙意義。而在閱讀理解部分，先備知識的應用、推論、抽取文章重點大意、理解監控或後設認知等幾個層面，則常是教學的重點。

肆、字義理解的教學

　　閱讀理解中最重要、最基本的要素之一，就是了解字的意義（Ruddell, 1986）。然而有很多的研究顯示身心障礙學生理解、使用的詞彙有限（Paul & O'Rouke, 1988; Walter, 1978）。因此，增加字義理解能力，必能提昇其閱讀水平。而有效的字彙教學，則應顧及下列三個原則（Graves

& Prenn, 1986）：(1)整合（integration）：將新字彙與兒童的背景知識整合在一起，使其產生關聯；(2)重複（repetition）：創造機會讓兒童看到或使用此字彙；(3)有意義的使用（meaningful use）：為新的字彙發展豐富的概念架構，提供機會讓兒童可以在其他的句子或文章中讀到這些字彙。

　　茲將字義的教學概略介紹如下：

(一)使用語意、語法線索或是由語境學習字彙之義

　　雖然直接教導學生新字彙的意義是很重要的，但是若能同時教導他們從文章的上下文或句子前後文中推測新字的意義，則更能幫助其了解、記住新字的意義。而由語境中習得新字彙之義，對身障學生而言，更顯重要。因為，不管是學科的學習、課外讀物的閱讀或知識的建立，都需要獨立閱讀。此外，身障學生如果花大量時間自己閱讀，也較有可能發展出較好的閱讀水準。教師可以使用下列的方法，教導學生由語境中習得新字彙之義：

步驟一：教師可告訴學生由插圖中，找出或推論句子裡所不認得的字彙的意思。

步驟二：教師可以用一些與新字有直接關聯意思的句子，教導學生推測新字的意義。例如：在「媽媽使用破布子蒸魚和蒸肉，滋味非常鮮美」這句話中，學生可推測破布子是食物。

步驟三：教師可以使用與新字關聯性較低的句子，教導學生推測新字的意義。例如：「破布子很鹹」、「破布子是裝在罐頭裡」。

步驟四：教師可教學生由段落中找尋線索（Ryder, 1986）。段落文章中的線索也是閱讀時解碼的線索，例如：我們在閱讀某一句話時常常可以由前面的話語預測、推論其後的詞彙，或是新詞彙之意。如：「我們家人最喜歡到魚市場逛逛，並順便採買海產品。昨天我們就買了一些海鮮，有章魚、鮭魚、龍蝦、海膽等。」在這句話中，當我們讀到海鮮時，即可馬上想到魚蝦等物品，也可推測「海膽」之義。

(二)語意連圖（semantic map）

語意連圖（圖 11-1）是一種概念架構圖，其基本假設是學生可以由已知的背景知識中，找出與新字彙之間的關係。使用語意連圖的優點，包括：(1)視覺呈現有益特殊學生學習；(2)可鼓勵學生積極思考。茲將教學步驟說明如下：

步驟一：教師先將關鍵字（新字彙）呈現。

步驟二：教師鼓勵學生討論與關鍵字有關之概念，並將其依類別區分（如：狗的特徵、種類）。

步驟三：鼓勵學生就已建立之語意連圖，再做進一步討論。

(三)語意特徵分析（semantic feature analysis）

語意特徵分析是以列表的方式，幫助學生發展與新字彙有關之概念結構、特徵（如前面第五章表 5-1 所示）。使用語意特徵分析不但可以促進學生字義、概念的發展與訓練其推理、思考能力，更可以提昇其語用、溝通能力，因為在討論中，他們需提出自己的看法、建議，並說服同學。其實施步驟如下：

步驟一：教師先選一個代表課文主題的詞彙或詞組（如樂器）。

步驟二：教師接著列出一些與主題有關的詞彙（如：小提琴、鋼琴）。

步驟三：教師再列出一些與主題有關的共同特徵（如：弦、拍打）。

步驟四：教師鼓勵學生加進一些相關的詞彙、特徵。

步驟五：教師鼓勵學生比較不同詞彙的特徵。

(四)概念習得（concept attainment）

概念習得模式的字義教學方法，主要是鼓勵學生思考一個詞彙的意義與其他概念之間的關聯、對比。其實施的步驟如下：

步驟一：教師先將新詞彙（關鍵字）列出（如：家禽）。

步驟二：教師提供代表此關鍵字彙的例子（如：雞、鴨、鵝），及舉出與此新字無關的例子（如：老虎、大象）。

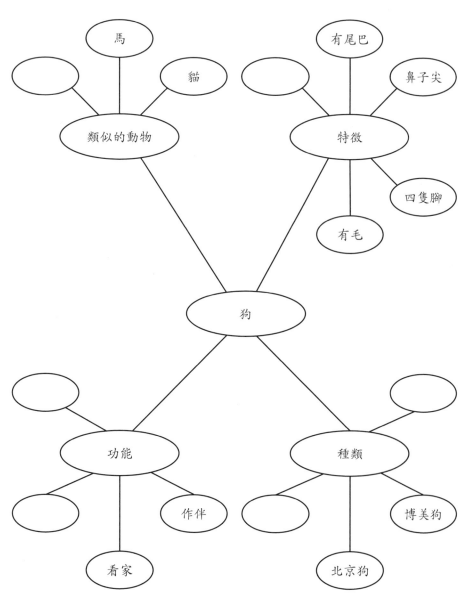

圖 11-1 語意連圖

步驟三：教師再鼓勵學生辨認新詞彙的概念特徵或屬性（如：養在農莊、有益的動物、是肉品／食物）。

步驟四：教師請學生再舉出例子及非例子（如：家畜的例子）。

(五)為新字下定義

在小學國語課中的一項作業，即是查字典、算出筆劃數、找出部首及造詞。除了訓練學生由字典中找到新詞彙的意義之外，教師應和學生一起討論新詞的意義，充份舉例，如此，除幫助學生理解字義，也可增進其對話、語用的發展。

(六)字彙結構分析

中文的字彙結構中部首常常是具有意義的，因此教師也可指導學生利用部首線索推測、判斷字義，例如：「信」是人與言字的結合、「明」是日與月的結合。

(七)使用字彙的結構形狀線索識字

中文字有其字型特徵，教師在教學時可善用此特徵。教新字時，教師可請學童根據字型在該字周圍畫上線條，幫助記憶。例如：獨體字就依據其字的形狀畫上長方形、三角形、梯形等（如：月→■、山→■）；上下合體字就畫上下兩個方塊；左右合體字就畫左右兩個方塊（如：註→■■、權→■ ■）。

(八)視覺字策略（sight word strategies）

本項教學活動為整合視覺、聽覺、觸覺、肌動覺學習字彙。其教學步驟如下：

1.將新字用電腦打好、印在紙卡上。

2.教學時拿出字卡，讀出字音，並請學童專心看該字。

3.請學童閉上眼睛想想剛剛看到的字。

4.請學童張開眼睛，開始在腦子裡寫該字。

5.將字卡再拿出來請學童一起唸讀，並在紙上練習書寫。

(九)我的字彙書

此項教學的步驟如下：

1.教師先拿出一本坊間出版的詞彙書（書上面有圖畫與文字）讓學童觀看，並發表看法，激發同學創造自己的字彙書的動機。

2.請學童說出教室中所有物品的名稱，並在電腦上打出該字彙。

3.將字彙貼在這些物品上。

4.請學童將舊的雜誌、廣告單上的圖片剪下，貼在剪貼簿上，在其旁邊寫上文字，製成個人的字彙書。

5.同學們互相觀摩彼此的字彙書並分享看法與意見。

(十)個人字彙銀行

本項教學活動是以學童為中心的教學法，其實施方式為：讓學童每天將已學習的字彙放入一個盒子中，或是製成個人的字彙銀行。每個禮拜再計算一週內所學到的字彙。另外，也可鼓勵學童找出想要學習的字彙，在學習之後放入個人的字彙銀行內。

(十一)字彙市場

此項教學活動所使用的教材為幾個籃子，籃子中放入學童應學習的字彙，每個禮拜學童需要在不同籃子中「買」五個字彙，學會如何唸讀該字彙，定義該字彙，使用該字彙造句。而等到學童學會該禮拜的字彙之後，他們可以將這些字彙轉賣回去，再買新的五個字彙。

(十二)找字大專家

當學童學會某些字彙之後，可以請他們在故事、報紙等文章中找出該字彙。

(吉)釣字大專家

本項教學活動所使用的教材為免洗筷、繩子與魔術粘,將魔術粘綁在繩子上,製成釣魚竿。另外,將字印在魚形狀的字卡上,並在字卡上貼上另一半的魔術粘。教學時,請學童將字釣起來並讀出該字或造詞、造句。此項教學活動可以變化成為分組釣字競賽,增加學習樂趣。

(古)選字賓果大賽

本項教學活動是採用賓果遊戲的玩法。教材的設計與賓果的設計理念一樣,教師先將學童學習的字彙隨機排列在紙上,設計成不同版本。教學時,讓不同學童拿到不同的版本。進行此項教學活動時,教師可以在電腦或投影片上展示某個字彙,學童在紙上圈出該字彙。最早將一排字彙圈出來的人是贏家。另外,本項教學活動亦可變化成為教師使用口語說出該字彙,學童聽完之後將字彙圈起來。

(圭)識字大富翁

本項教學活動採用大富翁遊戲的概念。教材包括:唸讀字彙、定義字彙、字彙造句。進行此項教學活動時,學童與教師輪流丟骰子,根據點數前進,再選擇卡片,唸讀字彙、定義字彙,或使用字彙造句。通過者可以獲得獎金、汽車、房子、旅遊招待等。最先到達終點者為贏家。

(大)猜猜看,我是哪個字?

本項教學活動主要是教導學童利用語境線索,了解字彙之義。其設計是利用填空的理念。教學時,教師將教材(如:句子、短文)中某些關鍵詞彙中的第一個字遮起來,或是整個詞彙遮起來,教導學童由上下文去推測被遮起來的字或詞彙之義。當學童說出該字或詞彙時,可以請其說明為什麼,如此亦可幫助學童思考語句中前後文詞彙之間的關係。例如:「媽媽今天下午去百貨_____買衣服,碰到_____手被扒走了三千元,真是有夠倒_____。」

(七)「這像什麼」策略

教導新的字彙時，教師可以教導學童自問下列問題：(1)這像什麼？(2)我什麼時候會使用？(3)這是什麼的一部分？(4)它有什麼功能？經由自問自答，學童可建立正確的語意概念，幫助閱讀理解（Block, 2003）。

伍、建立與提取先備知識之教學

由於先備知識與閱讀理解關聯密切。因此，在閱讀的教學過程中，可以先使用不同的教學活動，幫助學童「啟動」（activate）或是提取已有的相關知識。而如果學童並無相關的先備知識，則提供訊息幫助其建立與閱讀內容有關的特定知識。如此必能提高兒童的閱讀動機，增強閱讀理解。茲將錡寶香（1996a）所整理的建立與提取先備知識的教學方法介紹如下：

(一)討論

在正式上課文內容之前，教師可以先和學生討論與課文有關的一些概念、話題等。而每個同學的生活經驗則是其先備知識的重要來源，因此教師可將閱讀主題與學童的生活經驗連結在一起。進行此活動的目的是為了喚出學生的舊知識，以利處理將閱讀的材料。實施步驟如下：

步驟一：先討論有關的主題，讓學生說出與主題有關的經驗。例如：如果閱讀的主題為「養小狗」，教師可問小朋友：「你家有沒有小狗？」「你有沒有到過寵物店？」「狗吃什麼？」「狗喜歡做什麼事？」「狗有沒有咬過你？」等。

步驟二：教師請小朋友看課文標題及插圖，然後再問小朋友：「課文要告訴我們什麼？」鼓勵小朋友預測或說明（因為有的小朋友可能已先預習過）課文中的內容。

(二)看相關之錄影帶

研究顯示，在教學之前先看相關內容的錄影帶，可幫助學生理解閱讀的內容。若是教完課文再看，雖然一樣可增強理解，但效果就比較不顯著（Reutzel, 1985）。

(三)演戲

如同看錄影帶一樣，演戲也是把要閱讀故事之情節、情景具體化呈現出來，自然也會先在學童的認知系統或記憶中建立一表徵，故可幫助他們更易理解閱讀素材之內容。

(四)介紹文章摘要

了解文章的重點大意可以引領讀者思考閱讀的內容，幫助理解。教師使用此教學策略的步驟如下：

步驟一：先問學生幾個與文章主題、大意有關的問題。

步驟二：說明文章概要。

步驟三：辨識文章中的每一個人物或是大重點。

(五)課文內容的語意連圖

此教學策略，主要目的是先幫學童建構一故事內容的架構圖（如圖11-2 所示）。而使用此策略的優點，包括：(1)可引起學生興趣，激發學習動機；(2)提昇學生的思考能力；(3)幫助學生了解故事中的不同要素如何接合在一起。其實施步驟如下：

步驟一：教師先在黑板上寫下故事重點概念，並圈起來（如：周處除三害）。

步驟二：再由此圈圈往外畫出幾個放射線，每一個圈圈內，教師再依次寫下相關的重點內容。

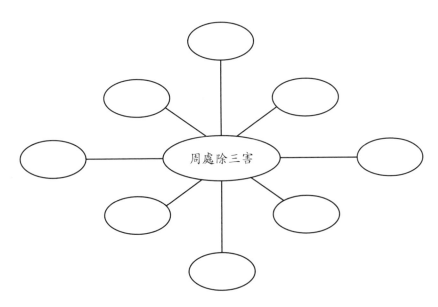

圖 11-2　文本（課文）內容的語意連圖

㈥讓學生提出相關問題

教師可於正式教導學生閱讀之前，鼓勵他們提出 5W 問題：「誰、在哪裡、發生什麼事、如何發生、為什麼」。此種教學策略亦可同時增強其口說語言的發展。

㈦閱讀前的寫作活動

閱讀前的寫作活動可讓學童直接將閱讀與寫作經驗聯結在一起，並幫助他們啟動知識基模。教師可使用下列幾種方式實施此活動：

1.教師可以把故事情節用幾個連環圖片串連在一起，讓學生根據故事內容的情節改編寫出一個故事。

2.教師可以提供假設性的題目，讓學生據此寫出一段故事。例如：「假裝你到麵店吃晚餐，吃完後要付賬，才發現忘了帶錢包，你要怎麼辦？」

3.教師亦可提供一些不同的詞彙、詞組，讓學生根據這些字彙，寫出一個故事。例如：行道樹、城市、下雨、污染、空氣、枯萎……。

(八) 故事接龍

故事接龍活動可由教師先根據欲教讀文章之主題，寫下一至三個句子，然後再由學生輪流接寫。

陸、理解文章大意的教學

每篇文章都有其概括性或總括性的重點與主要概念，這就是文章大意。而閱讀的最終目的即是要建構出一前後連貫的文本概念。由閱讀理解的過程來看，文章的主題或大意可以引領讀者解釋、推論其閱讀下句或下段的新訊息，並建構前後文連貫的意義表徵。例如：當我們在閱讀龜兔賽跑的故事時，如果突然讀到一段「鱷魚載著小豬要去拜訪小熊維尼」的訊息時，一定會覺得混淆與不解。

另外，有些兒童在小二開始，會出現雖然可以唸讀出字彙，卻不理解其意的問題，而由小三開始，閱讀困難學童不再能夠只依賴過去的經驗，或一般知識去理解其所閱讀的文章（Block, 2003; Chall, 1983）。另外，由於這些學童會變得非常執著在閱讀的正確性，他們常常會只理解局部之意，而無法建構整體文本意義（Dymock, 1993）。當我們在閱讀英文文章時，有時候也會因將心思放在字彙之義，忙著查字典，而忽略了整體文章的理解，造成「見樹不見林」的理解問題，即非常類似。因此，教導這些學生的方法可使用「由上到下」策略，讓其先瀏覽整體文章，建立大架構之文意，再進一步將新詞彙之意與大架構文義連結在一起。

事實上，在語文科的教材中，常常會在文後或補充資料中說明課文的大意，可見摘取文章重點大意對閱讀理解的重要。而教師在閱讀的教學，或是要求學生撰寫課外讀物的心得報告時，也會要求學生摘取文章

的大意。簡而言之，理解文章重點大意涉及：⑴讀者的先備知識；⑵文章結構知識；⑶篇章凝聚知識；⑷後設認知能力；⑸問題解決技能。這些層面都可以透過有系統的教學來幫助學童發展較佳的抽取重點大意能力。

茲將 Block（2003）所介紹的重點大意教學步驟介紹如下：

步驟一：介紹抽取重點大意教學之目的及重要性

教學時，教師先說明我們所閱讀的短文、文章內容都有一個或多個主要概念，而找出主要概念會幫助閱讀理解並記住閱讀之內容。而為方便解說，教師可設計幾篇短文舉例說明文章的重點大意是什麼。例如：在下面的短文中，教師可以與學童一起讀完故事後，告訴兒童其重點大意為何。短文一的大意是「很多農人們養的動物是我們的食物」。短文二的大意是「凱凱是個聰明、貪心的男孩，因為他的聰明所以拿到更多的糖果」。

短文一：農人們所飼養的一些動物，常常是人類的食物來源。乳牛可以生產牛奶，母雞可以生雞蛋。豬、牛、羊、雞、鴨也都是肉類的來源。

短文二：有一天，凱凱的媽媽帶他一起去雜貨店買東西。當他們到櫃檯去結帳時，老闆說要請凱凱吃糖果，就順手打開一罐糖果，要凱凱自己拿一把糖果。但是凱凱卻沒有伸手去罐子內拿糖果，只是笑笑地看著老闆。老闆於是就抓了一大把糖果放在凱凱的口袋中。回到家後，媽媽很好奇地問凱凱，為什麼他這麼客氣，沒有自己去抓一把糖果而要老闆抓。凱凱回答：「因為老闆的手比我大啊。」

步驟二：示範如何找出重點大意

本項教學步驟主要是讓學童開始了解如何由相關訊息中抽取出重點

大意。教學時，教師可設計一些具備類別關聯的詞彙組，教導學童由已提供的訊息抽取出大意。例如：「蘋果、梨子、水蜜桃」都是水果，「棒球、捉迷藏、賽跑」都是運動項目，「耳環、戒指、項鍊」都是首飾。

步驟三：教師指導學童應用已學會的重點大意抽取技能

本項教學步驟為教導學童練習上述之教學活動。教師可使用較簡單之詞彙，或是學童已知道之詞彙，設計詞彙組。這些詞彙組可以是依主要概念選取，也可以不用根據主要概念選取，如此才能讓學童建立更清楚的大意概念。例如：「牙膏、肥皂、洗髮精」（大意為清潔用品）、「鞋子、草莓、窗戶」（無相關，未符合某一主要概念）。

步驟四：獨立練習

本項教學步驟為使用學習單讓學童獨立練習，發展上述之技能。另外，教師亦可變化教學的活動，提供一個概念，再由學生說出相關細節，如：「盥洗用品」、「五官」、「臭的東西」、「有插頭的東西」等。而為了讓學習更有趣，亦可採用分組競賽的方式進行。

步驟五：類化至短文閱讀

當兒童已學會如何抽取重點大意或大概念的技能之後，可開始使用短文做為教材，教導學童將此項技能類化至閱讀的文章中。而為了讓學童更容易抓準文章的重點大意，可以：(1)使用圖畫介紹文章大意；(2)運用比喻說明文章大意；(3)應用圖表分析文章結構；(4)善用有聲思考法示範抽取文章大意的過程（吳敏而，1993）。而圖表的分析則與上述語意連圖類似。茲將相關教學方法概略介紹如下：

1.使用圖畫介紹文章大意：很多兒童的讀物中都有插畫，教師可以引領兒童觀看插畫中的細節與整體，說出圖畫內容，再歸納插畫的重點大意。等到學童已由圖畫摘要出閱讀內容的重點大意之後，再進行閱讀活動，將文句與插畫連結。

2.運用比喻說明文章大意：根據吳敏而（1993）的建議，教師可以

使用一些圖像代表大意或包含性的概念。例如：用桌面代表大意，用桌腳代表說明支撐細節的句子，讓學童可以由比較桌面與桌腳上的語句，而了解大意和文章內容細節的關係。另外，雨傘、毛毛蟲、蜘蛛、火車、章魚、水母、茶壺／茶杯、保齡球等圖像亦可用來呈現大意與細節之關係（詳如附錄 11-1 所示）。

3.應用圖表分析文章結構：無論是敘說文或是說明文都有不同的文章結構，例如：時間順序、因果關係、比較／對照等。而了解文章結構有助於重點大意的抽取，因此教師在教學時可以使用圖表呈現文章內容。吳敏而（1993）即介紹蜘蛛式的語意連圖、階梯式的結構圖、重疊圓圈結構圖、因果關係圖、清楚描述文章重點內容。另外，這些圖也可合併使用，如蜘蛛式與階梯式的合併。

4.善用有聲思考法示範抽取文章大意的過程：有聲思考法乃指將思考的歷程或解題的步驟說出來。因此，教學時乃是由教師將抽取文章重點大意的思考過程說出來，示範給學生看，讓學生模仿。其最終目標為學生可習得思考過程，並用之於自己的閱讀中。

除了上述的教學方法之外，教師亦可使用「讀一／二句，想想什麼意思」的教學策略，幫助學童發展出抽取重點大意的能力。教學時，教師選取適合學童識字與閱讀理解水準的教材，請學童先讀一句或二句，然後使用白紙卡蓋住其剛讀過的部分，並問：「這是什麼意思？」由學童試著用自己的話說出句意。等到學童已能經熟悉此項作業之後，教師可將閱讀的長度增加，改成：「讀完一段，想想什麼意思。」最後並綜合多段落之摘要形成文章大意。

最後，Block 與 Mangieri（1996）亦曾建議使用下列方式教導閱讀困難學童了解文章大意：

1.重複部分刪除法：有時候文章內容會重複一些描述、說明與解釋，因此可教導學童如何將重複敘說、描述的部分刪除掉。例如：在短文三中即可刪除「對音樂有很高的興趣與熱度」。

2.將相同主題的內容結合在一起：有時候我們所閱讀的文章會將某些彼此關聯的訊息散布在文章中的不同區塊內，因此教學時可以教導學

生將相關或相同主題的訊息放在一起，就像是我們在做筆記、寫大綱一樣，例如：在短文三中即可將「儒儒、鋼琴、王老師、媽媽」這些訊息放在一起。

3.用少數幾句話重新說一遍：本項教學活動即是抽取重點大意的層面。

4.使用一些摘要、總結的話：一般而言，文章中常會使用一些摘要、總結的話語，例如：總而言之、簡而言之、整體而言、總結整個事件／故事、重點是……。教師可教導學童注意這些話語後面所帶出來的文章重點大意。

5.將與主題無關的細節移開：以短文三為例，即可將「王老師的爸爸是立法委員，她們家很漂亮」、「樂器除了鋼琴以外，還有小提琴」移開。

短文三：儒儒和她姊姊郁郁兩人都很喜歡音樂，對音樂有很高的興趣與熱度。她們學習某種樂器已有很多年。儒儒已經學了很多年的鋼琴，郁郁也學了很多年的小提琴。儒儒每天要練習三小時，一個禮拜要練習二十幾個小時，要做很多的練習。每個星期二與星期五的晚上七點鐘，媽媽會帶她去王老師家學習彈鋼琴。王老師的爸爸是立法委員，她們家很漂亮。王老師是她的鋼琴老師，她很喜歡她。樂器除了鋼琴以外，還有小提琴。儒儒的姊姊郁郁則是學習小提琴。她非常喜歡拉小提琴，已經學習了五年，練習了很長的時間，每天要練習二小時，要不斷的練習，一個禮拜可以練習好多時間。每個星期一和星期四，爸爸會帶她去林老師家學習拉小提琴。林老師是她的老師，王老師是儒儒的老師，她們兩個都是音樂老師。郁郁也是很喜歡她的音樂老師。媽媽和爸爸很辛苦，都要帶她們姊妹兩個去學樂器。

柒、推論的教學

　　推論是一種根據特定資料或線索而做出某項結論的心智運作處理歷程。其運作反映出個體的先備知識、過去經驗、價值相信系統與假設驗證的能力。推論可說是我們生命中的一部分，很多事件、經驗或訊息的理解與人際之間的互動，都需要我們去推敲其中之因果關係，或是去解釋別人的動機與感覺。舉例來說，「早上打開窗戶看到樓下馬路上濕濕的，推論昨天晚上可能下雨了」、「媽媽說話很大聲、很不耐煩，推論可能是因為媽媽很累不想做家事」、「老師特別喜歡辰辰，一定是他功課最好」等等。

　　此外，推論亦是閱讀理解處理歷程中必要的一部分，讀者常常需要根據語境、文章脈絡、先備知識、過去的經驗等，自行補上文章內容中未詳述的訊息，以建構完整的意義，達到閱讀理解（Allen, 1983; Rickheit et al., 1985; Trabasso, 1980）。

　　有關兒童閱讀時的推論表現之研究，已發現低閱讀能力學生與學障學生，在閱讀時常常無法解釋與自動化地推論文本內容中的相關訊息（Carr, 1991; Graesser, Singer, & Trabasso, 1994）。而即使文本內容中所使用的詞彙是其可以解碼、識認，推論問題一樣出現（Smiley, Oakley, Worthen, Campione, & Brown, 1977）。國內吳敏而（1993）探討二至六年級學生，字面推論、行間推論以及批判推論能力的發展，結果顯示年齡較高的學生可做出更多上述三種類型的推論。另外，林慧芳（2002）的研究則顯示，低閱讀能力學生在推論因果關係並未明確詳述的句子時，其表現較一般閱讀能力學童差。除了閱讀障礙或學障學生有推論方面的問題之外，聽障學生亦常出現相同的閱讀困難。因此在閱讀的教學中也都會將其推論能力的提昇包括在內。茲將推論的教學活動介紹如下：

一、提昇類比推理能力的教學

推論涉及將已知的概念或知識應用到新的情境中,做出某種解釋以利理解。在教室中教師的授課常常都會應用類比推論說明、解釋新的概念,而學童所閱讀的教科書中也常常使用類比推論解釋課程內容。因此教導學童如何解答類比推理的問題,或是建立類比推理的概念,對其閱讀理解應有所幫助。類比推理的類型計有:非語文(如:【↖:↘=↗:_____(↙)】、【□:■=△:_____(▲)】)與語文(蘋果相對於水果,就如同波菜相對於蔬菜)兩種。教學時教師可設計這兩種類型的教材,幫助學童發展基本的推論能力。另外,教師也可使用物品的類別概念來設計教材,例如:請學童由四樣東西中找出不應該與其他三樣東西放在一起的物品(如:洋傘、帽子、太陽眼鏡、桌子)。

二、連環圖畫的序列安排

很多生活中的事件、活動都有發生順序或前因後果的關係,而我們也會由學習與經驗而了解其中之關係,並用以推論、理解周遭的世界。教學時,教師可善用兒童已有的一些知識,設計連環圖畫做為教材,讓兒童排列事件的發生順序或因果關係,或是將連環圖畫中的某些圖片遮住,請學童預測下張圖片。

三、正式教導閱讀的推理

本項教學活動設計與上述抽取重點大意的教學類似。其教學步驟如下:

(一)啟動學童已有之相關知識

1. 教學時,教師先分析文章中的幾個重要的概念、意思。
2. 詢問與過去經驗有關之問題。

3.請學生預測文章中主角可能會做的事情，或是教師先提供一些提示，請學童預測本篇文章會說些什麼。

4.同學一起討論大家所做出來的預測。

(二)教師示範推論歷程

1.教師先解釋這是什麼技能：教師可以先設計一些語句或短文，閱讀完後由其中做出推論，以便讓學童了解什麼是推論。例如：在上面短文一中，教師即可說明凱凱後來拿到的糖果會比自己伸手去抓時拿得更多，因為老闆的手較大，抓起來的糖果會比較多。

2.教師示範如何作推論：教師一樣可設計語句或短文示範如何做推論。

3.以下面短文四為例，教師可以說明其中的訊息（小郁快要走到她家時，看到狗就不敢走過去，還要打電話請媽媽出來接她回家），並據此推論小郁非常怕狗。

(三)學生學習如何推論

當學童已了解什麼是閱讀時候的推論，並且也知道如何綜合文章中的訊息做推論時，教師即可用一些簡單的短文讓學童練習。教師可問一些推論問題，讓其回答並說明為什麼答案是這樣。

> 短文四：有一天下午，小郁放學回家走到她家巷口時，看到一隻流浪狗在巷口徘徊走來走去，而且還發出咆哮之聲，她馬上往回走，去找公共電話打電話回家，請媽媽出來接她回家。

捌、後設理解策略的教學

後設理解主要是指個體在閱讀時，對文章中的語意／語法連結、篇章凝聚性、是否了解文章內容意義，以及對自己的閱讀認知處理歷程的

覺知。此外，它亦指個體對自己理解的監控。過去多年來的研究已發現，學習障礙或閱讀障礙學童是較不會積極思考、監控自己學習狀況的閱讀者，因此很多閱讀的教學都特別強調後設理解的訓練。此外，後設認知的訓練對特殊需求學童的閱讀理解亦有很大的幫助。茲將錡寶香（1996b）所整理的幾個相關教學方案介紹如下：

一、交互教學法（Reciprocal Teaching）

本法是由 Palincsar 與 Brown（1986）所發展出來的後設理解策略教學模式。他的主要特點是透過師生互相對話的方式，幫助學生使用後設認知策略。實施本教學法時，教師和學生輪流扮演主導教學者。不論誰扮演「引導」（lead）教學活動者，都需要靈活運用下列四項後設認知策略：

㈠摘錄重點（summarizing）

學生將閱讀的內容整合，並用自己的話將重要概念或主要的意思說出來。

㈡自問自答（question generation）

讓學生由閱讀的內容中設計問題問自己。

㈢澄清疑慮（clarifying）

讓學生有機會找出較難理解的概念，並採取必要的行動，如：重讀或請教別人。

㈣預測結果（prediction）

在閱讀時，讀完一段或一句，則預測接下去可能讀到的內容（邱上真，1989；Bender, 1995）。

研究顯示交互教學法不但可以幫助學習障礙學生理解閱讀的內容

（Englert & Mariage, 1991; Palincsar & Brown, 1986），而且也可增強其對自己的學習之監控與負責（Englert & Mariage, 1991）。

二、RIDER 策略

　　本策略是由 Deshler 等人（1984）所發展之簡單的閱讀策略教學，其主要目的是幫助學習障礙學生在閱讀時，將閱讀的內容在腦部建構視覺意象增進閱讀理解。RIDER 是由下列幾項步驟的第一個字母所組成：

步驟一：讀（Read）：讀第一句。

步驟二：意象（Image）：將閱讀的材料形成意象。

步驟三：描述（Describe）：描述你所建構的意象——(1)如果無法描述請問是「為什麼」？(2)將心中的意象與前一個意象（來自上一句）相比；(3)向自己描述現在形成之意象。

步驟四：評鑑（Evaluate）：自我評鑑在心中所形成之意象是否夠完整。

步驟五：重複（Repeat）：閱讀下一句時，重複做上述四個步驟。

　　Clark 等人（1984）調查 RIDER 策略教學的效應，發現接受此策略訓練的學習障礙學生的閱讀理解及對文章內容的回憶皆大有改善。

三、TISOPT 策略

　　本策略是由 Ellis 與 Sabornie（1988）所設計之閱讀策略。像 RIDER 一樣，TISOPT 也是由此策略執行步驟的第一個字母所組成之縮寫字。

步驟一：讀文章題目（Title read）：問自己標題指的是什麼，並用自己的話作答。

步驟二：讀簡介（Introduction read）：由簡介獲知將要閱讀的主要內容，並將其與標題整合在一起。

步驟三：讀摘要（Summary read）：將摘要中所提供的訊息與簡介中的訊息整合在一起。

步驟四：找出閱讀內容的組織架構（Organization of the chapter）：讀標題

與次標題。將這些訊息與文章題目、簡介及摘要內容整合在一起。

步驟五：檢視文章中的附圖（Pictures examined）：將附圖所提供的訊息與由前面幾個步驟所累積的訊息整合在一起。

步驟六：翻閱該書的目次（Table of contents for the book should be reviewed）：本步驟主要的目的是讓學生了解閱讀的文章與書本其他章節之關係。

　　根據 Eills 與 Sabornie（1988）之建議，本策略最適用於國中階段學科內容的學習。

四、ORDER 策略

　　為幫助學習障礙學生理解說明文文體的閱讀材料，Scanlon、Deshler 與 Schumaker（1996）乃發展此策略，其訓練步驟如下：

步驟一：打開思考之門、做筆記（Open your mind and take notes）——指導學生將閱讀內容做成筆記。

步驟二：認明說明文的結構（Recognize the structure）——說明文的結構包括：序列（包括因果）、比較／對照、描述（包括列舉）及問題解決。

步驟三：設計組織圖表或流程圖（Design an organizer）

　　1. 指導學生先找出及列出重要的訊息。

　　2. 指導學生檢查已列出之訊息（如：題目、概念、關係）。

　　3. 指導學生將這些訊息組織起來（如：將相關訊息歸類在一起）。

　　4. 指導學生自行設計組織圖表，把這些訊息呈現出來。

步驟四：說明、解釋圖表的內容及設計（Explain it）——學生向同學、教師解釋其設計。

步驟五：重複使用組織圖表（Recycle it）——學生可用此組織圖表準備考試，或當作寫作的大綱。

五、段落濃縮（Paragraph Shrinking）

段落濃縮是 CWPT（classwide peer tutoring, Delquadei et al., 1986）教學方案中的一個活動，主要是經由「做摘要」及「找出主要概念」的策略，訓練學習障礙學生發展閱讀理解能力。訓練步驟如下：

步驟一：請學生先誦讀一個段落。

步驟二：教師或「小老師」（peer tutor）請學生「說出故事中的人物或事件」。

步驟三：請學生說出和故事中的人物有關的最重要事情，或是和故事中描述的事件有關的重要事情。

步驟四：如果學生無法作答或答錯了，教師可請其再略讀一遍，重新作答。

步驟五：請學生用十個詞彙說出該段落的主要概念。

研究發現，段落濃縮輔以其他策略的訓練可改善學習障礙學生及低成就學生的閱讀理解水平（Greenwood et al., 1989; Mathes et al., 1994）。

六、問─答關聯策略（question-answer relationship, QAR）

本策略是由 Raphael（1982）所發展，主要是教導學生知覺一些可能會被問到的閱讀理解問題，進而促使學生思考故事內容以利理解，這些問題及其答案共計四類：

㈠答案就在故事中，問題常常是可望文生義而且非常清楚。

㈡答案也在故事中，但是學生需要思考，並在故事中不同的地方找尋。

㈢答案需要學生應用先備知識方能回答，故需推論及做結論。

㈣答案不在閱讀的材料中，必須使用以前的經驗來回答（與個人的價值觀、信念有關）。

教學時，教師先示範這四種問題及如何作答，再由學生自行由故事

中找出上述不同類型的問題並提供答案。

七、故事連配圖（story mapping）

本策略是由 Idol（1987）所發展之閱讀理解教學策略，主要是教導學生注意故事中的要素（即故事結構），如：背景、事件、人物、目標、問題、結果及最後結局，其訓練程序如下：

(一) 示 範

1. 教師先請學生唸完指定的故事。
2. 教師發給每位學生一張故事連配大綱（圖 11-3）。

誰？

哪裡？

什麼時候？

- -

問題：

目標：

行動：

結果：

- -

圖 11-3　故事連配（故事結構）大綱

3.教師拿出同樣的故事連配圖投影片，將答案寫下，並請每位同學將答案抄在其故事連配圖上。

4.教師根據故事文法的結構提出問題請學生回答。

(二)指導

1.教師不再示範如何完成故事連配圖，學生需獨自完成它。

2.學生完成之後，教師會叫學生起來回答問題。

3.教師將學生的答案寫在投影片上，全班一起討論。

(三)測試

1.學生自己閱讀故事，並使用故事連配圖完成指定之閱讀作業。

2.教師檢查其是否能正確答。

Idol 與 Croll（1987）使用此法訓練學習障礙及低成就國小學生，結果發現他們的閱讀理解水平大有提昇，而且就算不用故事連配圖，他們的閱讀理解一樣維持在平均程度以上。

玖、結語：閱讀前、閱讀中、閱讀後的教學

閱讀的最終目的即是理解，然而對很多身心障礙學童而言，閱讀理解卻是他們需要常面對的挫折之一。識字能力或是解碼能力不足常是造成閱讀理解問題的主要因素之一，由於將書面文字唸讀出來有極大困難，使得這些兒童無法提取詞義，也使得閱讀的流暢性與速度跟著降低，並進而影響閱讀理解，造成學業學習成就低落。雖然識字解碼問題會直接影響閱讀理解，但有些身心障礙學童，卻在識字解碼方面並未出現問題的狀況下，仍然一樣顯現出嚴重的閱讀理解困難。究其原因，可能是在高層次的思考上面出了問題。也因此閱讀的教學應視學童的需要而提供適當的教學。

閱讀的教學可分成閱讀前、閱讀中、閱讀後三個階段。在閱讀前階段的教學，主要是讓學童建立或是提取與閱讀內容相關的知識，以降低閱讀理解的問題。因此在教學時，會著重在先備知識的激發、過去經驗的聯結，或是建立相關的特定知識。另外，因為學童可能會碰到一些不認識的生字，因此也需要教導新字彙之義或是與該字彙相關之概念。而前述字義理解的教學、建立與提取先備知識之教學，即可用在閱讀前的教學中。

在閱讀中階段的教學，則是強調朗讀、默讀、解釋句子／段落意義、推論與摘要重點大意等層面。上述抽取重點大意、推論、後設認知策略的教學建議皆可應用。而綜合這些為提昇學童閱讀理解的教學，則可分成下列幾種策略（錡寶香，1996a）：

(一)找出文章之重點

教師可訓練學生從目錄、標題、粗體字、斜體字等，找出文章之重點。此外，亦可指導他們將重點畫起來。

(二)應用關鍵字及上下文的關係

教師可指導學生由關鍵字聯想整個句子，甚至段落的文意。此外，教師亦可訓練學生應用上下文之關係猜測、推論文章段落的因果關係。

(三)自問自答

教師可指導學生在閱讀時，針對閱讀內容，自己找出相關問題，並提出解答。教師可先就幾篇文章，示範如何針對文章重點，提出適當的問題，再口述或寫下答案。

(四)作摘要

教師可指導學生讀完一段就去想它的大意，並將重點加以摘述記錄下來。作摘要可幫助學生思考文章要旨、重要人物及故事細節。

(五)反覆閱讀

學習效果與個體是否願意花大量時間閱讀有密切之關係，而障礙學生常常需要靠著不斷反覆閱讀十幾遍課文內容，方能理解其意。因此，教師應鼓勵學生反覆閱讀自己未充分理解的閱讀材料。而且，可放慢閱讀速度，以利全盤理解。此外，教師亦可告訴學生，可將不了解之處標記下來，尋求教師或家長幫忙解答。

(六)認識文章結構

文章結構是指文章內重要概念之內在聯結，可幫助讀者聯結重要的文意內容（林清山譯，1990）。研究顯示，辨認文章結構之訓練，有助於學生對文章的理解與回憶（胥彥華，1989）。因此，教師提出一些突顯敘述文或說明文的基本文章結構之問題，可以幫助學生將文章結構內化至其文體基模中。

教師可自行分析文章的結構，然後再根據結構成份提出相關問題，以啟發兒童知覺故事架構。例如：在周處除三害故事中，教師可根據故事結構提出下列問題：

背景	誰是周處？周處住在哪裡？
事件	地方上的三害是什麼？他們怎樣危害鄉民？
內在反應	為什麼周處要去除三害？
行動	周處做了什麼事？
結果	周處打虎殺龍之後，鄉人是否很感激他？
結局	周處如何除掉第三害？

此外，閱讀的一大功能即是透過閱讀學習，因此閱讀後的教學可以把握這個特性，請學童與教師一起討論感想、建議、想法，將閱讀的內容以寫作方式或是演說方式表達出來，也可以戲劇方式表演出來，製成藝術品（如：圖畫、美勞作品）或是實際應用在生活上等等。這些都會是學童閱讀理解的產物，而且也可進一步讓學童深入了解其所閱讀的內容。

另外，無論是閱讀前、閱讀中或閱讀後的教學，教師可提出一些可

讓學童推論、比較、評價、假設、問題解決的問題以幫助理解。因此，教師可提出下列一些問題：(1)答案明確地標示在文章中的問題；(2)答案在文章中，但卻是隱含著（不是明確地以文字標示出來）的問題；(3)學生需用先備知識回答的問題；(4)可幫助學生知覺文體結構的問題。

最後，閱讀除了是學習的必要工具之外，同時也具備娛樂的功能（如：閱讀《哈利波特》、八卦消息、食譜、美食訊息等）。因此提昇身心障礙學童的閱讀能力，不但可以減輕其學習困難，也可讓其因閱讀而習得知識、自娛，提昇生活品質。然而，對於語言、思考能力普遍不佳的這些學童而言，閱讀卻是他們必須面對的大障礙。因此，教師應設計、善用各種教材與教學策略，幫助他們理解閱讀之內容。

附錄 11-1 圖像比喻說明文章大意

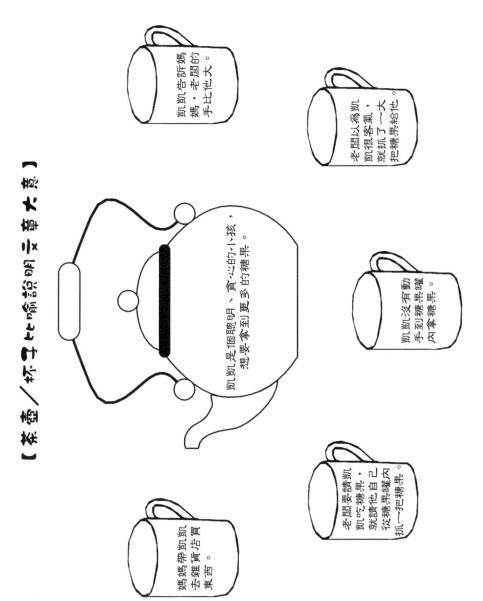

【茶壺/杯子比喻說明文章大意】

【火車比喻說明：章大意】

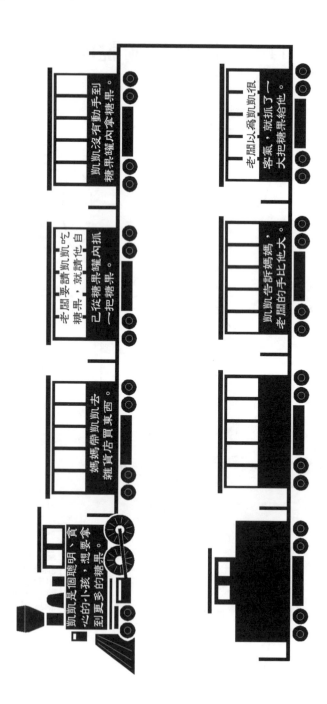

凱凱是個聰明、貪拿
心的小孩，想要拿
到更多的糖果。

媽媽帶凱凱去
雜貨店買東西。

老闆要讚讚凱凱吃
糖果，就讚他自
己從糖果罐內抓
一把糖果。

凱凱沒有動手到
糖果罐內拿糖果。

凱凱告訴媽媽，
老闆的手比他大。

老闆以為凱凱很
客氣，就抓了一
大把糖果給他。

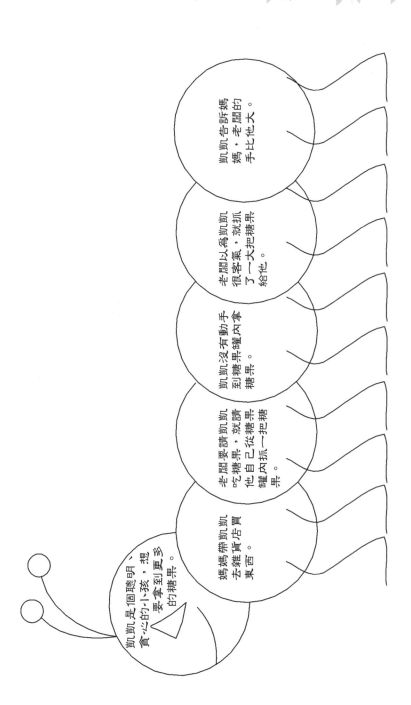

【毛毛蟲比喻說明文章大意】

凱凱是個聰明、貪心的小孩，想要拿到更多的糖果。

媽媽帶凱凱去雜貨店買東西。

老闆要請凱凱吃糖果，就請他自己從糖果罐內抓一把糖果。

凱凱沒有動手到糖果罐內拿糖果。

老闆以為凱凱很客氣，就抓了一大把糖果給他。

凱凱告訴媽媽，老闆的手比他的手比他大。

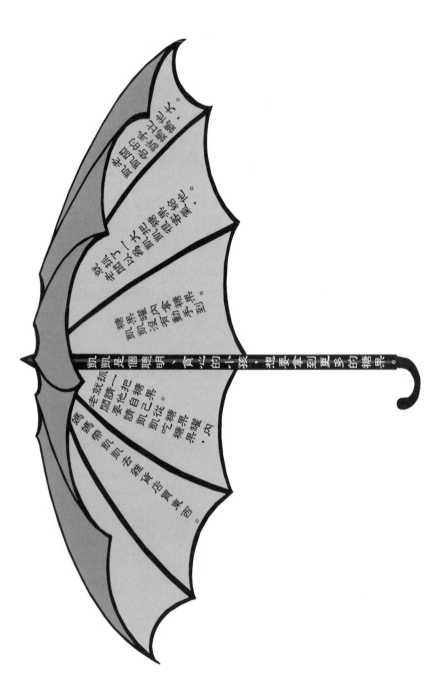

【雨傘比喻說明文章大意】

凱凱是個聰明、貪心的小孩,想要拿到更多的糖果。

老闆就告訴媽媽。

老闆一看凱凱拿那麼多,覺得不太好。

糖果,凱凱沒辦法拿到手裡。

媽媽帶凱凱去雜貨店買東西。

媽媽就叫請老他闆把一要他糖請果凱凱從糖糖果果罐吃內,拿出自己果罐內。

【保齡球比喻說明文章大意】

文章大意：凱凱是個聰明、貪心的小孩，想要拿到更多的糖果。

媽媽帶凱凱去雜貨店買東西。

老闆就請他要他請自己從糖果罐內，吃糖果。凱凱拿一把糖果。

凱凱動手拿到。糖果罐內沒有糖果到。

老闆以為凱凱很客氣，就抓了一大把糖果給他。

凱凱告訴媽媽他的手比老闆的手大。

【章魚比喻說明文章大意】

凱凱告訴媽媽，老闆的手比他大。

老闆ㄅㄨㄣ不出來，凱凱把糖果很客氣給人家。

凱凱是個聰明、貪心的小孩，想要拿到更多的糖果。

糖果罐內有拿到糖果，凱凱沒動手。

媽媽帶凱凱去雜貨店買東西。

老闆要讚許凱凱就請他自己從糖果罐內抓一把糖果。凱凱把糖果吃糖果。

【花朵比喻說明文章大意】

- 媽媽帶凱凱去雜貨店買東西。
- 老闆要請凱凱吃糖果,就請他自己從糖果罐內抓一把糖果。
- 凱凱是個聰明的小孩,他想要拿到更多的糖果。
- 凱凱沒有動手到糖果罐內拿糖果。
- 老闆以為凱凱很客氣,就抓了一大把糖果給他。
- 凱凱告訴老闆媽媽,凱凱的手比老闆的手大。

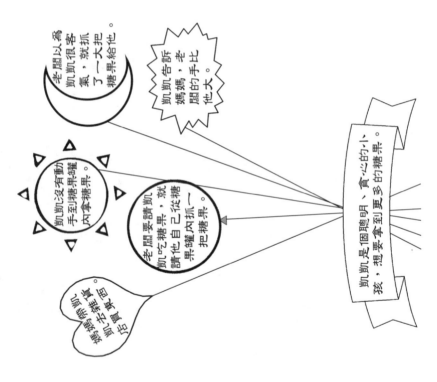

參考文獻

吳武典、張正芬（1984）。國語文能力測驗。台北：台灣師大特教中心。

吳敏而（1993）。摘取文章大意的教材教法。載於台灣省國民學校教師研習會（編印），國民小學國語科教材教法研究地三輯（頁 87-101）。板橋：台灣省國民學校教師研習會。

周台傑（1992）。國民小學國語文成就測驗。彰化：精華。

林清山譯（1990）。教育心理學——認知取向。台北：遠流。

林慧芳（2002）。國小六年級低閱讀能力學生工作記憶與推論能力之研究。國立彰化師範學院特殊教育研究所碩士論文（未發表）。

林寶貴、楊慧敏、許秀英（1995）。中華國語文能力測驗之編製及相關因素研究。特殊教育研究學刊，12，1-24。

林寶貴、錡寶香（1999）。中文閱讀理解測驗。台北：教育部。

林寶貴、錡寶香（2000）。中文閱讀理解測驗之編製。特殊教育研究學刊，19，79-104。

邱上真（1989）。後設認知研究在輕度障礙者教學上的應用。特殊教育季刊，30，12-16。

邱上真、洪碧霞（1997）。國民小學國語成就測驗。國科會專題研究計畫成果報告（NSC 86-2413-H-017-002-F5）。

柯華葳（1999）。閱讀理解困難篩選測驗。行政院國家科學委員會特殊教育工作小組印行。

胥彥華（1989）。學習策略對國小六年級學生閱讀效果之研究。國立彰化師範大學特殊教育研究所碩士論文。

黃秀霜（2001）。中文年級認字量表。台北：心理。

蔡銘津（1997）。學童閱讀能力的測驗與評量。特殊教育季刊，65，23-28。

錡寶香（1996a）。聽覺障礙學生的閱讀教學。特教園丁，11(4)，6-11。

錡寶香（1996b）。學習障礙學生的後設認知策略教學。載於周台傑、葉靖雲（主編），學習障礙有效教學（頁 97-128）。彰化：彰化師範大學特

教中心。

Allen, J. (1983). *Inference: A research review*. ERIC: ED 240512.

Baumann, J. F. (1988). *Reading assessment: An instructional decision-making perspective*. Columbus, OH: Charles E. Merrill.

Bender, W. N. (1995). *Learning disabilities: Characteristics, identification, and teaching strategies*. Boston, MA: Allyn & Bacon.

Block, C. (2003). *Literacy difficulties: Diagnosis and instruction for reading specialists and classroom teachers*. Boston, MA: Allyn & Bacon.

Block, C. C. & Mangieri, J. N. (1996). *Reason to read: Thinking strategies for life through literature, Volume 2*. Palo Alto, CA: Addison-Wesley.

Brown, V. L., Hammill, D. D., & Wiederholt, J. L. (1995). *Test of reading comprehension* (3rd ed.). Austin, TX: Pro-ed.

Carr, S. C. (1991). *The effects of prior knowledge and schema activation strategies on the inferential reading comprehension performance of learning-disabled and nonlearning-disabled children*. Unpublished dissertation. University of New Orleans.

Catts, H. W. & Kamhi, A. G. (1999). Causes of reading disabilities. In H. W. Catts & A. G. Kamhi (Eds.), *Language and reading disabilities* (pp. 95-127). Boston, MA: Allyn & Bacon.

Chall, J. (1983). *Stages of reading development*. New York: McGraw-Hill.

Clark, F. L., Deshler, D. D., Schumaker, J. B., Alley, G. R., & Warner, M. M. (1984). Visual imagery and self-questioning strategies to improve comprehension of written material. *Journal of Learning Disabilities, 17*, 145-149.

Delquadei J., Greenwood, C. R., Whorton, D., Carta, J. J., & Hall, R. V. (1986). Classwide peer tutoring. *Exceptional Children, 52*, 535-542.

DeSanti, R., J., Casbergue, R. M., & Sullivan, V. G. (1986). *Cloze reading inventory*. Boston, MA: Allyn & Bacon.

Deshler, D. D., Schumaker, J. B., Lenz, B. K., & Ellis, E. S. (1984). Academic and cognitive interventions for learning disabled adolescents: Part Ⅱ. *Journal of*

Learning Disabilities, 17, 170-187.

Dickinson, D., Wolf, M., & Stotsky, S. (1989). Words move: The interwoven development of oral and written language. In J. Berko-Gleason (Ed.), *The development of language* (pp. 225-273). New York: MacMillan.

Dunn, L. M. & Markwardt, F. C. (1988). *Peabody individual achievement test-revised*. Circle Pines, MN: American guidance Service.

Dymock, S. (1993). Reading but not understanding. *Journal of Reading, 37* (2), 86-91.

Ellis, E. S. & Sabornie, E. J. (1988). Teaching learning strategies to learning disabled students in post-secondary settings. In W. N. Bender, D. Benson, & D. Burns (Eds.), *College programs for the learning disabled*. New Brunswick, NJ: Rutgers University Perss.

Englert, C. S. & Mariage, T. V. (1991). Making students partners in the comprehension process: Organizing the reading "POSSE". *Learning Disability Quarterly, 14*, 123-138.

Goodman, Y. M. Watson, D. J., & Burke, C. L. (1987). *Reading miscue inventory: Alternative procedures*. New York: Richard C. Owen.

Goodman, Y. M. & Goodman, K. S. (1994). To err is human: Learning about language processes by analyzing miscues. In R. B. Ruddell & H. Singer (Eds.), *Theoretical models and processes of reading*. Newark, DE: International Reading Association.

Graves, M F. & Prenn, M. C. (1986). Costs and benefits of various methods of teaching vocabulary. *Journal of Reading, 29*, 596-602.

Graesser, A. C., Singer, M., & Trabasso, T. (1994). Constructing inferences during narrative text comprehension. *Psychological Review, 101*, 371-395.

Greenwood, C. R., Delquadri, J. C., & Hall. R. V. (1989). Longitudinal effects of classwide peer tutoring. *Journal of Educational Psychology, 81*, 371-383.

Idol, L. (1987). Group story mapping: A comprehension strategy for both Skilled and unskilled readers. *Journal of Learning Disabilities, 20*, 196-205.

Idol, L. & Croll, V. (1987). Story mapping training as a means of improving reading comprehension. *Learning Disability Quarterly, 10*, 214-229.

Jastak, J. F. & Wilkinson, F. (1984). *The wide range achievement test-revised.* Wilmington, DE: Jastak Association.

Karlsen, B. & Gardner, E. (1995). *Stanford diagnostic reading test* (4th ed.). San Antonio, TX: Harcourt Brace.

Kintsch, W. (1974). *The representation of meaning in memory.* Hillsdale, NJ: Lawrence Erlbaum.

Lipson, M. Y. & Wixson, K. K. (1997). *Assessment and instruction of reading and writing disability: An interactive approach* (2nd ed.). New York: Longman.

Mathes, P. G., Fuchs, D., Fuchs, L., Henley, A., & Sanders, A. (1994). Increasing strategic reading practice with Peabody classwide peer tutoring. *Learning Disabilities Research & Practice, 9* (1), 44-48.

Morrow, L. (1989). Using story retelling to develop comprehension. In K. D. Muth (Ed.), *Children's comprehension of text* (pp. 37-58). Newark, DE: International Reading Association.

Palincsar. A. S. & Brown, A. L. (1986). Interactive teaching to promote independent learning from text. *The Reading Teacher, 39*, 771-777.

Paul, P. & O'Rourke, J. (1988). Multimeaning words and reading comprehension; Implications for special education students. *Remedial and Special Education, 9* (3), 42-52.

Raphael, T. E. (1982). Question-answering strategies for children. *The Reading Teacher, 36*, 186-190.

Reutzel, D. R. (1985). Reconciling schema theory and the basal reading lesson. *The Reading Teacher, 39*, 194-197.

Rickheit, G., Schnotz, W., & Strohner, H. (1985). The concept of inference in discourse comprehension. In G. Richeit & H. Strohner (Eds.), *Inferences in text processing*. Amsterdam: Elsevier Science Publishers.

Ruddell, R. B. (1986). Vocabulary learning: A process model and criteria for evaluating instructional strategies, *Journal of Reading, 29*, 581-587.

Ryder, R. J. (1986). Teaching vocabulary through external context clues. *Journal of Reading, 30*, 61-65.

Scanlon, D., Deshler, D. D., & Schumaker, J. B. (1996). Can a strategy be taught and learned in secondary inclusive classrooms? *Learning Disabilities Research and Practice, 11* (1), 41-57.

Smiley, S. S., Oakley, D. D., Worthen, D., Campione, J. C., & Brown, A. L. (1977). Recall of thematically relevant material by adolescent good and poor readers as a function of written versus oral presentation. *Journal of Educational Psychology, 69*, 381-387.

Trabasso, T. (1980). On the making of inferences during reading and their comprehension. In J. Guthrie (Ed.), *Comprehension and teaching: Research reviews*. Newark, DE: International Reading Association.

Walter, G. G. (1978). Lexical abilities of hearing and hearing impaired children. *American Annals of the Deaf, 123* (8), 976-982.

Woodcock, R. (1987). *Woodcock reading mastery tests-revised*. Circle Pines, MN: American Guidance Service.

第12章

提昇兒童書寫表達能力的教學

壹、前言

　　在知識爆炸、訊息溝通頻繁的現代社會裡，書寫表達技能是個體必備的基本能力之一。小至書寫自己的個人資料（如：姓名、住址等），大至在不同場合，依不同需求，以書面語言呈現個人的想法、建議、評論等，皆須使用書寫表達技能，例如：留言、書寫信函／電子郵件、在課堂上做筆記、在考試場合揮筆振書等。也因此，在學校中語文教育的目標乃強調提高學生的書寫表達能力。台灣國民中小學九年一貫課程綱要中即將書寫表達列為重要的能力指標之一，並明定教學目標為教導學生應用語言文字表情達意，分享經驗，溝通見解，以及應用語言文字研擬計畫，及有效執行（教育部，2000）。

　　根據上述，可見書寫表達能力是個體全人發展中不可或缺的一部分。也因此，書寫表達能力的不足對於學童而言，不但會造成教育上的傷害，也會影響其自尊、自信或自我概念的建立。此外，隨著年級的上升，學童常常需要以書面語言或文字符號表達其學習成果，例如：考試做答、寫計畫報告等。也因此，學童如果無法發展出基本的書寫表達技能，他／她將無法勝任學校學習的要求，而隨著失敗經驗的累積，更可能造成學習動機的低落。

　　雖然書寫表達能力對學童的發展是如此重要，但是國內外研究報告卻常指出很多學生的寫作能力不足，不喜歡寫作的過程，無法適切地表達自己所想傳遞的訊息，文字表達能力日臻低落，未達一定之水準，以及不會寫作文（中時網，2002；杜淑真，1992；鄭博真，1995；Olson, 1994）。有鑑於此，教育工作者有必要重視如何提昇學生的書寫表能力的議題，以幫助他們發展出適當的書寫表達能力，提高學習效果。

貳、身心障礙學生的書寫表達困難

　　書寫表達是一種應用文字，將概念安排、呈現的複雜認知活動。此種認知處理與個體的文字書寫能力、語言能力、先備知識、文體結構知識、動機等因素皆有關（林寶貴、錡寶香，2000）。也因此，書寫表達困難可以由書寫表達通則（convention）（如：標點符號、拼字、國字的書寫、文章段落的安排）、語言能力的表現（如：字詞意義、語句）與概念（如：文章內容、篇章所傳達之概念）三個層面來界定（Hammill & Larsen, 1996）。而更特定的，則是將書寫表達困難分成三種：(1)寫字問題（handwriting problems）；(2)拼字問題（spelling problems）；(3)寫作問題（composition problems）（Hallahan, Kauffman, & Lloyd, 1999）。

　　國外探討書寫表達障礙的研究，發現習拼音文字學童的寫字問題包括：字母扭曲變形（如：*d*寫成*cl*）、字母形狀左右顛倒（如：*b*寫成*d*）、字母之間或是字彙之間的間隔不當、寫字速度緩慢、寫字不流暢（如：好像在畫每個字母）（Hallahan, Kauffman, & Lloyd, 1999）。而其拼字問題，則包括：贅加字母（如：neccessary）、遺漏字母（如：togehr）、方言影響、字母顛倒影響（如：dog 寫成 bog）、整個字前後顛倒（如：saw 寫成 was）、字母順序不正確（如：receive寫成 recieve）（Polloway & Smith, 1992）。

　　另外，Poplin等（1980）比較學習障礙學生與普通學生的寫作表達能力，結果顯示學習障礙學生的寫作表達能力顯著落後普通學生。Houck與Billingsley（1989）則發現在學習障礙學生的作文產品中使用的字數、句數都比較少，而且較常出現大小寫及拼字的錯誤（Montague, Graves, & Leavell, 1991）。另外，Vallecorsa 與 DeBettencourt（1992）亦發現學習障礙學生在拼字、寫字、大小寫、標點符號、句子結構方面有極大的問題存在。而且，其作文成品亦較簡短、缺乏前後一致的篇章凝聚性、文章

結構的安排亦不恰當。除此之外，研究亦發現學障學生較缺乏寫作歷程
的知識，組織文本的能力亦較差，並且較不會在寫作完成之後做必要的
修正、更正、重寫或編輯（Englert & Raphael, 1988）。而 Newcomer 與 Ba-
renbaum（1991）在回顧一九八〇至一九九〇年之間出版的相關文獻之
後，則更進一步指出，學習障礙學生的寫作困難，包括：標點符號、拼
字、字彙使用、語句結構、前後文的連貫、篇章凝聚性（text coherence）
的維持、代名詞使用等。此外，在聽障學生方面，很多研究都發現他們
使用書寫語言表達己意的能力遠比聽力正常學生低落（Quigley & Paul,
1984），而其句子或文章中所使用的字彙、語句結構與標準使用方式有
異（Carrol, 1988; Quigley & Paul, 1984），更不用提很多高中畢業的聽障
者都無法以書寫語言充分、適切地表達己意（Moores & Sweet, 1990）。

　　而國內相關研究，則發現特殊學童的寫字錯誤類型包括：⑴字型錯
誤；⑵筆劃錯誤；⑶遺漏筆劃；⑷字體顛倒；⑸字的組成部分空間位置
錯置；⑹可讀性低；⑺筆順不正確；⑻以圖代字；⑼字序顛倒（如「火
車」寫成「車火」）；⑽寫字速度慢；⑾仿寫技巧不正確等問題（余禮
娟、馮淑慧，2000；吳雅婷、巫宗容、何配珍，2000；李瑩玓，2001；
林千惠等，2000；曾美惠，1993）。而在書寫語言的應用或是寫作方面，
資源班學生在聽寫、國字填寫、筆劃加減、句子結合與造句的表現都低
於一般學生（林寶貴、錡寶香，2000）。另外，在寫作表達方面，國內
過去的研究則顯示，低語文能力學童或是學障學童的寫作產品中，較常
出現錯別字與標點符號錯誤，以及造句錯誤（施錚懿，1997；黃貞子，
2002；楊坤堂，2002；葉靖雲，1999）。此外，林寶貴、黃瑞珍與彭千
紅（1997）的研究則發現低語文能力學童在寫作產品中明顯地使用較多
的簡單句。

　　綜上所述，特殊學生在書寫表達的問題包括不同錯誤類型的寫字、
拼字問題。而學障或聽障學生在作文方面的問題，則出現詞彙使用／主
題概念表達不成熟、語句結構簡單、段落缺乏組織、內容貧乏、遺漏重
要訊息等問題（Hallahan, Kauffman, & Lloyd, 1999; Quigley & Paul, 1984）。

參、文字識讀與書寫的認知處理歷程

Gillam 等（2002）曾經提出一個訊息刺激激發與概念處理的模式解釋特定型語言障礙的認知問題。筆者參照此模式（如圖 12-1 所示）以及林寶貴與錡寶香（2000）所提出的書寫語言處理歷程架構圖（如圖 12-2 所示），說明識字與寫字認知處理歷程。如圖 12-1 所示，本模式共包括中央執行功能、注意力知覺、工作記憶、詞彙庫等成分。茲將這些成分介紹如下：

一、注意力與知覺

本項認知處理歷程是屬於由下而上（bottom-up）的認知運作。當文字訊息被接收時，個體的注意力與知覺系統會先處理輸入的訊息，加以分析與辨認，認明不同的字母或線條筆劃／部首。由兒童讀寫能力發展的過程來看，他們在多次接觸文字之後，會將所學習的字彙之字型與其相對應的口語詞彙之音韻形式聯結，並據此理解該字彙之義。也因此字彙之義需經由音韻形式的管道激發或觸接。但隨著識字、閱讀經驗的累積，接觸文字的頻率增加，個體的識字處理歷程，可能會自動化地只注意知覺／視覺表徵或字型表徵觸接字義，無須經由音韻形式激發，例如：快速讀過 "touch us" 可能錯誤看成 "teach us"（Catts & Kamhi, 1999），或是將「家園」錯誤看成「家國」。兒童即是經由此種方式學習識字，並累積字彙。也因此注意力與知覺上的問題，乃會影響文字被接收進入工作記憶系統中做進一步的處理。例如：當兒童在學習「睡覺」這個字彙時，就必須注意「睡覺」的字型特徵或是整體的視覺背景特徵，以及「覺」的下面是「見」而非「貝」的字型，並知覺辨認其筆劃字型與「學」是不一樣。

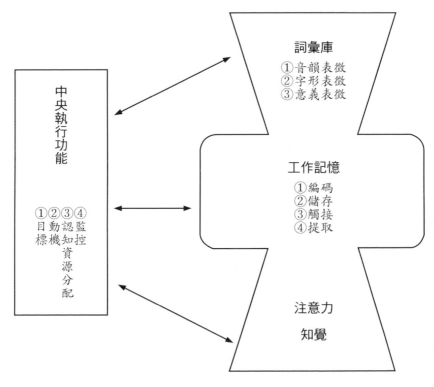

圖 12-1　詞彙與文字的儲存及提取運作處理歷程（Gillam et al., 2002）

二、工作記憶

在兒童識字學習的過程中，他們會將文字的字型與其相對應口語詞彙的音韻形式聯結，據此唸讀出該字彙。例如：多次看到「小豬」這個字彙時，會記憶其字型，並將其與音韻表徵聯結，最後並儲存在心理詞彙庫中。也因此，文字的編碼是以字型（視覺）與音韻（聽覺）類型運作處理的。而當兒童開始學習使用文字表達意念時，即會將儲存在心理詞彙庫表徵系統中的字型（筆劃／線條安排）以神經、肌肉動作協調的方式再現出來。而這些運作，都涉及文字符號的編碼、儲存、意義的觸

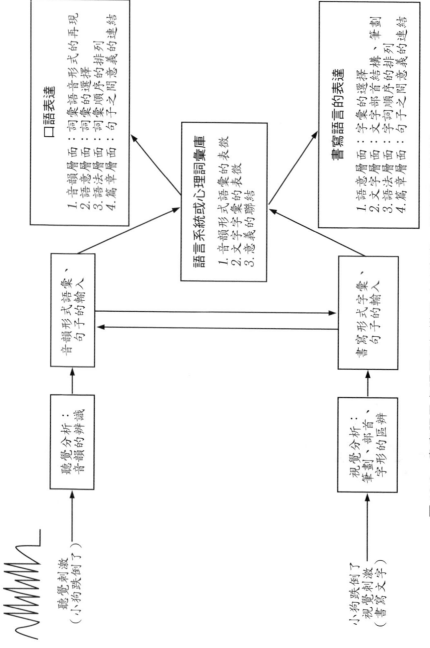

圖 12-2　書寫語言處理歷程架構圖（林寶貴、錡寶香，2000）

接與提取。這些認知處理歷程都與個體的記憶功能有密切之關係。例如：在學習或是接觸新的字彙時，兒童需要將視覺接收與注意的刺激（即文字）暫存在工作記憶中，以音韻形式編碼，並在心理詞彙庫裡搜尋該字彙之義。例如：假設當兒童在閱讀「叔叔手頭很拮据」這句話時，因為不認識「拮据」這個字彙，他會想辦法編碼、唸讀出其音韻形式，也因此他需要將其視覺表徵暫存在工作記憶中做進一步之處理。而如果學童經過學習之後，已認識「拮据」，並知道其義，當他在閱讀「叔叔手頭很拮据」這句話時，他一樣需將這些字彙編碼與暫存在工作記憶中，立即與同時由心理詞彙庫中提取意義解碼其義。而如果在某個情境中要寫出「最近手頭很拮据」的句子時，則需要先以音韻形式編碼（因為「我寫我口說」），將音韻激發的句子暫存在工作記憶中，並同時由心理詞彙庫中提取相對應的字彙，再以神經肌肉動作將字彙寫出來（即再現）。綜合前述，無論是字彙的學習或是書寫都涉及在工作記憶中編碼、暫存、提取、觸接等認知運作處理歷程。

三、心理詞彙庫

　　大部分語言處理模式的理論都會假設，在我們的語言／認知系統中存有一個長期記憶系統，讓詞彙可進入其中並儲存於該記憶體中，而這也正是心理詞彙庫（mental lexicon）或詞彙長期儲存（lexical long term store, LLTS）之意，亦即詞彙在記憶系統中的儲存器（Dollaghan, 1992）。一般而言，心理詞彙庫除包括口語詞彙的音韻表徵，以及其連配的意義表徵之外，亦包括書面文字部分。有關口語詞彙心理詞彙庫部分，在前面「兒童的詞彙尋取困難與介入」已介紹過，本章就不再贅述。

　　至於文字心理詞彙庫部分，根據鄭昭明與陳學志（1991）論點，習中文兒童心理詞彙庫的建立，包含：字形、字音、字義及中文文字組合、應用規則的知識。茲將這些層面介紹如下：

　　㈠中文文字組字的規則：乃指每個漢字筆劃，部件結構在字裡所占的空間位置，其較常出現的固定位置，例如：「手」總是放在字的左邊，

從來沒有出現在右邊。

　　㈡部首表義的知識：乃指中文裡每個字的部首常是該字之義的線索，例如：有著「石」部首的字常與「石頭或礦石」有關。

　　㈢聲旁表音知識：乃指聲旁與該字的發音有所關聯，而這也是俗稱「有邊讀邊，沒邊讀中間」之意。例如：「棲」、「淒」、「郪」皆讀「ㄑㄧ」。

　　綜合上述，文字的接觸經驗與讀寫練習，使得兒童慢慢可區辨字與字之間相同與相異的地方，他們慢慢會覺知不同字的筆劃特徵，而隨著讀寫能力的發展，他們也愈來愈能區辨字與字之間細微不同的地方，並建立中文文字的字彙知識，在其心理詞彙庫中建立字形、字音、字義及中文文字組合、應用規則的知識。而在閱讀時，兒童會學得如何以「儲存或表徵在心理詞彙庫中的相關知識去詮釋其所讀到的文字符號」。例如：讀到「硫磺」這個字詞時，即可使用對中文文字結構的相關後設語言覺識能力，以及字詞語境線索去假設「硫磺」可能與石頭、礦物之意有關。另外，亦會根據「流」與「黃」的聲旁表音知識唸讀該字彙。

　　最後，如圖 12-1 所示，個體無論是在閱讀或是書寫表達時，都必須由心理詞彙庫中提取適當的字彙。此種心理運作是屬於由上而下的高層次認知思考。此外其與工作記憶、注意力／知覺之間的關係是交互影響的，心理詞彙庫所儲存的表徵會影響個體對訊息／刺激的選取與接收。

四、文字的書寫

　　書寫表達的歷程涉及下列同時產生的認知運作處理歷程：⑴意念／概念的產生；⑵以口語詞彙編碼概念；⑶依照合乎語法的順序排列這些詞彙；⑷將口語詞彙與相對應的文字連結；⑸以神經肌肉協調的動作寫出表達概念的文字。也因此，口語能力的優劣自然會影響文字的編碼與提取或是語法的正確性。而文字的學習效果或是識字能力，一樣也與書寫有密切之關係。據此，心理詞彙庫中文字表徵的建立（如：字型、部首位置、筆劃等）是否完整、穩固，當然也會影響個體是否能正確寫出

某個字彙的效能。最後，個體的神經肌肉協調動作能力一樣也會影響文字的書寫。

肆、書寫表達的評量

　　林寶貴和錡寶香（2000）曾整理書寫表達評量方式的相關資料，茲將其歸納之論點介紹如下。

　　一般而言，書寫表達涉及下面三個層面：(1)書寫表達通則（conventional）（如：文章有不同段落、標點符號、字母拼字或不同國字的書寫形式等）；(2)語言（linguistic）（如：字彙之義、語法等）；及(3)概念（conceptual）（如：文章內容、句子所表徵之概念）（Hammill & Larsen, 1988, 1996; Hresko, Herron, & Peak, 1996）。因此，很多書寫語言能力的評量或書寫表達作品的分析都將其重點放在這三個層面上（Hammill & Larsen, 1988, 1996; Hresko, Herron, & Peak, 1996; Huot, 1990; Isaacson, 1988）。

　　另外，書寫表達評量的方式則包括：(1)刻意寫作模式（contrived writing format）；與(2)自發寫作模式（spontaneous writing format）兩種（Hammill & Larsen, 1996）。刻意寫作模式所評量的重點為書寫作品中的小單位，如：拼字、大小寫、標點符號、字彙使用、造句或語法等。由於此種評量方式需特別設計一些不同的分測驗或題型，評量學生的寫作通則知識或語言應用能力，並非直接分析學生的寫作成品，因此是屬於間接評量。而自發寫作模式所評量的重點則為學生整體性的寫作能力，亦即除了分析學生寫出來的作品中拼字、大小寫、標點符號、字彙使用、句子等之外，尚需評量其整篇產品的篇章凝聚性、前後文的連貫、內容的成熟度、主題關聯性或整體評量（holistic scoring）。此種評量方式需先請學生根據一個主題、提示句、圖片、錄影帶等寫出一篇文章，再進行書寫表達通則、語言及概念等層面之分析，因此是屬於直接評量。

　　最後，寫作是一種意義建構的歷程，涉及機械性技能（書寫動作）、

記憶、概念、語言組織等層面，因此其評量乃包含：書寫技能（handwriting skills）、拼字、語言、書寫表達等部分，而這些常需將語言以書寫形式表達出來，因此很多評量皆涉及與語言有關的部分，如：文字結構、字彙選擇（語意）、字彙應用、句子結構（語法）等。綜上所述，茲將相關的評量方式與內容概述如下：

一、書寫技能的評量

一般而言，教師直接觀看學生書寫一筆一劃是最簡單也是最有效的書寫技能評量方式。根據觀察的結果，教師可了解學生的那個書寫動作是其書寫困難的根源。在美國也有一些篩選的評量工具亦可用來評量學童的機械性書寫技能，例如：*Wide Range Achievement Test*（Jastak & Wilkinson, 1984）、*Test of Written Language-3*（Hammill & Larsen, 1996）。然而這些測驗只提供常模對照資料，並未具備診斷之功能。

二、拼字的評量

拼字技能是習英文特殊學童的評量中所測試的項目之一，其評量方式為聽寫測驗。施測時，由施測者唸讀某個字彙或是先唸讀某個句子並指明某個字詞，再請學童拼出或寫出該字彙。另外，有的測驗則是請學童由數個選項中找出拼法正確的字彙。而在中文書寫語言的評量方面，一樣可應用聽寫方式，測試其由聽覺語言符號觸接、尋取相對應的文字符號，或是測試學生由語境中去找出或寫出正確的字彙，如：「他真是 _____ 寡聞，連這項消息都不知道」。此外，針對中文文字的結構，亦可設計測驗學童的部首、筆劃覺知等概念。

三、書寫表達的評量

就像其他學科的評量一樣，書寫表達（written expression）的評量目

的也是在找出學生書寫語言應用技能的強處、弱處，決定教學目標，監控學生進步的情形，以及提供學生適當的回饋。一般而言，在標準化的常模參照測驗中常常是間接地評量一些與寫作時書寫語言應用有關的技能，如：語法、字詞之應用等，因此將不同的相關句子濃縮、精簡成為一個最短的句子（即：句子結合），可用來評量語法能力。而請學生根據某個字詞造出通順的句子，則可評量學童字彙應用與句子形成的能力。然而，這兩項評量因只涉及句子層面而已，只能評估寫作者的編輯技能，並無法顧及篇章層面上概念呈現的技巧、風格，與段落之間的連貫、凝聚程度等。而為了更深入了解學童在段落、篇章安排、組織的能力，則需以整篇寫作產品做為評量的單位。

綜上所述，書寫表達的評量方式與內容包括書寫技能的評量、拼字的評量、書寫表達或寫作成品的評量。而目前台灣可供使用的標準化評量工具計有：(1)「國小學童書寫語言測驗」（林寶貴、錡寶香，2000）；(2)「國小兒童書寫語文能力診斷測驗」（楊坤堂、李水源、吳純純、張世慧，2002），(3)「基本讀寫字綜合測驗」（洪儷瑜、張郁雯、陳秀芬、陳順慶、李瑩玓，2003）。

伍、寫字困難的教學

根據前述，文字識讀與書寫的認知處理歷程（如圖 12-1、圖 12-2 所示），涉及文字在詞彙庫中的儲存與提取，也因此在提昇學童寫字能力的教學，最重要的即是幫助學童建立口語與文字的連結、幫助學童發展中文字彙覺識，並使用字彙知識學習寫字的策略、使用中文文字結構（如：部首）的線索提取字彙等。另外，再由注意及記憶的認知處理層面來看，上述教學理念或重點亦涉及此兩種認知處理歷程。茲將相關的教學活動說明如下：

一、建立口語與文字的聯結

　　書面語言字彙（即：文字字彙）與口語詞彙只是呈現形式上的不同，兩者所表達的意義是一樣的。因此，從語言習得的角度來看，文字書寫的基礎是建立在口語語言的發展之上。據此，加強兒童的口語能力或是口語詞彙，自然可以讓兒童在文字書寫上面有足夠的資源庫可供提取或使用。而教學時則是需要幫助兒童建立文字與口語之間的聯結。然而，教師需要別注意的是，字彙的練習是應該以詞彙為單位，如此方能與口語建立快速的聯結關係。例如：學習寫「棄」字時，應該與「放棄」、「拋棄」、「廢棄」、「棄置」、「棄權」等詞彙一起練習。事實上，中文或是漢字的特徵，即是一個方塊字可以與不同的方塊字結合組合成意義單位，並與口語詞彙連結。另外，如果從書寫表達的認知歷程「我手寫我口」來看，書寫時文字的提取也是需要經由口語詞彙激發連結的。也因此，加強兒童的口語能力，並在讀寫學習過程中建立口語與文字的聯結，是有其必要性的。

二、幫助學童發展中文字彙覺識，並使用字彙知識學習寫字的策略

　　漢字或是中文文字是有別於西方拼音文字的一種書面語言符號系統。根據研究者的彙整：(1)漢字是形、音、意的結合體（許逸之，1994）；(2)漢字形體結構的分析，可分成象形、指事、會意、形聲、假借、轉注（龍異騰，2003）；(3)漢字的結構單位可分成筆劃、部件與整體（崔永華，1999）；(4)漢字的部件類似拼音文字中的形素（grapheme），並且是漢字的最小書寫單位（黃沛榮，2003）；(5)漢字部件間的組合有一定的空間關係，包括：上下關係、左右關係與內外關係（崔永華，1999）；(6)漢字部件的相對位置和數量都可以構成字與字之間區別性的特徵（龍異騰，2003）；(7)漢字的形聲字是由聲旁（phonetic radical）與義旁（semantic radical）共同組成，因此形聲字具有表音的線索，其聲符就像是注音符號，可記錄字彙的音（許錟輝，1999）；(8)形聲字約占漢字的 80%（周有光，2000；萬雲英，1991）。綜合而言，漢字的特性使得兒童在識字的學習過程中，可能就會在心理詞彙庫中建立字形、字音、字義及中文文字組合、應用規則的知識。而當他們在書寫時，即會根據其認知系統中所表徵的構字、筆劃、筆順位置、字體形狀、空間安排等內涵，將文字寫出來。也因此，在漢字或中文字的教學中，應該考慮這些特徵，幫助學童發展中文字彙覺識，並使用字彙知識發展提取字彙的策略。茲將相關的教學活動與策略介紹如下：

(一)國字筆劃練習

　　仿寫國字，精熟基本的筆劃組成，雖然是最傳統的國字書寫教學方式，但也是最基礎與最平常的教學方法。而從兒童書寫能力發展的角度來看，線條、圖像的表達產生是正式寫字的基礎（林寶貴、錡寶香，2000）。蔡敏惠和王淑棉（1993）即指出很多線條和圖形式樣都類似國字的筆劃，例如：橫、直、點、曲線、斜線、圓圈等都是組成字的基本筆劃。因此，教師：(1)可以使用砂紙剪成○、□、◎、△、∫、Ω、☆、《》等線段，並貼在卡紙上，讓兒童用手觸摸，統合視覺與觸覺學習線條概念；(2)將一些線條圖形式樣畫在軟墊板上，並將其剪開鏤空，讓兒童以手指、彩色筆或鉛筆沿著鏤空的輪廓練習描繪。

　　另外，洪清一（1994）、郭勇佐（1997）、楊元享（1977）則提出下列的建議：(1)呈現完整的字型，讓學童知覺字的輪廓，例如：「田」的外面圖像輪廓是「口」；(2)練習唸讀字的字音並了解其意；(3)示範字的筆劃順序；(4)建立文字的視覺心像，讓學童在腦中記憶建構字型表徵；(5)書空練習寫字，熟悉字的筆劃；(6)仿寫國字；(7)碰到結構較複雜的合體字時，教導學生使用不同顏色的筆仿寫不同的部件，使其更能掌握字型結構。

(二)加強部首或是筆劃概念

如同前述，兒童寫字錯誤的類型包括字體結構不佳、空間位置錯置或是字形錯誤等（林千惠等，2000；曾美惠，1993）。因此，教學時可以善用漢字或是國字的結構特徵，幫助兒童發展與建立部首概念。茲將相關的教學方式或理念介紹如下：

1. 部首加減

本項教學方法是利用漢字結構可以拆除與合併的特徵，幫助兒童思考文字的組成成分與空間位置，並可在思考之後寫出符合的國字。例如：「（辛×2）＋力＝辦」、「好－子＝女」（陳龍安，1994）。

2. 寫出同部首之字

本項教學是由教師提供某個漢字或國字，再請學童寫出相同部首的字彙。例如：「村」→「杯、杖、杆……」、「燈」→「烤、炮、炸……」等。此項教學活動是幫助學童發展部首覺知的概念。

3. 文字積木組合

本項教學活動是使用漢字中的獨體字，可以與其他獨體字組合形成合體字的特徵所設計的。例如：提供「人、山、月、力、日、也、寸、木、奇、口」等獨體字積木，並請學童將這些字組合拼排變成另一個字（如：明、仙、倚、他、休、崎、吋、村、付……）。教學時，也可採取組別遊戲競賽方式，拼出最多正確國字的組別優勝。

4. 同部首字彙分類

本項教學活動為設計具有相同部首的漢字做為教材，並請學童將所呈現的字彙依照相同部首分類。例如：「杉板、枇杷、楞杖、……」。

5.寫出同音字並造詞

如同前述，書面語言字彙（即：文字字彙）與口語詞彙只是呈現形式上的不同，兩者所表達的意義是一樣的。也因此，在心理詞彙庫中同音字彼此之間的連結距離可能會較短，儲存的位置也有可能較為接近。例如：我們常常寫出同音但異義的錯別字即是可能的例證（如：「公司」寫成「工司」）。也因此，為幫助兒童提取正確字彙，可以使用寫出同音字並造詞的教學活動。例如：「列」→「獵人、裂開、猛烈、惡劣」。

6.字詞接龍

雖然漢字或國字的學習，常常是以個別字為基礎，但是在使用上仍然是以詞意為主。而每一個國字又可以和其他國字結合形成字詞。因此，教學時可以幫助兒童建立這樣的觀念，以及快速與其他字詞的聯結。例如：提供「困」這個國字，讓兒童寫出「困苦」→「苦命」→「命運」→「運氣」……。

陸、提昇寫作能力的教學

一、寫作歷程的教學

根據訊息處理模式理論的界定，寫作歷程是由三個成分所組成：(1)計畫（planning），是屬於正式下筆寫作前的階段，寫作者設定目標與計畫寫作內容；(2)轉譯（translating），是屬於正式寫作階段，寫作者會將概念或意念轉譯為文字、句子、段落；(3)回顧（reviewing），是屬於寫作後階段，寫作者會回顧、檢視已完成之作品，並做必要之修訂、更正、重寫或編輯（Flowers & Hayes, 1981）。

在計畫歷程部分，寫作者會依寫作目的、讀者對象，設定寫作筆調

與應該提供的訊息。另外，寫作者也需自長期記憶中把與寫作題目或目的有關的訊息檢索出來，並將相關訊息概念組織分類（Bruning, Scbraw, & Roning, 1995）。寫作者在正式下筆為文之前會思考應如何組織整篇文章及構思內容，因此過去的生活經驗、閱讀的文章與讀物、聽講的內容，或是由傳媒所接收的訊息都會成為寫作者思考的依據（林寶貴、錡寶香，1999）。

在轉譯歷程部分，寫作者會將由長期記憶中所檢索出來與寫作題目有關的訊息寫成具體的文句。而在回顧歷程部分，寫作者會依據評量效標、訊息的可讀性、情境要求或個人動機，校對與編輯已寫出的文章，以改善、提昇寫作產品的品質。也因此寫作者可能修訂文章的組織與結構、精簡文章的內容、澄清或強化文章中所欲傳遞的訊息或意義、找出並更正錯誤的字、標點符號及錯誤的語法（林寶貴、錡寶香，1999）。

綜合上述，寫作的認知處理歷程包括計畫、轉譯、回顧等主要成分。而如同前述，很多寫作能力較差的學生較缺乏寫作歷程的知識，組織文本的能力亦較差，並且較不會在寫作完成之後做必要的修正、更正、重寫或編輯（Englert & Raphael, 1988）。因此，在幫助這些學生發展較好的寫作能力時，也可以根據不同的寫作歷程提供策略提示或是教導。茲將各階段寫作歷程之教學介紹如下：

(一)計畫／寫作前階段

很多寫作能力較差學童的寫作表達問題常常是從提取與寫作題目相關的訊息，以及如何組織概念開始就出現瓶頸了（Block, 1997）。也因此幫助這些寫作困難學童在寫作前階段如何做計畫，包括：思考寫作目的、檢索相關訊息、組織整篇文章、組織分類概念，應當能提昇其寫作表達能力。茲將 Block（1997）所彙整的一些教學策略介紹如下：

1. 製作主題清單

教師有時候可能會讓學童在作文課中自由發揮或是自己決定寫作題

目,這對寫作困難學童而言,也常常是一項難題;因此教師可要求每位學童準備一本筆記本,記下其平日生活中的某些經驗、感受深刻的事件、或印象深刻的物品與人物,並給予一主題。例如:星期六下午陪媽媽和阿姨去逛街,可記下主題為「逛街購物記」。

2. 製作語意連圖

學童在寫作時如果碰到思緒混亂、概念糾結時,可以教導他們製作語意連圖,將其所想到的概念連結在一起,進而組織思考內容,寫出層次分明、前後文連貫的文章。語意連圖可以參考前章(第十一章)身心障礙學生的閱讀教學中所介紹之範例。

3. 回顧以前的寫作成品

有時候學童實在是沒有興趣與動機去寫作一篇新文章時,教師可以讓其閱讀之前的寫作成品,並與其討論整篇文章是如何形成與組織,再進一步討論這篇文章是否可以加入新的概念,重新修正成一篇更好的文章。

4. 不聚焦自由聯想寫作(unfocused freewriting)

在作文課時,學童可能無法決定該寫什麼,教師可以建議其將所想到的句子(概念)寫下來。而其所寫出來的句子可能散漫無組織,由 A 句轉到無相關的 B 句再到 C 句。此種現象可能會維持五到十分鐘,之後學童可能就能將其思緒導向與寫作主題有關之事物上。

5. 聚焦自由聯想寫作(focused freewriting)

本教學策略與不聚焦自由聯想寫作相似,也是讓學童將其所想到的概念與想法隨筆寫出,只是較強調應該鼓勵學童將某個想法擴展延伸,使激發的概念想法具有較緊密的關聯性。

6. 分享自己所想到的概念

當學童好像卡在不知該寫什麼內容的困境時,可以讓其告訴同儕他

／她所想到的與寫作題目有關的人、事、物，這樣可加速思緒的進行。

7.寫下最先在腦海中浮起的想法

教導學童了解其在知道寫作題目之後，首先在心中所想到的景象、事件或相關細節，是最鮮明的，而且有可能會讓其寫作內容更為生動，因此可以將這些想法先寫下來，之後再依寫作格式做整理與組織。

(二)轉譯／正式寫作階段

1.聽寫

當學童在正式下筆寫作時可能不知該如何寫時，教師可以請她／他用口語說出想要表達的想法，再由教師將其寫下來。之後，再由學童繼續其寫作，或是重讀、修改教師所寫的部分。

2.正式寫作前先說故事

聽說讀寫四項語文技能中以寫最為困難，而口語表達是日常生活中常需應用的溝通技能，因此為能讓寫作困難學童可以降低寫作焦慮，可以讓其先述說其想寫的故事、事件或文章內容，如此當能增加其自信心，並進而將已成型的思考內容訴諸文字表達，寫出完整的寫作成品。

3.教導學生練習使用一些文章寫作的技巧

(1)開場白

很多寫作困難學童常常不知該如何下筆寫下第一句話，因此為了幫助他們寫下好的開場白，教師可以請他們將最喜歡的書帶到學校來，與教師一起討論這些書的開場白，並讓學童說明為什麼他們喜歡這些開場白的語句或段落，進而期望他們可以將這些寫作表達方式融入其自己的寫作中。茲將Block（1997）所彙整的一些開場白句子介紹如下：(a)描述一個人或一個景象；(b)寫下一段對話；(c)描述一項行動；(d)寫出與事實

有出入的事件或真理並同時駁斥它（例如：你可能相信月亮會導致海浪的產生，但事實並非如此）；(e)使用簡短的句子或一個單字（例如：「哈！」「天啊！」）；(f)大膽陳述自己的立場（如：我認為父母不應該幫兒女安排過多的補習）；(g)提出挑戰（如：我敢說沒有人能像潘達一樣可以吃掉二百公斤的竹筍）；(h)引用某本書中的話語；(i)引用名人語錄；(j)提出問題；(k)提供個人的軼事經驗；(l)使用幽默故事／笑話。

(2)創造生動令人印象深刻的人物、主角

在教導學童故事寫作時，可以先使用兒童熟悉的故事說明其中如何描述主角的個性。接下去再讓學童描述其想創作的人物主角的個性特質，他可能碰到的事件，以及該事件是否會改變其個性，並改變主角的想法、行動。

(3)使用更豐富、精采的句子

寫作表達是使用書面語言將寫作者由長期記憶中所激發的想法與概念組織、傳達出來的一種溝通過程，不可避免地會涉及詞彙的應用與語句的串聯，因此如果在轉譯階段可以使用生動、確切的詞彙，串聯成語意鮮明、清晰的語句，自然能讓文章的可讀性提高。教師可以請學生先使用最先被提取出來的詞彙造句，之後再想想看可以使用哪些更為明確、特定、鮮明的詞彙替代，好讓句子更為生動活潑與豐富。

4.讓學生區辨好的與差的作文成品

為了能讓學童在下筆寫作時更有方向，教師可以選擇同一主題中優良與較差的寫作成品做為教材（註：不能使用任教年級、班級的樣本，以免傷害學童自尊），幫助學生思考如何寫作、更注意自己的作文成品、更注意讀者的觀點。

(三)回顧／修正文稿階段

Block（1997）、Downing（1995）以及Graves（1994）曾分析與列出

三種回顧類型，並提出針對不同回顧類型的教學建議，包括：

1. 類型一：回顧／修正文稿時，將新的訊息加在文章最後段

有的學童在回顧修正草稿時，會將想到的新概念都寫在文章結束部分，教師可教導這學生審視其新加入的部分，與文中哪些段落所表達的概念較接近，並將其插入該段落。

2. 類型二：回顧／修正文稿時，將新的訊息插入文本中

雖然有的學童在回顧修正草稿時，已能將所想到的新想法加進文中不同段落內，但是在語意上或許有些不恰當之處，因此教師可以教他們如何移動不同段落中的句子到更適合的地方。

3. 類型三：回顧／修正文稿時，會突顯強調重點大意

寫作的目的之一即是在幫助讀者找出其所閱讀的文章重點。而有些學童已知覺此目標，也會努力在所寫的文章中特別強調文章的重點大意，然而卻總是不斷重複一些話語，或是用很多相似的例子標明其重點大意，因此教師可以教導學童先問自己：「我想要讓閱讀這篇文章的人知道些什麼呢？」然後再將主要重點大意放在文章中的第一句話或是做為結尾。

另外，Block（1997）也建議教師可以教導學童使用自問自答的策略以改善其寫作時的概念組織。這些問題包括：(1)我可以使用更特定、更生動的詞彙好讓我的想法表達得更清楚嗎？(2)文章中的每一段落是否包括主要重點大意與相關細節呢？(3)我可以使用例子說明，以便讓讀者更易於理解嗎？(4)如果我是讀者，看了這篇文章的標題，我會想知道什麼呢？(5)我所寫的文章內容，是否已清楚的表達呢？

綜合上述，寫作表達是一種涉及計畫、轉譯、回顧交互發生的歷程。一篇文章的產生常常是需重複這些歷程。然而很多寫作困難學生常常卻無法順著這樣交互運作的歷程進行寫作，也因此教導學生知覺寫作是一種 "stop-review-start again" 的重複歷程，並教導或示範這樣的歷程，應該

可以對他們寫作表達的能力有所幫助。

二、寫作教學法

教導學童寫作表達的方式很多，而最常被提及的教學法包括：聽寫作文教學法、看圖作文教學、範文仿作、創意教學法等（胡練輝，1997）。

(一) 聽寫作文教學法

口語的發展是書面語言讀寫的基礎，寫作表達即是「我手寫我口說」的一種歷程，而聽寫作文即是將說話和寫作連結起來的一種方式。一般而言，此種方式較適合初學作文之低年級學生（胡練輝，1997）。藉由聽寫的練習，學童可以建立如何使用口語符號組織思考內容，再提取與口語詞彙連配的文字，依照正確的語法結構寫出來。聽寫作文的方式包括：句子聽寫、故事聽寫、生活報告敘述、短文聽寫、演講記錄與會議記錄等（胡練輝，1997）。其中句子聽寫最容易，演講記錄與會議記錄最難。

(二) 看圖作文教學

看圖作文的教學方式，是讓兒童先了解圖片所表達的含義，再根據圖畫內容敘述其意。根據胡練輝（1997）的建議，教師可使用下幾種方式幫助兒童發展作文能力：

1. 看圖造句

寫作表達的認知處理歷程是先激發想法、概念，提取口語詞彙表達這些浮起的想法與概念，再依語法結構將詞彙串聯成句子，以文字形式寫出。因此造句可說是作文的基礎，而句子與句子的連結則可形成段落篇章。據此，看圖造句的教學是先啟發學童注意圖片內容，提出問題引導學生回答（即造句），之後再請學童將這些問題所激發的回答內容串聯起來，形成段落短文。

2. 多幅圖作文

對於中低年級學童或是寫作困難學童而言，無中生有，全部依賴腦中的聯想與想像去創造出一篇文章，本來就是較困難的事情。因此，教學時教師可以善用一些具備時間順序關係、因果關係、邏輯關係的事件，將其繪成多幅圖的連環圖卡，請學生先口述事件或故事內容，再將其寫成文章。另外，教師也可使用現成的四格漫畫或繪本做為多幅圖作文的教材。而每一幅圖都可發展成一個小段落。

3. 單圖作文

單圖作文所使用的圖卡內容不像多幅圖作文中的語意關係那麼清楚明確，可以一目了然。也因此學童必須觀看單圖中的每一細節，了解其中的含義，再將其描述出來。教學時，教師可選擇和學生生活有關、其曾經體驗過的經歷的圖片，做為寫作的教材。

4. 看幻燈片或照片作文

教師可以將活動（如：運動會、烤肉等）攝入鏡頭，製成照片或幻燈片，讓學生觀看之後，記述其內容。

5. 看圖發表感想

教師可採用社會事件新聞照片、人土風情圖片做為寫作表達的教材，再請學童觀看之後，寫出內容及其個人的感想。

6. 實際活動作文

教師可安排學童參觀某一種表演、展覽、或戶外教學活動（如：了解牛奶的產生、茶葉的製作等），讓其親身經歷之後，再啟發其思考將所觀察到或學習到的事物表達出來。

7. 傀儡戲／布袋戲表演寫作

教師可以先設計一劇本，再使用布袋戲或傀儡戲的方式將其表演出來，之後再請學童將故事內容寫下來並發表感想。

(三)範文仿作教學

範文仿作也是教師可以選擇的一種教學方式。教師可針對學童的程度，選擇某依代表性作品做為教材，教導學童了解其組織、結構、佈局，之後再提出類似的題目請學童仿作（胡練輝，1997）。例如：範文若為「我的父親」，實作的題目則可以為「我的母親」。

(四)創意寫作教學法

林建平（1991）曾提出一些很有趣的創造性作文教學法，茲將其中一些教學策略概述如下：

1. 強力組合法

本項教學法的實施方式，是由兒童自己列舉或是由教師提示幾個不相干的事物名稱、名詞或概念，再讓兒童聯想其中的關係，並將這些關係綜合、組織、串聯起來，成為一語意關係整合、有組織有系統的一篇文章。

2. 團體接力法

本項教學法的實施方式，是由教師先提供某個主題或是開場白句子，再請班上學童運用其聯想力，將情節內容發展出來，最後再請每個學童將大家共同創作出來或聯想出來的內容為文寫下來。

3. 角色想像法

本項教學法的實施方式，是由學童設身處地去想像另一個不同的人物、動物，思考他／牠們的處境、經驗、想法、感受與目標等，並使用

文字將其表達出來。

4.幽默趣談法

小學階段開始，學童對笑話、幽默故事的理解能力愈來愈好，而且也很有動機與意願參與笑話或幽默故事的互動。因此，教師可使用一些有趣的漫畫、笑話做為教材，讓學童分享其中可笑、有趣、歡笑的部分，並將其付諸文字寫成較長的幽默短文。另外，教師亦可鼓勵學童將其所經歷過有趣的事件與同學們分享，再將其寫出來。

5.感官並用法

教師可引導學生使用其五官感覺（即：視、聽、嗅、觸、味覺等）去體驗、感受、了解事物，並將其感受具體的描述出來。例如：讓學生由五官知覺的角度去描述「麻辣臭豆腐」、「搭捷運」。

6.虛構情節法

本項教學法是使用激發學童的好奇心、想像力的方式，鼓勵他們使用虛構故事情節的方式寫下有趣的故事。例如：童話創作「熊貓拳擊比賽」。

7.文章改寫法

本項教學方法是讓學童以不同的思考角度去改寫某篇文章或故事。例如：「龜兔賽跑中」，兔子因為知道烏龜跑得真的很慢，為了怕牠心中無法容忍挫折，喪失對賽跑的熱情，因此故意輸給烏龜。

8.假設想像法

此項教學方式為指導學童以「假如……」的方式去想像、幻想某種情境、狀況、際遇、經驗，激發其創造力，並將所想像的內容寫成文章。例如：「假如我有一根魔法棒……」、「假如我有一隻熊貓……」。

9.問題解決法

此項教學方法為教師事先蒐集或設計一些問題情境，讓兒童去思考解決該問題的方法，並將問題、思考過程、解決方案、預期效果等寫出來。

10.超越時空法

此項教學方法為讓學生想像在不同時間、空間中，一些其所認知的事物狀態、特徵會呈現什麼樣的新風貌。例如：「二○五○年台灣成為世界第一強國」。

(五)將閱讀與寫作活動聯結、整合在一起

Tierney（1992）曾比較閱讀與書寫表達之間的差異，並指出閱讀與寫作之間無論是在讀寫能力的發展，或是教學方面都應該是交互影響，一體兩面的。根據其論點，自一九九○年代開始因為受到訊息處理模式與社會互動觀點的影響，很多研究者與教學者對閱讀與寫作的教學都開始採取下列之論點：(1)閱讀與寫作都是一種意義建構與問題解決的活動；(2)閱讀與寫作是思考的工具；(3)閱讀與寫作涉及社會歷程（social processes）；(4)閱讀與寫作的發展是並肩前進的，早期的書寫表達也是閱讀發展的管道之一；(5)閱讀與寫作應該一起教。

另外，Lipson 和 Wixson（1997）也指出與閱讀內容或是寫作內容有關的先備知識（prior knowledge）、閱讀與寫作的態度及動機、閱讀與寫作歷程的知識都會影響閱讀與寫作的表現。也因此，很多教學活動都會將閱讀與寫作結合在一起。

茲將相關教學活動介紹如下：

1.報紙新聞的閱讀與寫作

本項教學活動的理念為：與生活中發生的事件結合，並發展學生閱讀報紙的興趣與能力，以及練習思考與寫作的技能。本項教學活動的步驟如下：(1)教師先選取適合學童閱讀層次的新聞（包括地方新聞、運動

新聞、娛樂新聞、美食報導等）；⑵請學童唸讀新聞內容，並想出三到四個相關的問題以及答案；⑶請學童說出問題，由班上同學寫出答案；⑷請班上同學寫出新聞內容。另外，本項教學活動也可以變化成為團體競賽活動，實施方式如下：⑴先將學童分成幾組，每組學童包含報紙文章獵人（負責找尋與決定適當的新聞）、設計並寫出問題與提供答案者、校稿者、出場比賽者；⑵每一組需要找出一篇報紙新聞，並提供三到四個書面的相關問題以及答案；⑶出場比賽者與別組交換問題與報紙，帶回自己的組別與組員一起閱讀並寫下答案；⑷出場比賽者至對手組核對答案；⑸寫對愈多問題的組別即為冠軍隊。

2. 語言經驗法（Language Experience Approach, LEA）

語言經驗法是一種融合聽、說、讀、寫、想的教學法，其教學方式為學生將個人的經驗說出來，形成「語言經驗故事」，再由教師將其寫下或打字做為讀寫教材（Allen, 1976; Gunning, 1996; Lipson & Wixson, 1997; Stauffer, 1980）。語言經驗故事可以是個別學生的經驗或團體創造的。

柒、結語

書寫表達本質上是一種概念形成與產出的歷程，是一種應用文字將概念安排、呈現的複雜認知活動。也因此，個體的文字書寫能力、語言能力、先備知識、文體結構知識、組織能力、動機等因素都會影響其書寫表達的表現。在特殊教育中，很多特殊需求學童都常出現書寫表達的問題或困難，包括：寫字的問題、錯別字與標點符號錯誤、造句錯誤、作文成品使用的句子以簡單句為主、作文成品較簡短、作文成品缺乏前後一致的篇章凝聚性、文章結構的安排不恰當、缺乏寫作歷程的知識、組織文本的能力較差等。也因此，為能幫助這些學童建立基本與適當的讀寫能力，使其不會因書寫表達能力的低落而影響日常生活及學業表現，

教師有必要提供適切的評量與教學，幫助其發展出適當的書寫表達能力。在評量方面，目前台灣可供使用的標準化評量工具包括：「國小學童書寫語言測驗」（林寶貴、錡寶香，2000）、「國小兒童書寫語文能力診斷測驗」（楊坤堂、李水源、吳純純、張世慧，2002）、「基本讀寫字綜合測驗」（洪儷瑜、張郁雯、陳秀芬、陳順慶、李瑩玓，2003），教師可根據學童在標準化的評量工具上之得分了解其是否可能有書寫困難的問題。另外，教師亦可分析學童的寫作成品，了解其問題所在。綜合標準化與非正式的評量分析資料，決定學童的困難所在及教學目標。在寫字教學方面，教師可以幫助學童建立口語與文字的連結、幫助學童發展中文字彙覺識，並使用字彙知識學習寫字的策略，以及使用中文文字結構（如：部首）的線索提取字彙並寫出來。而在作文方面，則可根據計畫、轉譯、回顧的寫作歷程，教導學童如何設定目標與計畫寫作內容，將概念或意念轉譯為文字、句子、段落，以及回顧、檢視已完成之作品，並做必要之修訂、更正、重寫或編輯。

✿ 參考文獻

中時網（2002，12-17）。不會寫作文，高一國文全班僅六人及格。

杜淑貞（1992）。國小作文教學探究。台北：台灣學生。

余禮娟、馮淑慧（2000）。書寫障礙學生個案實例教學。特教園丁，15(3)，26-29。

吳雅婷、巫宗容、何配珍（2000）。報告老師：您把寫字教學變有趣了。特教園丁，15(3)，39-44。

李瑩玓（2001）。國小寫字困難學童與普通學童寫字相關認知能力之分析研究。國立台灣師範大學特殊教育研究所碩士論文（未出版）。

林建平（1991）。創意的寫作教室。台北：心理。

林千惠、方淑秋、黃真真、鐘玲君（2000）。台中市國小低年級學童書寫問題及其相關因素之研究。特殊教育與復健學報，8，131-160。

林寶貴、錡寶香（1999）。中文閱讀理解測驗。台北：教育部特殊教育工作小組。

林寶貴、錡寶香（2000）。國小學童書寫語言測驗之編製。特殊教育與復健學報，8，53-74。

林寶貴、黃瑞珍、彭千紅（1997）。兒童書寫語言發展指標研究。國科會專題研究報告（84-2421-H-003-028）。

周有光（2000）。漢字和文化問題。瀋陽：遼寧人民。

洪清一（1994）。淺談指導特殊兒童學習語文之策略。載於徐光國、黃榮真（主編），特殊教論文集（頁63-94）。花蓮：花蓮師範學院特教中心。

洪儷瑜、張郁雯、陳秀芬、陳順慶、李瑩玓（2003）。基本讀寫字綜合測驗。台北：心理。

胡練輝（1997）。小學語文教學研究。台北：國語日報社。

施錚懿（1997）。國小六年級寫作障礙與普通學生在故事與說明文寫作成果之比較。國立彰化師範大學特殊教育學系碩士論文（未出版）。

教育部（2000）。國民中小學九年一貫課程綱要。台北：教育部。

郭勇佐（1997）。輕度智能障礙學生的口語、書寫教學。特教園丁，12(3)，12-15。

陳龍安（1994）。語文動動腦。台北：心理。

許逸之（1994）。中國文字結構說彙。台北：台灣商務。

許錟輝（1999）。文字學簡編基礎篇。台北：萬卷樓。

崔永華（1997）。詞彙文字研究與對外漢語教學。北京：北京語言文化大學。

黃沛榮（2003）。漢字教學的理論與實踐。台北：樂學。

黃貞子（2002）。國語學習障礙兒童補救教學。載於楊坤堂、林美玉、黃貞子、沈易達（主編），學習障礙補救教學（頁1-120）。台北：五南。

曾美惠（1993）。曾氏寫字問題檢核表之因素效度。職能治療學會雜誌，11，13-27。

萬雲英（1991）。兒童學習漢字的心理特點與教學。載於楊中芳、高尚仁（主編），中國人、中國心——發展與教學篇（頁403-448）。台北：遠流。

楊元享（1977）。智能障礙兒童國語能力之診斷與補救教學。台北：省立台北師專。

楊坤堂（2002）。我國國民小學一、三、五年級一般兒童與國語學習障礙兒童書寫語文能力之研究。台北市立師範學院學報，33，71-94。

楊坤堂、李水源、吳純純、張世慧（2002）。國小學童書寫語文能力診斷測驗（二版一刷）。台北：心理。

葉靖雲（1999）。五種作文能力測驗的效度研究。特殊教育學報，13，331-366。

蔡敏惠、王淑棉（1993）。寫前準備。特殊教育季刊，49，25-27。

鄭昭明、陳學志（1991）。漢字的簡化對文字讀寫的影響。華文世界，62，86-104。

鄭博真（1995）。台南市國民小學國語科作文教學現況調查研究。國語文教育通訊，10，42-60。

鄭博真（1996）。國民小學作文教材之分析研究。國語文教育通訊，12，78-93。

龍異騰（2003）。基礎漢字學。台北：紅葉。

Allen, R. V. (1976). *Language experience in communication*. Boston, MA: Houghton Mifflin.

Block, C. C. (1997). *Literacy difficulties: Diagnosis and instruction*. Fort Worth, TX: Harcout Brace College Publishers.

Bruning, R. H., Scbraw, G. J., & Roning, R. R. (1995). *Cognitive psychology and instruction* (2nd ed.). Englewood Cliffs: Prentice-Hall.

Carrol, J. A. (1988). *The writing processes of three deaf high school students*. Unpublished doctoral dissertation, New York University.

Catts, H. W. & Kamhi, A. G. (1999). *Language and reading disabilities*. Boston, MA: Allyn & Bacon.

Dollaghan, C. A. (1992). Adult-based models of the lexical long-term store: Issues for language acquisition and disorders. In R. S. Chapman (Ed.), *Processes in language acquisition and disorders* (pp. 141-158). St. Louis, MO: Mosby Year Book.

Downing, S. (1995). Teaching writing for today's demands. *Language Arts, 72*, 200-205.

Englert, C. & Raphael, T. (1988). Constructing well-formed prose: Process, structure and metacognitive knowledge. *Exceptional Children, 54*, 513-520.

Flowers, L. & Hayes, J. R. (1981). A cognitive process theory of writing. *College Composition and Communication, 32*, 365-387.

Gillam, R. G., Hoffman, L. M., Marier, J. A., & WynnDancy, M. L. (2002). Sensitivity to increased task demands: Contributions from data-driven and conceptually driven information processing deficits. *Topics in Language Disorders, 27*, 30-48.

Graves, D. H. (1994). *A fresh look at writing*. Portsmouth, NH: Heinemann.

Gunning, T. G. (1996). *Creating reading instruction for all children*. Boston, MA: Allyn & Bacon.

Hallahan, D. P., Kauffman, J. M., & Lloyd, J. W. (1999). *Introduction to learning disabilities* (2nd ed.). Boston, MA: Allyn & Bacon.

Hammill, D. D. & Larsen, S. (1988). *Test of written language-2*. Austin, TX: PRO-ED.

Hammill, D. D. & Larsen, S. (1996). *Test of written language-third edition*. Austin, TX: PRO-ED.

Houck, C. K. & Billingsley, B. S. (1989). Written expression of students with and without learning disabilities: Differences across the grades. *Journal of Learning Disabilities, 22* (9), 561-572.

Hresko, W. P., Herron, S. R., & Peak, P. K. (1996). *Test of early written language*. Austin, TX: PRO-ED.

Huot, B. (1990). The literature of direct writing assessment: Major concerns and prevailing trends. *Review of Educational Research, 60* (2), 237-263.

Isaacson, S. (1988). Assessing the writing product: Qualitive and quantitive measures. *Exceptional Children, 54*, 528-534.

Jastak, S. R. & Wilkinson, G. S. (1984). *The wide range achievement test-revised*. Wilmington, DE: Jastak Association.

Lipson, M. Y. & Wixson, K. K. (1997). *Assessment and instruction of reading and writing disability: An interactive approach* (2nd ed.). New York: Longman.

Montague, M., Graves, A., & Leavell, A. (1991). Planning, procedural facilitation, and narrative composition of junior high students with learning disabilities. *Learning Disabilities Research and Practice, 6*, 219-224.

Moores, D. F. & Sweet, C. A. (1990). Reading and writing skills in deaf adolescents. *International Journal of Rehabilitation Research, 13*, 178-179.

Newcomer, P. & Barenbaum, E. (1991). The written composing ability of children with learning disabilities: A review of the literature from 1980 to 1990. *Journal of Learning Disabilities, 24*, 578-592.

Olson, L. (1994). Writing still needs work, report finds. *Education Week, 13* (38), 1, 10.

Polloway, E. A. & Smith, T. E. C. (1992). *Language instruction for students with disabilities* (2nd ed.). Denver, CO: Love.

Poplin, M., Gray, R., Larsen, S., Banikowski, A., & Mehring, T. (1980). A comparison of components of written expression abilities in learning disabled and non-learning disabled children at three grade levels. *Learning Disability Quarterly, 3*, 46-53.

Quigley, S. & Paul, P. (1984). *Language and deafness*. San Diego, CA: College-Hill Press.

Stauffer, R. (1980). *Directing the reading-thinking process*. New York: Harper & Row.

Tierney, R. J. (1992). Ongoing research and new directions. In J. W. Irwin & M. A. Doyle (Eds.), *Reading and writing connections: Learning from research* (pp. 247-259). Newark, NJ: International Reading Association.

Vallecorsa, A. L. & DeBettencourt, L. U. (1992). Teaching composition skills to learning disabled adolescents using a process-oriented strategy. *Journal of Developmental and Physical Disabilities, 4*, 277-296.

國家圖書館出版品預行編目資料

兒童語言障礙——理論、評量與教學／錡寶香著.
-- 初版. -- 臺北市：心理, 2006（民 95）
面；　公分. --（溝通障礙系列；65006）

ISBN　978-957-702-853-2（平裝）

1. 語言障礙—教育　　2. 特殊教育—教學法

529.63　　　　　　　　　　　　　　　　94022609

溝通障礙系列 65006

兒童語言障礙——理論、評量與教學

作　　者：錡寶香
執行編輯：李　晶
總　編　輯：林敬堯
發　行　人：洪有義
出　版　者：心理出版社股份有限公司
地　　址：231026 新北市新店區光明街 288 號 7 樓
電　　話：(02) 29150566
傳　　真：(02) 29152928
郵撥帳號：19293172　心理出版社股份有限公司
網　　址：https://www.psy.com.tw
電子信箱：psychoco@ms15.hinet.net
排　版　者：鄭珮瑩
印　刷　者：翔盛印刷有限公司
初版一刷：2006 年 1 月
初版十九刷：2022 年 6 月
ＩＳＢＮ：978-957-702-853-2
定　　價：新台幣 400 元